战略性新兴产业技术创新主体胜任力研究

以新一代信息技术产业和生物农业产业为例

王建民　王欢　杨木春◎著

RESARCH ON THE COMPETENCIES OF TECHNOLOGICAL INNOVATORS IN STRATEGIC EMERGING INDUSTRIES:

TAKING TWO INDUSTRIES AS EXAMPLES

中国经济出版社
CHINA ECONOMIC PUBLISHING HOUSE
北京

图书在版编目（CIP）数据

战略性新兴产业技术创新主体胜任力研究：以新一代信息技术产业和生物农业产业为例／王建民，王欢，杨木春著．--北京：中国经济出版社，2020.6

ISBN 978-7-5136-6205-5

Ⅰ.①战… Ⅱ.①王… ②王… ③杨… Ⅲ.①新兴产业-技术革新-研究-中国 Ⅳ.①F269.2

中国版本图书馆 CIP 数据核字（2020）第 105554 号

责任编辑　张利影
责任印制　巢新强
封面设计　久品轩

出版发行　中国经济出版社
印 刷 者　北京九州迅驰传媒文化有限公司
经 销 者　各地新华书店
开　　本　710mm×1000mm　1/16
印　　张　16
字　　数　230 千字
版　　次　2020 年 6 月第 1 版
印　　次　2020 年 6 月第 1 次
定　　价　58.00 元
广告经营许可证　京西工商广字第 8179 号

中国经济出版社 网址 www.economyph.com 社址 北京市东城区安定门外大街 58 号 邮编 100011

本版图书如存在印装质量问题，请与本社销售中心联系调换（联系电话：010-57512564）

前　言

本书实证研究战略性新兴产业技术创新主体胜任力模型，实验研究基于胜任力模型的技术创新人才管理问题，旨在为我国战略性新兴产业技术创新提供一定的理论和实践支持。

本书以新一代信息技术产业和生物农业产业为实例，分别构建了技术创新主体的胜任力模型，并进行“落地”应用思考和试验。实证研究发现，新一代信息技术产业技术创新主体的胜任力，由 3 个维度 11 项要素构成，即思维能力维度——学习能力、创新能力、专业技术水平、全局把控与统筹能力；行动能力维度——目标导向、执行力、时间管理、客户导向；人际关系维度——沟通能力、团队精神、合作共赢。生物农业产业技术创新主体的胜任力模型，由 4 个维度 7 项胜任特征要素构成，即专业能力维度——专业技能与创新、市场敏感度、问题解决；追求卓越维度——追求卓越；个人特质维度——战略思维与学习、自我意识与持久；团队精神维度——团队精神。研究者根据所构建的新一代信息技术产业技术创新主体胜任力模型，讨论了产业创新人才的招聘选拔、技术创新团队人才匹配和技术创新主体培训与发展三个方面的管理问题。根据所构建的生物农业产业创新主体胜任力模型，在目标企业 A 公司进行了应用设计和实施，包括招聘体系、培训体系和绩效考核体系的构建三个方面。

本书的研究团队在比较与讨论新一代信息技术产业和生物农业产业技术创新主体胜任力，以及应用思考和试验研究的基础上，提出了战略性新兴产业技术创新主体胜任力通用概念模型。通用概念模型由 3 个维度 8 项要素构成：①创新素质维度，包括专业水平和学习能力两项要素；②创新意识维度，包括战略高度、创新创造和服务市场三项要素；③创新行动维度，包括目标明确、团队合作和沟通协调三项要素。

本书的研究有助于加深对战略性新兴产业技术创新主体胜任工作的能力要素的认识，有利于提高相关产业技术创新人才的服务与管理质量。本书关于胜任力的实证研究，遵循管理学“科学性”原则，取得理论上具有“客观性”的成果，而对所构建的胜任力模型进行的实验研究获得了一定的实践经验，为体现本书研究成果的理论意义和应用价值奠定了坚实的基础。

本书的研究和写作历时数年，是三位作者集体智慧的结晶。其中，新一代信息技术产业技术创新主体胜任力研究由王欢博士完成（第 3 章），生物农业产业技术创新主体胜任力研究由杨木春博士完成（第 4 章），王建民教授负责全书设计、其余章节的写作以及全书的统稿。全书由七章构成，分为三部分：第一部分“研究基础”，包括第 1 章和第 2 章内容；第二部分“模型构建、检验与应用”，包括第 3 章、第 4 章和第 5 章，为本书的核心内容；第三部分“实例比较、结论与展望”，包括第 6 章和第 7 章内容。

本书得以出版，首先要感谢北京师范大学政府管理学院的支持和北京师范大学“中央高校基本科研业务费专项基金”的资助！感谢北京师范大学政府管理学院领导团队章文光教授、于海波教授、耿骞教授、王宏新教授、果佳副教授和郭智芳副研究员，感谢学院学术秘书鲍慧杰老师！在研究和撰写中，感谢各位专家、学者给予的指导和帮助，其中有北京大学政府管理学院萧鸣政教授，北京邮电大学经济管理学院张生太教授，北京师范大学经济与工商管理学院高明华教授，中国人民大学公共管理学院刘昕教授，北京师范大学政府管理学院于海波教授、王颖教授、柯江林副教授、李永瑞副教授、余芸春副教授等。

本书在研究和写作中严格遵守学术规范，凡有引用或参阅文献均用脚注标注。如有读者或同行专家发现本书存在疏漏之处，敬请批评指正。

王建民

2020 年 5 月 20 日于北京

目　录

第 1 章　导论

本书以新一代信息技术产业和生物农业产业为实例，研究我国战略性新兴产业技术创新主体的胜任力问题。战略性新兴产业以技术创新为基础和动力，创新者的创新胜任力对产业的发展水平起决定性作用。

本章旨在开宗明义，分别阐述选题背景与意义、研究的主要内容与目标、研究的理论条件，以及研究方法与技术路线等内容。

1.1　选题背景与意义

本书紧密联系国家产业发展需要，运用管理学研究工具，按照实证研究的技术路线，选择两个产业作为实例构建模型，进行“落地”实验研究，以期取得具有一定借鉴意义的战略性新兴产业技术创新主体胜任力模型与应用成果。选题主要源于对国务院提出“加快培育和发展战略性新兴产业”政策的思考与理解。在学习和研究中认识到，发展战略人才，投资战略人力资本，对于实现战略性新兴产业发展目标具有决定性意义。

1.1.1　选题背景

2010 年 10 月 18 日，《关于加快培育和发展战略性新兴产业的决定》（国发〔2010〕32 号）（以下简称《决定》）正式发布。《决定》指出，“战略性新兴产业是以重大技术突破和重大发展需求为基础，对经济社会全局和长远发展具有重大引领带动作用，知识技术密集、物质资源消耗少、成长潜力大、综合效益好的产业”。“战略性新兴产业是引导未来经济社会发展的重要力量。

发展战略性新兴产业已成为世界主要国家抢占新一轮经济和科技发展制高点的重大战略。”《决定》认为，“根据战略性新兴产业的特征，立足我国国情和科技、产业基础，现阶段重点培育和发展节能环保、新一代信息技术、生物、高端装备制造、新能源、新材料、新能源汽车等产业”。

《决定》发布之后，中共中央和国务院在国家“十二五”规划、《中国制造2025》和“十三五”规划中，都对培育和发展“战略性新兴产业”有所部署（见表1-1）。2012年7月，国务院为加快培育和发展节能环保、新一代信息技术等七大战略新兴产业，印发《“十二五”国家战略性新兴产业发展规划》（以下简称《规划》）。《规划》中明确提出培育和发展战略性新兴产业的四项“基本原则”：①市场主导、政府调控；②创新驱动、开放发展；③重点突破、整体推进；④立足当前、着眼长远。《规划》中提到发展目标：一是大幅提升产业创新能力；二是更加完善创新创业环境；三是稳步提高国际分工地位；四是显著增强引领带动作用。在《规划》中对七大产业领域的“重点发展方向和主要任务”，以2015—2020年为时间节点，分别从“发展目标”“重大行动”和“重大政策”三个维度说明了各领域重点产业的“发展路线图”。

表1-1　关于培育和发展战略性新兴产业的重要文件

序号	文件名称	发布机构与时间
1	《国务院关于加快培育和发展战略性新兴产业的决定》（国发〔2010〕32号）	国务院，2010年10月18日
2	《中共中央关于制定国民经济和社会发展第十二个五年规划的建议》	中共中央，2010年10月27日
3	《中华人民共和国国民经济和社会发展第十二个五年规划纲要》	国务院，2011年3月16日
4	《“十二五”国家战略性新兴产业发展规划》（国发〔2012〕28号）	国务院，2012年7月9日
5	《中国制造2025》（国发〔2015〕28号）	国务院，2015年5月8日
6	《中共中央关于制定国民经济和社会发展第十三个五年规划的建议》	中共中央，2015年10月29日

续表

序号	文件名称	发布机构与时间
7	《中华人民共和国国民经济和社会发展第十三个五年规划纲要》	国务院，2016 年 3 月 17 日
8	《“十三五”国家战略性新兴产业发展规划》（国发〔2016〕67 号）	国务院，2016 年 11 月 29 日

2015 年 5 月，国务院印发《中国制造 2025》（国发〔2015〕28 号）重要文件。提出“立足国情，立足现实，力争通过‘三步走’实现制造强国的战略目标”。第一步：“力争用十年时间，迈入制造强国行列”；第二步：“到 2035 年，我国制造业整体达到世界制造强国阵营中等水平”；第三步：“新中国成立一百年时（2049 年），制造业大国地位更加巩固，综合实力进入世界制造强国前列”。《中国制造 2025》规划在新一代信息技术、高端装备、新材料、生物医药等战略性新兴产业重点领域大力推动“突破发展”。①

2015 年 10 月，在《中共中央关于制定国民经济和社会发展第十三个五年规划的建议》中提出“支持战略性新兴产业发展，发挥产业政策导向和促进竞争功能，更好发挥国家产业投资引导基金作用，培育一批战略性产业”。② 2016 年 3 月 18 日公布的《中华人民共和国国民经济和社会发展第十三个五年规划纲要》第五篇第二十三章就“支持战略性新兴产业发展”提出要求，期望在“十三五”期间，拓展新兴产业增长空间，使战略性新兴产业增加值占国内生产总值比重达到 15%。③ 2016 年 11 月 29 日，国务院发布《“十三五”国家战略性新兴产业发展规划》，指出战略性新兴产业代表新一轮科技革命和产业变革的方向，是培育发展新动能、获取未来竞争新优势的关键领域。提出在“十三五”时期，要把战略性新兴产业摆在经济社会发展更加突出的位置，大力构建现代产业新体系，推动经济社会持续健康发展。提出“十三五”

① 国务院 . 中国制造 2025（国发〔2015〕28 号）［EB/OL］. http：//www. gov. cn/zhengce/content/2015-05/19/content_ 9784. htm.

② 中共中央关于制定国民经济和社会发展第十三个五年规划的建议［EB/OL］. http：//news. xinhuanet. com/fortune/2015-11/03/c_ 1117027676. htm.

③ 中华人民共和国国民经济和社会发展第十三个五年规划纲要［EB/OL］. http：//politics. people. com. cn/n1/2016/0318/c1001-28207948. html.

期间，发展战略性新产业要坚持供给创新、需求引领、产业集聚、人才兴业和开放融合的原则。规划了到2020年的具体发展目标。①

可以肯定，实施“加快培育和发展战略性新兴产业”战略，对于我国“全面建设小康社会、实现可持续发展”“推进产业结构升级、加快经济发展方式转变”和“构建国际竞争新优势、掌握发展主动权”具有重要作用。② 我们在考察中认识到，战略性新兴产业是创新产业，首要的是“技术创新”，其次还有“商业模式创新”——产业所创造的产品和服务。只有通过有效的商业模式，才能够获得消费者的“货币选票”，才能够实现价值。因此，战略性新兴产业的发展，决定于创新主体的创造能力，决定于创新主体所创造的客体——新技术、新方法、新产品和新模式。创新主体，尤其是领军产业技术创新的首席专家和核心团队成员，是战略性新兴产业的第一资源。如何获取和发展满足产业需求的战略性创新人才，成为实现国家“加快培育和发展战略性新兴产业”各项战略目标的必要条件和根本保证。

从现有规划和政策来看，对于如何获得满足战略性新兴产业发展所需求的战略人才问题，缺少具体的和有针对性的安排。在《关于加快培育和发展战略性新兴产业的决定》《“十二五”国家战略性新兴产业发展规划》，以及“十二五”和“十三五”规划中，没有具体说明如何解决战略性新兴产业的战略人才需求问题。我国自2002年6月提出实施人才强国战略以来③，制定和发布了一系列加强人才资源队伍建设和发展战略人才政策（见表1-2），实施了“百千万人才工程”和“万人计划”等战略人才发展工程。但是对于2010年提出的培育和发展战略性新兴产业所需求的高层次创新型战略人才问题，仍有待研究和解决。

① 国务院．“十三五”国家战略性新兴产业发展规划（国发〔2016〕67号）[EB/OL]. http://www.gov.cn/zhengce/content/2016-12/19/content_5150090.htm.

② 国务院．关于加快培育和发展战略性新兴产业的决定（国发〔2010〕32号）[EB/OL]. http://www.gov.cn/zwgk/2010-10/18/content_1724848.htm.

③ 2002—2005年全国人才队伍建设规划纲要[EB/OL]. http://news.xinhuanet.com/newscenter/2002-06/11/content_435834.htm.

表 1-2　关于发展战略人才的重要文件

序号	文件名称	发布机构与时间
1	《2002—2005 年全国人才队伍建设规划纲要》	中共中央、国务院，2002 年 6 月 11 日
2	《中共中央、国务院关于进一步加强人才工作的决定》	中共中央、国务院，2003 年 12 月 26 日
3	《关于进一步加强高技能人才工作的意见》（中办发〔2006〕15 号）	中共中央、国务院，2006 年 6 月 11 日
4	《国家中长期人才发展规划纲要（2010—2020 年）》	国务院，2010 年 6 月 6 日
5	《高技能人才队伍建设中长期规划（2010—2020 年）》	中央组织部、人力资源社会保障部，2011 年 7 月 6 日
6	《专业技术人才队伍建设中长期规划（2010—2020 年）》	中央组织部、人力资源社会保障部，2011 年 7 月 20 日
7	《关于进一步加强党管人才工作的意见》	中共中央，2012 年 9 月 27 日
8	《关于深化人才发展体制机制改革的意见》	中共中央，2016 年 3 月 21 日

研究发现，在当前和今后一段较长的时期内，发展战略性新兴产业所需要的物力资源易于获得和支配，但创新型领军人才，即高层次创新力强的人才资源，不仅国内缺乏，而且国际稀缺。在选拔、培养和使用等环节，需要建立具有实用性、可行性和有效性的评价标准，即要回答“具备什么特征的人才能够胜任战略性新兴产业创新任务”这样的问题。

正是在这样的背景下和认识的基础上，本书团队做出了运用“胜任力模型”管理技术，研究中国战略性新兴产业创新主体胜任力问题的选择。

1.1.2　研究意义

运用“胜任力模型”管理技术，研究我国战略性新兴产业创新主体的胜任力问题，具有重要的现实意义和一定的理论价值。

首先，有助于深化对战略性新兴产业创新主体胜任能力的认识。培育和发展战略性新兴产业，创新型人才资源的获取和利用是关键。明确认识什么样的人才是创新型人才，具备什么特征的人才能够胜任产业技术创新和产品营销创新，应该是规划和发展新兴产业的必要条件。对于鉴别和评价人才的特征与价值，“胜任力模型”应该是迄今为止比较合理、实用并具有一定科学性的工具。这一管理工具经过较长时间的理论开发和实际应用，得到国内外实践者和研究者比较普遍的理解与认同。将充分证明这一应用价值的工具引入中国战略性新兴产业发展的实践中，有助于产业的决策者、管理者和作业者加深对创新人才发展的重要性、决定性和胜任力的认识，以便有的放矢，夯实产业创新人才发展的基础条件和有效机制，保障发展战略性新兴产业所需求的人力资本的充分供给。

其次，为战略性新兴产业引进“领军人才”提供价值评估标准。战略性新兴产业包括“节能环保、新一代信息技术、生物、高端装备制造、新能源、新材料、新能源汽车”七大领域。为这七大领域的产业从国（境）外发现和引进“领军人才”——研究能力为国际领先水平且善于领导团队协同作战的研究人员，是一项成本高、难度大的工作。判断一个研究领域的人才是否有水平，一般的依据是其所取得的成就，如学历、学位、发表成果等。但是实践和研究发现，一个“过去”取得了成就的人，不代表他“未来”一定能够继续成功；在一种制度环境或“人力资本生态”① 中能够取得成就，不等于他在另一种环境或“生态”中也能够成功。而且人才的层次越高，引进的成本越大，“招聘失败”付出的代价也越大。这意味着对于引进人才的价值需要依据一定的标准进行评估，既考查过去成绩，又评估未来创造力。重要的指标还有对本土文化和制度的适应能力，以及领导团队协同作业的能力。通过构建胜任力模型的方法，有助于建立引进人才价值的评价标准体系。

再次，为战略性新兴产业发展创新人才提供质量坐标系。战略性新兴产业创新人才是国际性的稀缺资源。中国需要的高层次创新力强的人才，世界其他国家也需要，但严重供给不足。战略性新兴产业的发展，应建立在战略性人才发展的基础之上。人才发展的重点应该立足于国内的自主“发展”，而不是期望从国（境）外直接“引进”来满足需求。战略人才的国内“发展”，

① “人力资本生态”概念，详见钱诚在其博士学位论文基础上修订完成的专著《人力资本生态论：危机中的人才流动》第2章“人力资本生态：概念、结构与框架”（中国言实出版社，2015年）。

主要通过内部选拔、培训和在实际工作中培养和造就。战略人才的发展（开发），同样应遵循“投入—产出”规律，需要核算“成本—收益”，讲究生产效率。开展这样的活动，有必要依据一定的质量评价指标体系或“质量坐标系”。通过胜任力模型方法，有助于确定各类适用人才的特征指标，便于形成评价战略人才发展工作质量评价的坐标系。

最后，丰富胜任力理论模型中国化应用的研究成果。研究发现，胜任力概念和理论模型于1998年、1999年出现在中国学界，自2001年起有相关学术文章发表，之后逐渐得到学界重视并应用于多个领域。① 本课题应用经典的胜任力模型方法，建立战略性新兴产业创新人才引进和发展的评价标准，拓展了胜任力理论模型中国化应用的领域，丰富了相关研究成果，具有理论意义和学术价值。

1.2 研究内容与目标

本书以新一代信息技术产业和生物农业技术产业为实例，研究战略性新兴产业技术创新主体的胜任力模型及其应用问题。通过比较两类产业技术创新主体胜任力模型与开发应用，提出具有战略性新兴产业技术创新主体通用性的模型和应用政策建议。

1.2.1 主要研究内容

本书包括七章，可以分为三部分。第一部分“研究基础”，包括“导论”和“概念界定与文献述评”两章。“导论”旨在开宗明义，阐述研究背景与意义，介绍研究的主要内容与目标，说明研究依据的理论条件和采取的研究方法与技术路线，并自我评估整个研究的创新点与不足之处。“概念界定与文献述评”包括战略性新兴产业，创新、技术创新与创新主体，胜任力与胜任力模型和胜任力开发及开发机制，以及新一代信息技术产业和生物农业产业

① 王建民，杨木春．胜任力研究的历史演进与总体走向［J］．改革，2012（12）：138-144.

的发展与技术创新等概念框架和研究成果的梳理、评论与界定。

第二部分“模型构建、检验与应用”为本书的核心内容，由第 3 章、第 4 章和第 5 章构成。第 3 章和第 4 章为分别针对新一代信息技术产业和生物农业产业技术创新主体的胜任力模型的实证研究，包括理论模型的提出、量表选编、实证检验和模型修订等内容。第 5 章讨论基于胜任力模型的开发机制与应用实验问题。

第三部分“实例比较、结论与展望”，包括第 6 章和第 7 章内容。第 6 章，胜任力模型构建与应用实验研究比较，从研究方法与技术路线、数据采集与理论模型、量表选编与实证检验、目标模型、应用实验研究等方面，对“新一代信息技术产业”和“生物农业产业技术产业”这两类实例产业技术创新主体胜任力模型的构建与应用实验研究进行了比较，提出了对通用产业技术创新主体胜任力模型维度与构成要素的思考。最后，第 7 章，总结整个研究工作并对技术创新主体胜任力模型在战略性新兴产业发展中的应用提出建议。

研究主要内容及其逻辑关系示意图，如图 1-1 所示。

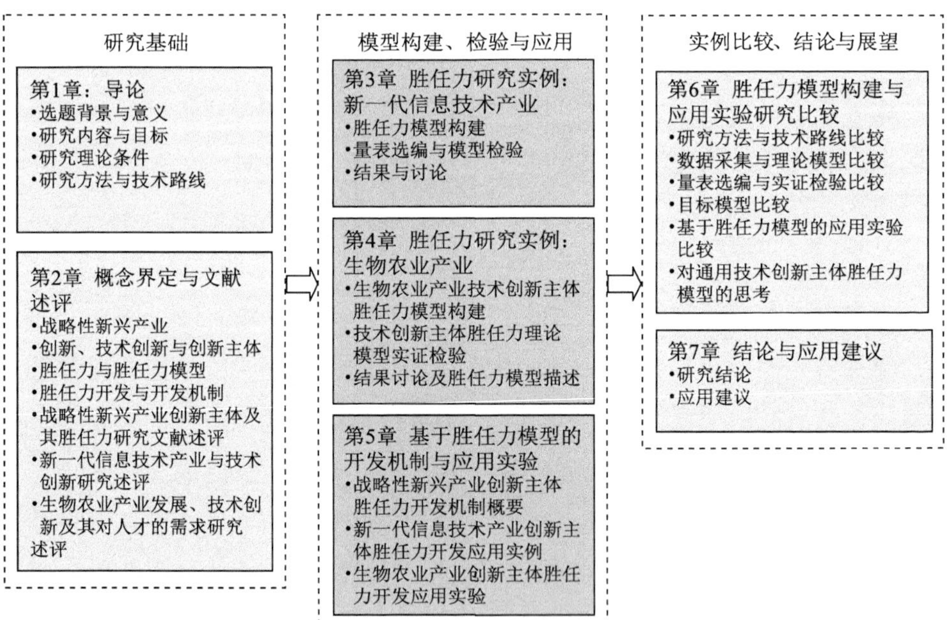

图 1-1 主要研究内容逻辑关系

1.2.2 实现目标

本书的研究拟实现的目标，主要包括以下四个：

第一，实证研究新一代信息技术产业技术创新主体胜任力模型；

第二，实证研究生物农业产业技术创新主体胜任力模型；

第三，在新一代信息技术产业和生物农业产业实体机构，进行基于所构建的胜任力模型的人力资源管理应用实验研究；

第四，比较新一代信息技术产业和生物农业产业技术创新主体胜任力实证研究及其应用的实验研究成果，得出具有产业通用性价值的意见和建议。

1.3 研究的理论条件

本书研究战略性新兴产业技术创新主体的胜任力及其开发问题。研究中可依据的理论，或者可采用的工具，主要包括创新理论、战略人力资源管理理论、胜任力模型和人力资源开发管理。凭借这四种理论和工具既定的理性逻辑，保障和强化了研究的合法性、科学性和实用性。

1.3.1 创新理论

1912年，约瑟夫·熊彼特（Joseph Alois Schumpeter，1883—1950）① 在《经济发展理论》中提出创新理论。熊彼特认为，创新不同于发明，创新要实际应用，是一种市场行为，要遵循“投入—产出”规律，接受市场的检验。创新就是“建立一种新的生产函数”，即把一种从来没有过的关于生产要素和生产条件的新组合引入生产体系。

熊彼特提出，关于生产要素和生产条件的新组合，具体包括五种情况：

① 约瑟夫·熊彼特（Joseph Alois Schumpeter，1883—1950年），美籍奥地利经济学家，创新理论的鼻祖，现代企业思想之父。长期任教于哈佛大学，曾任美国经济学会会长。1912年出版《经济发展理论》，提出了创新及其在经济发展中的作用观点。以创造性破坏理论阐释经济增长的真正根源——创新。其著作有《资本主义、社会主义与民主主义》《经济分析史》等。

一是“采用一种新的产品”，即消费者还不熟悉的产品；二是“采用一种新的方法”，也就是在有关的创造部门中尚未通过检验鉴定的方法；三是“开辟一个新的市场”，不管这个市场以前是否存在过；四是“掠夺或控制原材料或成品的一种新的供应来源”，不论这种来源是否已经存在，还是第一次创造出来；五是“创造出一种新的企业组织形式”。①

战略性新兴产业的形成与发展，根本上就是熊彼特界定的“创新”行为。要开发新的生产要素，创造新的生产条件，构成生产作业的新组合，建立一种新的生产函数。战略性新兴产业的创新活动，要进行投入—产出和成本—收益分析，要创造出具有价值和使用价值的产品或服务，并且以有效的商业模式供给需求者，经受消费者或用户“用货币投票”的考验。

熊彼特认为创新的主体是企业家，只有企业家才能实现“新组合”，也就是说一个人也只有在实现了“新组合”时才是企业家。熊彼特不同意马歇尔企业家是管理者的观点，认为管理者是正常的循环流转的现象，没有创新就没有企业家。② 本书关注的创新主体不是推动和实现新组合的企业家，而是为企业家的新组合提供要素、条件的承担研究和开发任务的核心技术人才。企业家应该是战略家，应该是有效获取和利用产业战略人才的领导者。本书研究产业战略人才的胜任特征和开发机制，有助于为企业家实现创新生产要素和条件的新组合提供物质基础。

1.3.2 战略人力资源管理理论

本书遵循战略人力资源管理学逻辑。一个组织的“战略人力资源管理模型”（见图 1-2）。③ 组织制定和实施新的战略，势必使人力资源的需求发生

① 这里关于熊彼特创新理论，参考文献包括：李义平：创新与经济发展——重读熊彼特的《经济发展理论》（原文发表于《读书》2013 年第 2 期）（人民网：http：//theory. people. com. cn/n/2013/0129/c40531-20362868. html）；MBA 智库百科（http：//wiki. mbalib. com/wiki/熊彼特的创新理论）和百度百科（http：//baike. baidu. com/link？url.）“熊彼特创新理论”词条。

② 李义平 . 创新与经济发展——重读熊彼特的《经济发展理论》［J］. 读书，2013（2）：20-28.

③ 王建民 . 战略人力资源管理学［M］. 北京：北京师范大学出版社，2013：39.

变化。基于组织战略规划，分析和制定人力资源发展规划，成为组织人力资源管理决策者的必然选择。依据人力资源规划开展一系列管理实践活动，实现人力资源供给结构、规模和层次等指标的调整，以满足新战略人力资源的需求。

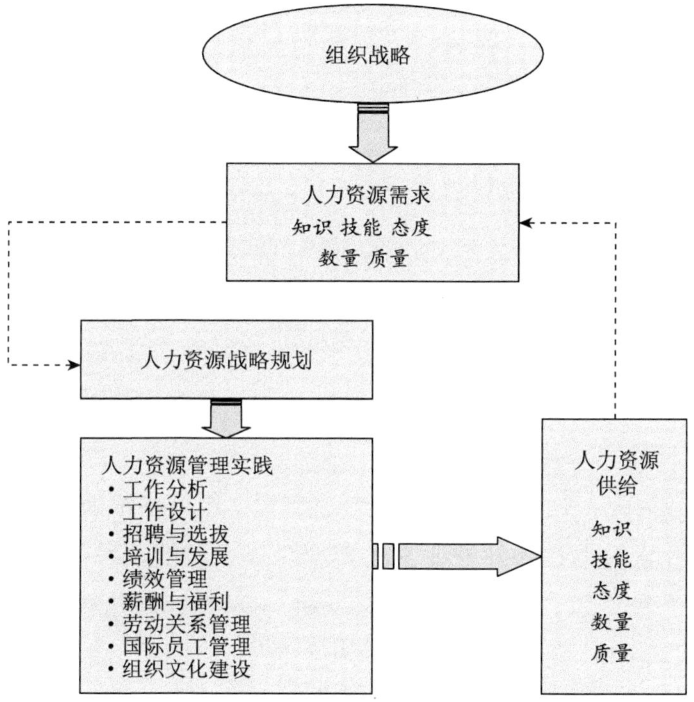

图 1-2　战略人力资源管理模型

一般认为，战略人力资源管理有四个特征：①战略性，人力资源战略与组织总体战略相匹配；②系统性，人力资源系统与企业运营系统、研发系统等子系统协调、互动；③契合性，包括“纵向契合”和“横向契合”两个维度，即人力资源管理在纵向上必须与企业发展不同阶段的战略相契合，在横向上契合组织各个子系统对人力资源的需求变动；④动态性，即一个组织的人力资源战略规划随组织战略的变化而变化，并根据员工绩效管理适时调整机制和制度。

战略性新兴产业的发展，无论政府主导的力量有多强大，落脚点还在组织（企业）和市场。只有产业项目符合企业追求收益最大化的目标，顺应市场经济规律，才有可能获得真正的、可持续的成功。这意味着企业要制定和实施适合自己的战略性新兴产业发展战略，意味着企业对核心人力资源的需求要发生变化。为适应需求变动，企业要制定新的人力资源开发规划，开展新的管理活动，优化供给结构和规模以适应需求变化，这就是本书所依据的逻辑。

1.3.3 胜任力模型

“胜任力”（Competence）概念的应用基础建立于1959年。1973年，戴维·麦克莱兰在《美国心理学家》（*American Psychologist*）发表《测量胜任力而不是“智力”》（*Testing for Competence rather than for “Intelligence”*）一文，标志着胜任力概念体系的正式确立。经过近60年的发展，管理学界在胜任力理论与应用研究方面取得了丰富的成果，胜任力方法发展成为成熟的管理分析和实用工具。

经过比较研究，我们把胜任力概念界定为：组织中绩效卓越成员所具备的可评估与开发的内在和外在要素的集合。要素包括技术能力、知识结构、职业精神、价值观念、性格特征和心理动机。这六种要素（Competencies）有机联系、融合汇聚，形成“胜任”工作、项目、岗位、团队或组织的“合力”，即胜任力（Competency）。在综合多种观点的基础上，本书对“胜任力模型”概念进行了界定，对成就组织中成员卓越绩效的可评估与开发的内在和外在要素的选项、内涵和结构直观而本质的描述。①

胜任力概念和胜任力模型的理论与应用逻辑构成了本书研究的主要技术基础。战略性新兴产业创新主体胜任工作的特征，就是按照胜任力模型构建方法辨识，获得对目标群体“可评估与开发的内在和外在要素的集合”的判断和认识。认识创新主体胜任特征的目的在于开发和利用，满足产业发展战略目标的需求。

① 王建民，杨木春．胜任力研究的历史演进与总体走向［J］．改革，2012（12）：138-144.

1.3.4 人力资源开发管理

研究所依据的还有“人力资源开发管理”理论工具。人力资源开发是指根据组织需求变化，通过培训、教育或实践活动，改变个体或组织人力资源内容、品质和构成的过程。人力资源开发是经济性、系统性工程，有投入—产出决策，需要进行有效管理——计划、组织、领导和控制。

基于对人力资源开发管理活动的认识，本书根据构建并初步检验的战略性新兴产业创新主体胜任力模型，将胜任力构成要素具体化为可开发的“知识、技能和能力”，设计开发活动计划或提出开发建议。

1.4 研究方法与技术路线

本书属于管理学中的人力资源管理研究。研究中采用比较成熟的胜任力模型方法，以及人力资源开发管理技术。在构建胜任力模型中，采用了有效的方法采集数据或信息。研究工作的技术路线经过反复思考和设计，具备了合理性和有效性。

1.4.1 研究方法

研究方法需要在三个层面上选择：一是认识论层面；二是学科层面；三是技术层面。

本书在认识论上坚持辩证唯物主义立场和观点，确信世界是物质的，物质的世界是不断变化发展的，不断变化发展的世界是可以认识的。在学科层面，属于管理学中的人力资源管理领域。我们认为管理学以经济学为基础，主要讨论有限资源条件下的工作效率最大化问题；以最小的投入（物力资源和人力资源），通过计划、组织、领导和控制过程，产出最大化的绩效。人力资源是物质和非物质生产活动中最重要的资源；人力资源的供给质量决定生产战略目标实现的可能性。

在技术层面采用构建胜任力模型方法。在文献研究和现实调查的基础上，提出假设或概念模型，然后采用量表加以实证检验，这一过程属于管理学中的实证研究（Empirical Study）。

本书采用了文献分析、深度访谈、问卷调查等多种研究方法。此外，本书还采用定性和定量相统一、实证分析和规范研究相结合的研究方法。在胜任力模型构建过程中，用定量研究方法检验定性判断是否成立，可靠程度如何。实证和规范这个说法属于经济学范畴。实证分析（Positive Analysis）是指超越价值判断的客观地回答“是什么”的问题；规范研究（Normative Study）是指根据一定的价值判断标准回答“怎么办”的问题，并提出对策建议。本书在构建模型环节实证分析创新主体的胜任力要素和结构“是什么”，在管理应用的实验研究中规范回答应该“怎么办”。

1.4.2 技术路线

本书的目标在于构建战略性新兴产业技术创新主体的胜任力模型，并实验研究基于胜任力模型的应用问题。采用的关键技术是胜任力模型方法。

在研究过程中，出于可行性和经济性考虑，首先，将研究目标“战略性新兴产业创新主体”具体化为三类：①新一代信息技术产业技术创新主体；②生物农业产业技术创新主体；③战略性新兴产业商业模式创新主体。其次，分别构建三类模型并讨论开发机制。最后，提出政策建议。图 1-1“主要研究内容逻辑关系”，基本可以反映本书的技术路线。

图 1-3 为研究的基本技术路线流程示意图，首先，开宗明义的介绍研究背景、概念框架和文献述评等内容，进行了“胜任力模型构建与检验”的实证研究。其次，基于所构建的胜任力模型有选择地开展了管理应用的实验研究。最后，对两个实例产业技术创新主体胜任力的研究进行了比较、讨论，提出了对通用性模型的思考和建议。

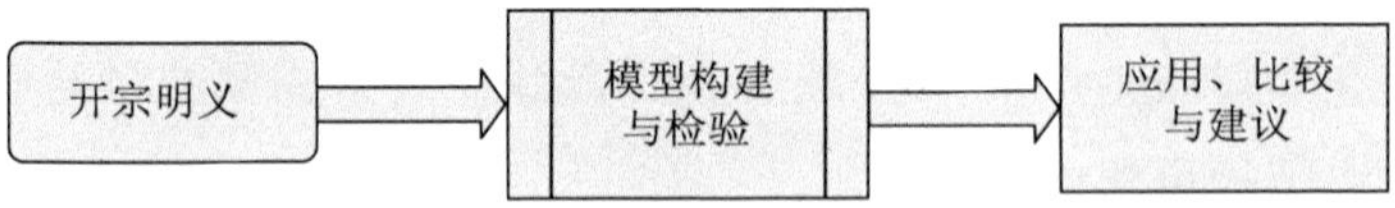

图 1-3 研究的基本技术路线

第 2 章　概念界定与文献述评

本章首先界定了研究中运用的核心概念，包括战略性新兴产业，创新、技术与创新主体，胜任力与胜任力模型，胜任力开发与开发机制等。其次，对战略性新兴产业创新主体及其胜任力研究文献、新一代信息技术产业与技术创新研究文献，以及生物农业产业发展、技术创新及其对人才的需求研究文献进行梳理，并加以述评。

2.1　战略性新兴产业

本书所指“战略性新兴产业”，同 2010 年 10 月国务院发布的《关于加快培育和发展战略性新兴产业的决定》中的定义一致：“战略性新兴产业是以重大技术突破和重大发展需求为基础，对经济社会全局和长远发展具有重大引领带动作用，知识技术密集、物质资源消耗少、成长潜力大、综合效益好的产业。”认同根据战略性新兴产业的特征，立足国情和科技、产业基础，将“现阶段重点培育和发展”的战略性新兴产业界定为七大类——“节能环保、新一代信息技术、生物、高端装备制造、新能源、新材料和新能源汽车”。①

有学者讨论了国外“战略性新兴产业”概念的四种提法，以及国内学者对这一概念的两种译法，对我们在研究中参阅国外文献有一定的参考价值。孙国

① 国务院．关于加快培育和发展战略性新兴产业的决定（国发〔2010〕32 号）[EB/OL]. http://www.gov.cn/zwgk/2010-10/18/content_1724848.htm；国务院．“十二五”国家战略性新兴产业发展规划（国发〔2012〕28 号）[EB/OL]. http://www.gov.cn/zwgk/2012-07/20/content_2187770.htm.

民在《战略性新兴产业概念界定：一个文献综述》中，介绍了“国外战略性新兴产业的提法”，主要有四种：一是使用“Emerging Industries”概念，表示新兴的产业或正显现的产业，涉及电动车、数字电视技术、电产业、制造领域、生物能源及生物技术等产业；二是使用“New Industries”概念，指软硬件产业、信息产业、电影产业、移动网络、医学等新的产业领域；三是采用“the New and Emerging Industries”概念，表示新产业和新兴产业，包括绿色产业、园艺产业、生物技术、信息技术、农业、生物能源与生物产品、化学领域、高技术及其产品等；四是使用“Newly Emerging Industries”说法，指生物技术、计算机软件、轨道空间、绿色建筑、老年健康等“新近出现的产业”。四种说法中，“Emerging Industries”和“New Industries”占主流地位。国内学者对这一概念的译法有两种，“Strategic Emerging Industries”和“Emerging Industries of Strategic Importance”。① 我们采用第一种译法“Strategic Emerging Industries”。

2.2 创新、技术创新与创新主体

2.2.1 创新

本书关于“创新”（Innovation）概念的内涵，与国家《加快培育和发展战略性新兴产业的决定》以及《“十二五”国家战略性新兴产业发展规划》中“创新”保持一致性。在《规划》中提到，坚持“创新驱动、开放发展”原则，“坚持自主创新，加强原始创新、集成创新和引进消化吸收再创新”；而坚持的第一条原则是“市场主导、政府调控”。② “创新驱动”和“市场主导”意味着技术创新和商业模式创新，即在产业应用技术方面和产业的市场化发展方面有新的、适用的和经济性的突破或创造。

---

① 孙国民．战略性新兴产业概念界定：一个文献综述［J］．科学管理研究，2014（4）：32.（国家社会科学基金项目，13CGL043）；薛澜，林泽梁，梁正，等．世界战略性新兴产业的发展趋势对我国的启示［J］．中国软科学，2013（5）：18-26.

② 国务院．“十二五”国家战略性新兴产业发展规划（国发〔2012〕28号）［EB/OL］．http：//www.gov.cn/zwgk/2012-07/20/content_ 2187770.htm.

关于什么是创新，无论理论界还是实践部门，在认识上都没有超越约瑟夫·熊彼特[①]的经典思想。熊彼特认为，创新就是建立一种新的生产函数，即重新组合生产要素，把一种从来没有的关于生产要素和生产条件的新组合引入生产体系中，以实现对生产要素或生产条件的新组合。熊彼特提出“创新”的五种情况——出产新产品、采用新技术、开辟新市场、发现资源配置新途径和实现产业组织新方式。熊彼特关于创新的基本观点，仍然具有巨大的影响力：①创新是生产过程中内生的；②创新是一种“革命性”变化；③创新同时意味着毁灭；④创新必须能够创造出新的价值；⑤创新是经济发展的本质规定；⑥创新的主体是企业家。[②]

对于战略性新兴产业中的创新，熊彼特提出的五种情况应该都有涉及。既有新产品、新技术、新市场的创新，也有资源配置途径和产业组织方式的创新。重点在满足“重大发展需求”的“重大技术突破”——产业技术的创新，以及如何有效满足市场需求实现发展战略目标的资源配置和生产组织方式创新，即商业模式创新。

2.2.2 技术创新

按照熊彼特创新理论的逻辑，本书聚焦于中国战略性新兴产业的两类创新，即满足“重大发展需求”的“重大技术突破”——产业技术的创新，以及有效满足市场需求实现发展战略目标的资源配置和生产组织方式创新，即商业模式创新。

本书所指的技术创新（Technical Innovation）为生产技术的创新，指开发新的生产技术，或者开创现有技术的新的生产应用。科学是技术之源，技术是产业之本；技术创新以科学发现为基础，产业创新以技术创新为根本。

技术创新与产品创新、技术进步、研究开发和模仿、扩散等概念有相关性

---

① 约瑟夫·熊彼特，1912 年出版《经济发展理论》一书，提出了创新及其在经济发展中的作用观点，创立了新的经济发展理论。

② 参见 MBA 智库百科“熊彼特的创新理论”（http：//wiki. mbalib. com/wiki/熊彼特的创新理论）。

和差异性，需要简单辨析。有专家认为，技术进步是“技术所涵盖的各种形式知识的积累与改进”。开放经济中的技术进步有“技术创新、技术扩散、技术转移与引进”三种途径。技术创新直接作用于“生产函数”，是一个科技和经济相融合的一体化过程，是技术进步与应用创新共同催化的结果。如果按照经济合作和发展组织（OECD）把研究开发（R&D）定义为：“研究和实验开发是在一个系统的基础上的创造性工作，其目的在于丰富有关人类、文化和社会的知识库，并利用这一知识进行新的发明。”那么，研究开发也不同于“技术创新”，但是我们在这里不采用这个一般意义上的研究开发概念，认为一家企业内部的研究开发活动，应该是服务于生产技术创新目标的，基本等同于生产技术创新。有专家提出，技术创新和产品创新既有密切关系，又有所区别。技术创新带来产品创新，有可能性而非必然性；产品创新以技术创新为条件，有可能性而非必要性。相同的技术创新可能带来不同的产品创新，即同样的技术可以生产不同的产品，生产同样的产品可以采用不同的技术。产品创新的重点在于商业和设计行为有外在性，而技术创新的重点在于其过程有一定内在性。技术创新不一定带来产品改变，而是实现工艺和流程优化而节约成本、提高效率。此外，技术创新与模仿、扩散不同点体现在：模仿是仿制创新者的产品，是有一定意义的创新传播形式；值得肯定的模仿行为，应该包含渐进的创新，以及对原设计的改进和优化。①

技术创新对于提高国家制造业创新能力具有决定意义。2015 年 5 月，国务院发布《中国制造 2025》战略规划，强调“完善以企业为主体、市场为导向、政产学研用相结合的制造业创新体系”。“围绕产业链部署创新链，围绕创新链配置资源链，加强关键核心技术攻关，加速科技成果产业化，提高关键环节和重点领域的创新能力”。《中国制造 2025》提出“加强关键核心技术研发”，要强化企业技术创新主体地位，支持企业提升创新能力。②

根据不同维度，技术创新可以分为不同类别。从技术创新对象来划分，

---

① 参考 MBA 智库百科“技术创新”词条相关内容（http：//wiki. mbalib. com/wiki/技术创新）。

② 国务院．中国制造 2025［EB/OL］. http：//www. gov. cn/zhengce/content/2015-05/19/content_9784. htm.

可分为产品或工艺创新、流程创新。根据重要性程度，英国苏塞克大学科学政策研究所（SPRU）将创新分为四个发展阶段：①渐进性创新，即渐进性的、连续的小创新；②根本性创新，即开拓全新领域、有重大技术突破的创新；③技术系统的变革，即能够产生具有深远意义变革的创新，影响经济的相关部门，并伴随新兴产业出现；④技术—经济范式的变更，这类创新将包含很多根本性的创新群，以及技术系统变更。①

关于技术创新主体，综合近十年来的期刊文章以及20世纪90年代以来的相关著作，可以大致得出这样的判断：国内学者对技术创新主体的研究可以分为两类：一类认为技术创新主体是一元主体，傅家骥认为，技术创新的主体是企业家。董树功、连燕华等认为，企业是技术创新的主体。② 另一类认为技术创新的主体是多元主体，在认可企业是技术创新主体的前提下，吴刚等学者指出，劳动者在技术创新中占据主体地位，并发挥了主力军的作用，认为创新活动是企业家、管理者和劳动者的协作行为。陈士俊认为，技术创新主体是具有创新能力的、参与技术创新实践活动的个人或组织。赵克、朱新轩认为，不同时期存在不同的技术创新主体，且主体之间是可以转换的，从而形成多元转换主体。③ 表2-1为国内外学者关于技术创新定义的主要观点。

表2-1 国内外学者关于技术创新定义的主要观点

学者	主要观点
莫尔（V. Mohr）	技术创新是技术产品的创始、演进和开发过程
费里曼（C. Freeman）	技术创新是新产品、新过程、新系统和新服务的首次商业性转化，包含技术、设计、生产、管理和市场活动的诸多步骤

① West G. P. Collective Cognition: When Entrepreneurial Teams, Not Individuals, Make Decisions [J]. Entrepreneurship: Theory & Practice, 2007, 31 (1): 77-102.

② 傅家骥．技术创新学［M］．北京：清华大学出版社，1998；董树功．我国技术创新主体选择研究［J］．工业技术经济，2006（9）：4-7；连燕华．试论企业是技术创新的主体［J］．科学管理研究，1994（5）：1-6.

③ 吴刚．“内企业家”和劳动者——两个被忽视的企业创新主体［J］．上海企业，1997（10）：18-21；陈士俊．技术创新主体的合理确定及其评价指标分析［J］．科学管理研究，2005（2）：23-26；赵克，朱新轩．论技术创新主体的转换［J］．科技管理研究，1996（8）：5-9.

续表

学者	主要观点
斯通曼（P. Stoneman）	技术创新是首次将科学发明输入生产系统，并通过研究开发，努力形成商业交易，通过销售创新利润的完整过程
瓦茨（D. Vat）	技术创新是企业对发明或研究成果进行开发并通过销售而创造利润的过程
伊诺思（J. L. Enos）	技术创新是几种行为综合的结果，这些行为包括发明的选择、资本投入保证、组织建立、制订计划和开辟市场等
缪塞思（R. Mueser）	技术创新是以其构思新颖性和成功实现为特征的有意义的非连续事件。这个定义主要包含两方面的含义：一是活动的发挥常规性，即新颖性和非连续性；二是活动获得最后成功
森谷正规	技术创新是指通过技术进行的创新，而技术本身无须发生革命性的改变。对于技术创新的衡量标准为：通过技术的推行实现了开辟新市场、刺激经济发展，创造足以迅速改变社会和生活方式的新的经济实力
管建成、许兴林	技术创新的最终目的是技术的商业应用和创新产品的市场成功
许庆瑞	技术创新泛指一种新的思想的形成，是得到、利用并生产出满足市场用户需要的产品的过程。它不仅包括技术创新成果本身，而且包括该成果的推广、扩散和应用过程
陈伟	技术创新是指创造新技术，并把它引入产品、工艺或商业系统中，或者创造全新的产品和工艺以及对现有产品和工艺的重大技术改进，其产品被引入市场，或生产工艺得到应用
贾蔚文	技术创新是一个从新产品或新工艺设想的产生，经过研究、开发、工程化、商业化生产到市场应用的完整过程的一系列活动的总和
傅家骥、施培公	技术创新是企业家抓住市场的潜在盈利机会，以获取商业利益为目标，重新组织生产条件和要素，建立起效能更强、效率更高和费用更低的生产经营系统，从而推出新的产品、新的生产方法或工艺方法，开辟新的市场，获得新的原材料或半成品供给来源或建立企业的新的组织，包括科技、组织、商业和金融等一系列活动的综合过程

2.2.3 创新主体

创新主体包括创新实践活动的主导者、执行者或行动者。熊彼特提出创新的主体是企业家，是基于企业组织创新发展的宏观层面而言的，即一家企业的创新能力和发展水平取决于企业领导者企业家的竞争实力。本书采用的战略性新兴产业创新主体概念的含义，比熊彼特提出的企业家创新主体观点要具体，可以从战略人力资源管理角度分为四类：领导决策者、研究开发者、经营管理者和生产作业者。领导决策者是指包括企业家在内制定产业发展战略并指挥落实既定战略目标的决策者和领导者，不是本书的重点研究对象；在一线执行和完成生产任务的操作人员——生产作业者，也不是本书关注的重点。

本书重点研究战略性新兴产业的技术创新主体，主要指承担企业技术创新职责的研究与开发（Research and Development，R&D）人员，尤其是其中的团队领导者和核心骨干成员。技术创新主体即实现技术创新活动客体目标的行为实施者（行动者或行为人），在现实中有“创新人才”“研发骨干”“领军人才”“学术带头人”等称谓。本书统一采用“技术创新主体”概念，但在实际的数据采集等场合，也使用“技术创新人才”等说法，两种说法基本含义一致。

2.3 胜任力与胜任力模型

胜任力与胜任力模型是本书的核心技术概念。研究团队对文献进行检索和梳理，发表了专项研究文章，追溯了胜任力研究的渊源与演化，辨别了胜任力称谓的不同“版本”，比较并界定了胜任力概念含义，探讨了胜任力研究方法，阐释了胜任力模型及其构建方式，概述了中国学者关于胜任力研究的成果。达到了对胜任力相关概念框架的“全面审视，理性认识，客观评价，准确解读”①。

2.3.1 胜任力研究的渊源与演化

1. 胜任力研究的渊源

有学者认为，胜任力的概念起源于古罗马时代。当时人们曾通过描绘“胜任轮廓图”（Competency Profiling）来说明“一名好的罗马战士”的特征。

① 本节关于“胜任力与胜任力模型”的主要内容，转引或参考自前期研究成果：王建民，杨木春．胜任力研究的历史演进与总体走向［J］．改革，2009（10）：16；王建民，杨木春，郑红英．中国胜任力应用研究的回顾与展望（2001—2012）［J］．商场现代化，2013（26）：193-196.

科学方法意义上的胜任力研究，起源于20世纪初“科学管理之父”泰勒（Taylor F. W.）① 所进行的“时间动作研究”（Time and Motion Study）——被誉为“管理胜任力运动”（Management Competencies Movement）。泰勒在研究中，将复杂的工作分解成一系列简单的步骤，来识别不同工作活动对能力的要求。这里的胜任力是指可直接观察的身体动作技能或体力因素（Physical Factor），如灵活性、力量、持久性等。泰勒在这项研究中所体现的思想产生了极其深远的影响，以至当今的工作分析方法可以认为演化于“时间—动作研究”②。

2. 胜任力研究的演化

研究认为，现代胜任力研究兴起关键原因之一，可以追溯至美国富兰克林·罗斯福（Franklin D. Roosevelt，1882—1945）政府在人力资源管理中对工作分析的重视。如识别和归类职业，编撰出版职业类型词典，说明各类职业要求的知识与技能。

曾任职于哈佛大学的心理学家罗伯特·怀特（Robert White），在1959年和1963年分别发表的两项重要研究成果，建立了胜任力概念的应用基础。在《再谈激励：胜任力概念》（*Motivation Reconsidered: The Concept of Competence*）（1959）中，第一次提出了与人才识别、个性特征相关的“胜任力”概念；在《人际关系胜任力》（*Sense of Interpersonal Competence*）中，探讨了胜任力与社会生活之间的关系。有专家认为，正是受罗伯特·怀特成果的启示，戴维·麦克莱兰（David C. McClelland）③ 构建了以“Competence”而不是“Talent”为核心思想的体系。④

---

① 费雷德里克·温斯洛·泰勒（Frederick Winslow Taylor，1856—1915），美国著名古典管理学家、经济学家，科学管理的创始人，被尊称为“科学管理之父”。

② 参考自时勘：《胜任特征模型理论和实践的探索》，第四届（2009）中国管理学年会——组织行为与人力资源管理分会场论文集。引用时，将时勘文中的胜任剖面图改为胜任轮廓图，将“管理科学之父”改为“科学管理之父”。

③ 戴维·麦克莱兰（David C. Mc Clelland，1917—1998），美国社会心理学家，1956—1987年任哈佛大学心理学教授，之后转任波士顿大学教授。

④ 这一段阐述所依据的信息及“胜任力研究的演化”这一部分的内容，主要参考萧鸣政．人员素质测评理论与方法［M］．北京：北京大学出版社，2011.

胜任力体系正式确立的标志，是1973年戴维·麦克莱兰在《美国心理学家》（*American Psychologist*）杂志发表《测量胜任力而不是“智力”》（*Testing for Competence rather than for* “*Intelligence*”）。这篇文章的发表，以前期两项成果为基础。20世纪70年代，麦克莱兰为解决如何有效选拔高效能海外文化事务官员问题，进行了创新性研究。他放弃预设人才条件的做法，深入现场调查获得第一手数据，通过比较分析实际工作表现优秀和表现一般外交官的具体行为特征，识别出能够取得优秀绩效者的个人要素。1972—1973年，麦克莱兰和助手合作，发表了两篇研究报告：①《改进外交官员的甄选》（*Improving Officer Selection for the Foreign Service*）；②《测量优秀驻外联络官必备素质新方法评估》（*Evaluating New Methods of Measuring the Qualities Needed in Superior Foreign Service Information Officers*）。在第二篇文章中，麦克莱兰结合约翰·弗拉纳根（John C. Flanagan）的关键事件技术（Critical Incident Technique，CIT）与主题统觉测验（Thematic Apperception Test，TAT），提出了具有“里程碑”意义的构建胜任力模型的方法——行为事件访谈法（Behavioral Event Interview，BEI）。①

戴维·麦克莱兰重视管理实践需求和研究成果的产业化应用。早在1963年，麦克莱兰创建了麦克伯（McBer）顾问公司，专业从事管理人员评估与员工培训。② 借助咨询公司平台，胜任力体系的应用研究与实际应用得到了不断加强和广泛发展。1976年，麦克莱兰出版了《工作胜任力测评指南》（*A Guide for Job Competency Assessment*），标志着胜任力理论和方法在实践中的成功应用。1978年，G. 克莱姆（G. Klemp）出版《工作胜任力测评》（*Job Competency As-*

---

① 萧鸣政. 人员素质测评理论与方法［M］. 北京：北京大学出版社，2011. 需要说明：该书中“《评估用于测量优秀海外文化事务官员必备素质的新方法》（Evaluating New Methods of Measuring the Qualities Needed in Superior Foreign Service in Formation Officers）”，英文和译文有误——“in Formation Officers”应为“Information Officers”，这篇文章名称的译文应该是：《测量优秀驻外联络官必备素质新方法评估》）；时勘：《胜任特征模型理论和实践的探索》，第四届（2009）中国管理学年会——组织行为与人力资源管理分会场论文集；行为事件访谈法（http：//baike. baidu. com/view/4453920. htm）。

② 麦克莱兰创办的麦克伯（McBer）组织，现为合益集团（Hay Group）内部机构“麦克莱兰研究与创新中心”（McClelland Center for Research and Innovation）。该中心提供“具有突破意义的见解与服务，帮助客户测评、选择并培养了成千上万的经理和高级管理人员……建立了世界上最丰富、最全面的组织管理咨询数据库，使我们的客户能够参照所属行业中的最优秀企业来改进自己”（2012-07-29：http：//www. haygroup. com/cn/about/index. aspx？ id=3157）。

sessment)，对胜任力体系的应用起到了积极的推动作用。1980 年，斯图尔特·德赖弗斯（Stuart E. Dreyfus）和休伯特·德赖弗斯（Hubert L. Dreyfus）提出胜任力开发中的胜任力级别（Levels of Competence）概念，并将其分为生手（Novice）、新手（Experienced Beginner）、老手（Practitioner）、师傅（Knowledgeable Practitioner）和专家（Expert）五级，针对不同级别实施不同开发手段。①

在戴维·麦克莱兰指导下，理查德·博亚茨（Richard Boyatzis）继续从事胜任力研究工作。1982 年，他出版了《胜任的经理：高绩效模型》（*The Competent Manager*：*A Model for Effective Performance*）。在书中，博亚茨以麦克莱兰的早期研究为基础，通过深入调查发现并归纳出与有效提高和保持管理绩效具有相关性的 19 项胜任力。其中，7 项为工作必备的“门槛性”胜任力，即普通知识、动机、特质、自我印象、社会角色或者技能等，这是一个人胜任工作要求所具备的基础能力。博亚茨的研究成果标志着胜任力模型（Competency Model）方法面世。之后，多位学者为胜任力研究做出了贡献。比如，1985 年，美国耶鲁大学的心理学家罗伯特·斯腾伯格（Robert J. Sternberg）提出“智力三元论”（Triarchic Theory of Intelligence）；20 世纪 90 年代，普拉哈拉德（C. K. Prahalad）和加里·哈默尔（Gary Hamel），首次提出公司的核心胜任力（Core Competence② of the Corporation）概念，把胜任力概念引入战略层次，使组织胜任力成为战略管理的视点。

1993 年，小莱尔·M. 斯潘塞和西格尼·M. 斯潘塞（Lyle M. Spencer, Jr. & Signe M. Spencer）出版了专著《胜任工作：卓越绩效模型》（*Competence at Work*：*Models for Superior Performance*），系统总结了 20 年来胜任力研究的成果，运用“麦克莱兰/麦克伯工作胜任力评估方法”（McClelland/McBer Job

① Dreyfus, Stuart E.; Dreyfus, Hubert L.（February 1980）. A Five-Stage Model of the Mental Activities Involved in Directed Skill Acquisition. Washington, DC: Storming Media.（http://www.dtic.mil/cgi-bin/GetTRDoc? AD=ADA084551&Location=U2&doc=GetTRDoc.pdf. Retrieved June 13, 2010）（转引自维基百科 Wikipedia “Competence”, 2012-07-30: http://en.wikipedia.org/wiki/Competence_（human_resources.）

② Core Competence 译为“核心竞争力”。

Competence Assessment Methodology）研究，提出了五个通用胜任力模型——专业技术人员、销售人员、社区服务人员、管理人员和企业家，每一个模型由 10 多个胜任要素构成。其中，企业家胜任力模型包括六方面要素：①成就：主动性、捕捉机遇、坚持性、信息搜寻、关注质量、守信、关注效率；②思维和问题解决：系统计划、问题解决；③个人成熟：自信、具有专长、自学能力；④影响力：说服、运用影响策略；⑤指导和控制：果断、监控；⑥体贴他人：诚实、关注员工福利、关系建立、发展员工。他们提出了区分优秀企业家与一般企业家的胜任力要素。1994 年，麦克莱兰和斯潘塞等发表了《胜任力评估方法》（*Competency Assessment Methods*）；在书中麦克莱兰简要回顾了胜任力体系的发展历程，界定了胜任力概念的含义。

管理学大师德鲁克（Peter Drucker）在 20 世纪 90 年代也认识到了胜任力体系的重要性。他在 1994 年提出的商业成功三组假设中，强调第三组“员工完成组织使命的必备的胜任力”最为重要；第三组假设是第一组假设认识“商业环境”和第二组假设实现“组织使命”的前提条件和根本保证。2001 年，J. 雷文（J. Raven）和 J. 斯蒂芬森（J. Stephenson），在《学习型社会胜任力》（*Competency in the Learning Society*）中，研究了家庭、学校和组织中高水平胜任力的性质、开发与评估问题，开拓了胜任力研究的新视角。①

2.3.2 胜任力概念与含义辨析

国内学者对 Competence 和 Competency 这两个核心概念有多种解读和多版本译法。在中文论文和著作中，采用了胜任力、胜任特征、胜任素质及其模型等多种说法，这些概念的含义也不尽相同。在此简要辨析。

1. 胜任力概念的“版本”

Competence 和 Competency 这两个词，在国外学者的使用中并没有遇到什么困难。戴维·麦克莱兰所撰写的那篇划时代的论文《测量胜任力而不是“智

① J. Raven，J. Stephenson，（Eds.）. Competency in the Learning Society［M］. New York：Peter Lang，2001.（转引自维基百科 Wikipedia“Competence”，2012-07-30：http：//en. wikipedia. org/wiki/Competence_ human_ resources.）

力”》(*Testing for Competence rather than for “Intelligence”*)，标题用 Competence，文章的后半部分用的都是“Competency（Competencies）”。小莱尔 · M. 斯潘塞和西格尼 · M. 斯潘塞（Lyle M. Spencer，Jr. & Signe M. Spencer）所著的《胜任工作：卓越绩效模型》（*Competence at Work：Models for Superior Performance*）中，交替使用 Competence 和 Competency。

事实上，按照英语构词法中，compet（e）+-ence 或-ency 词义相同。即后缀-ence 和-ency 均表示“性质、状况、行为、过程”的意思。查英汉词典，Competence 和 Competency 作同一词条解释：Competence，又作 Competency。[①] 显然，这就是麦克莱兰和斯潘塞等交替使用 Competence 和 Competency 的原因。但是，在使用中，这两个词稍有区别：Competence 为不可数名词，而 Competency 为可数名词，复数 Competencies。在人力资源管理语境中，维基百科（Wikipedia）的解释是：Competence（or Competency）“是一个人正确恰当地做事的能力”；“Competence”是“用于提高绩效的知识、技能和行为的综合”。而“a competency”是“一组能够提供结构化指导的行为规则，可用于识别、评估和开发个体员工行为”[②]。这意味着，Competence 和 Competency 均可以作为“胜任力”概念使用。区别在于 Competency 可以作为可数名词。因此，当强调“胜任力”由一定“要素”构成，而且构成胜任力的“要素”具有多样性、多元化和复杂性等特点时，此时，就应该采用 a competency 或 Competencies 来表述。

国内学者主要采用 competency 作为关键词，有时也用 competence。对这个关键词的译文有胜任特征（时勘、安鸿章等）、胜任力（赵曙明、彭剑锋、章凯、萧鸣政等）、胜任力特征（王重鸣等）、（胜任）素质（彭剑锋等）。[③]

综合考虑多方面的因素，我们认为采用“胜任力”（Competency）是最优

---

① 艾迪生 · 维斯理 · 朗文出版公司词典部．朗文当代高级英语词典［M］．朱原，等，译．北京：商务印书馆，艾迪生 · 维斯理 · 朗文出版社中国有限公司，1998.

② 参见维基百科 Wikipedia “Competence（human resources）”（2012-8-4：http：//en. wikipedia. org/wiki/Competence_ human_ resources）。

③ 彭剑峰又将胜任力称为素质，将胜任力模型称为素质模型。彭剑峰，荆小娟．员工素质模型设计［M］．北京：中国人民大学出版社，2003.

选择。

2. 胜任力含义的界定

中国学者对胜任力（Competency）概念的含义有不同理解和表述。但是，理解和表述的差异性不是很大。重要原因是在研究中借鉴了国外学者戴维·麦克莱兰、莱尔·斯潘塞和西格尼·斯潘塞理以及查德·博亚茨等的观点。表2-2为七位中国学者对胜任力的定义，同时，为便于比较，列出国外代表性学者和机构的表述。

表2-2 国内外代表性学者关于胜任力概念定义

研究者	定 义
时 勘	胜任特征：能将某一工作（或组织、文化）中有卓越成就者与表现平平者区分开来的个人的潜在特征；胜任特征是能把某职位中表现优异者和表现平平者区别开来的个体潜在的、较为持久的行为特征（Behavioral Characteristics）
王重鸣	胜任力特征：导致高管理绩效的知识、技能、能力及价值观、个性、动机等特征（KSAOs），即管理胜任力
安鸿章	胜任特征：是指根据岗位的工作要求，确保该岗位的人员能够顺利完成该岗位工作的个人特征结构，它可以是动机、特质、自我形象、态度或价值观、某领域知识、认知或行为技能，且能显著区分优秀与一般绩效的个体特征的综合表现
彭剑锋	胜任力：胜任力是驱动一个人产生优秀绩效的个性特征的集合，它反映的是可以通过不同方式表现出来的个人的知识、技能、个性和内驱力等。胜任力是判断一个人能否胜任某项工作的起点，是决定并区别绩效差异的个人特征
赵曙明	胜任力：个人所具有的对工作绩效有显著贡献的一系列特质。企业经营者胜任力：从事企业经营管理工作的人应当具备的能够为企业创造高绩效的心智模式、价值观、个性、兴趣，以及能够使其胜任岗位的知识、技术、能力等
章 凯	胜任力：在特定工作岗位、组织环境和文化氛围中绩优者所具备的可以客观衡量的个体特征及由此产生的可预测的、指向绩效的行为特征。其特征结构包括个体特征、行为特征和工作的情境条件
萧鸣政	胜任力：胜任力是指在特定工作岗位、组织环境和文化氛围中高绩效者所具备的可以测量与开发的个体特征，它们能够将高绩效者和一般绩效者区别开来，其中有潜在的个体特征，也有外显的个体特征

续表

研究者	定　义
戴维·麦克莱兰	Competence/Competency（胜任力）：能区分在特定工作岗位、角色或者情境中绩效水平的个人潜在的特性
莱尔·斯潘塞和西格尼·斯潘塞	Competence（胜任力）：人格中潜在的、深层次的并且持久的个人特质，能够预测一个人在广泛多样的情境和工作任务中的行为与工作绩效，能够预测哪些人能做得好和哪些人可能做不好。这些特质与效标参照组的工作绩效，具有高度的因果关系
理查德·博亚茨	Competency（胜任力）：一个人具有的并用来在某个生活角色中产生成功表现的任何特质，这种个体的潜在特征，可能是动机、特质、技能、自我形象、社会角色或者知识
合益集团（Hay Group）	Competency（胜任力）：能够把平均绩效水平者和高绩效者区别开来的任何动机、态度、技能、知识、行为或个人特点
美国管理协会（American Management Association）	Competency（胜任力）：在一项工作中，与达成优良绩效相关的知识、动机、特征、形象、社会角色和技能

比较上述定义，大体上可以归为三类：第一类强调胜任力是个体的潜在特质；第二类强调胜任力是个体的显性行为；第三类是合二为一，认为胜任力是个体的“潜在特质+显性行为”。本书接受第三类定义的基本观点，即胜任力是潜在特质和显性行为的集合。这三类定义有四个共同点：①胜任力是组织中个体成员所具备的有效承担或完成既定任务的素质和能力的总和；②由个体成员的胜任力所形成的合力是实现组织高绩效目标的必要条件；③胜任力是可以评估、塑造和开发的内在素质、知识储备和行动能力；④胜任力因情境而异，有具体性和适用性。

通过比较研究，可将胜任力界定为：组织中绩效卓越成员所具备的可评估与开发的内在和外在要素的集合；要素包括技术能力、知识结构、职业精神、价值观念、性格特征和心理动机。这六种要素有机联系、融合汇聚，形成胜任工作、项目、岗位、团队或组织的合力，即胜任力（Competency）。[①]

① 这里确定的六种要素——技术能力、知识结构、职业精神、价值观念、性格特征和心理动机，基本符合胜任力“冰山模型”（Iceberg Competency Model）的逻辑。（“冰山模型”要素参见：Spencer，L. M. and Spencer，S. M. Competence at Work：Models for Superior Performance. John Wiley & Sons，Inc. 1993：14.）

2.3.3 胜任力研究方法与模型构建

在过去10年中，国内学者主要借鉴国外专家开创的方法研究胜任力问题。大多数成果属于应用研究范畴，即通过一定的方法构建胜任力模型。

1. 胜任力研究方法

时勘、王重鸣等学者领导的团队，在胜任力应用研究中采取了实证研究（Empirical Research）方法，即从一定假设（前提）出发，形成初步认识（构建理论或应用模型或结构），观察分析事实或实例获取数据，进行信度、效度检验或实践验证，证实或证伪初始的假设或认识，得出结论并讨论。实证研究的关键问题在于选题的价值判断、在深刻认知的基础上做出假设（假说）以及对研究结论的解说。中间的测量和检验环节有既定的模式可依赖，严格按照规程进行通常就可以实现研究工作目标。

国内学者采取了实证研究方法进行胜任力应用研究——构建胜任力模型，主要采取行为事件访谈法和编制量表问卷调查的方法。时勘领导的研究团队，主要采用行为事件访谈法（BEI）。2001年，时勘、王继承等对中国通信业管理干部的胜任特征进行了实证研究，构建了由影响力、社会责任感、调研能力、成就欲等10项特征组成的胜任特征（力）模型；2002年，时勘、仲理峰等专家对18名家族企业高层管理者的行为事件进行访谈，建立了中国家族企业高层管理者胜任特征模型，包括威权导向、主动性、捕捉机遇等11项特征。浙江大学王重鸣团队于2002年编制管理综合素质评价量表调查了200多名中高层管理者，构建了企业高级管理者胜任力特征模型。

在胜任力应用研究中，除了行为事件访谈法和问卷调查法，还有文献研究、O * NET① 工作分析（Job Analysis）方法、（专家）团体焦点访谈（Focus Group Interview，FGI）、结构化面试、观察法、工作日志法、关键成功因素法（Key Success Factors，KSFs）等方法。随着网络技术的发展，一些学者运用网

① O * NET是Occupational Information Network的简写，由美国劳工部组织发起开发的工作分析系统，目前已取代了职业名称词典（Dictionary of Occupational Titles，DOT），成为美国广泛应用的工作分析工具。

络工具的技术支持，开发了网络德尔菲法、网络调查工具等方法。

胜任力应用研究方法的主要目的是获得信度和效度高的数据。采用什么方法要根据需求、环境和条件而定。

2. 胜任力模型构建

如上所述，胜任力应用研究的主要任务就是构建胜任力模型（Competency Model）。什么是胜任力模型？学者有多种解释。时勘等认为，胜任力（特征）模型，是指承担某一特定的职位角色所应具备的胜任特征要素的总和，即针对该职位表现优异者要求结合起来的胜任特征结构。安鸿章等指出胜任力（特征）模型，是对于人员担任某种工作所应具备的胜任特征及其组合结构有明确的说明；由知识、技能、动机、特质和自我概念五个因素组合而成。萧鸣政提出，胜任力结构模型，是个体（组织）胜任某项工作任务的一组胜任力要素的组合，或者说是担任某一特定的任务角色需要具备的胜任力的总和。

综合多种观点，基于对胜任力概念的理解，可以将胜任力模型的含义界定为：对成就组织中成员卓越绩效的可评估与开发的内在和外在要素的选项、内涵和结构直观而本质的描述。① 要素包括六种类型，即技术能力、知识结构、职业精神、价值观念、性格特征和心理动机。

构建胜任力模型的一般程序分五步：第一，定义绩效标准；第二，选取效标样本；第三，收集整理数据；第四，分析数据建立模型；第五，检验与修订模型。时勘认为，如果为中国企事业单位进行人力资源管理咨询，构建核心岗位的“胜任力（特征）模型”包括七个环节：①发展战略调研；②O＊NET工作分析；③问卷调查与访谈；④胜任特征编码；⑤构建胜任特征模型；⑥完善胜任特征模型；⑦形成应用建议。

① 胜任力模型属于管理学模型，参见王建民对管理学模型的定义：对管理实践或管理理论中一个系统、一种理论或一类现象本质的或直观的描述。王建民．战略人力资源管理学［M］．北京：北京大学出版社，2009.

2.3.4 中国胜任力研究概述

1. 研究基本情况

有学者认为，中国学界关于胜任力问题的研究始于 1998 年原邮电部的一项软科学课题——“通信业管理干部测评及其量化评估方法”。1999 年，王继承撰写了题为“管理干部胜任特征评价方法的初步研究”的硕士学位论文，是最早开展胜任特征研究的学术性成果。1999 年，王重鸣从管理技能角度研究胜任特征，运用现场研究法和德尔菲法，构建了一个企业管理胜任特征模型。

但是，通过文献检索发现，中国学者和专家发表胜任力问题的学术文章始于 2001 年；2001—2002 年发表学术论文 9 篇。其中，最早的一篇文章是《领导者胜任特征评价的理论与方法》①。两篇重要文章分别发表于 2002 年《心理学报》和《心理科学》：一是时勘、王继承和李超平所撰写的《企业高层管理者胜任特征模型评价的研究》；二是王重鸣和陈民科所撰写的《管理胜任力特征分析：结构方程模型检验》。这两篇文章均为国家自然科学基金资助成果。②

通过文献检索发现，中国学界对胜任力问题的研究成果，从 2003 年开始大幅增加，2003—2004 年两年发表论文 87 篇，比 2001—2002 年的 9 篇增长 8.7 倍。之后，2005—2006 年、2007—2008 年和 2009—2010 年，分别比前两年增长 2.8 倍、1.2 倍和 0.4 倍。2009—2010 年平均每年发表 508 篇；2011 年发表 657 篇，比前两年平均增长 0.3 倍。11 年间共发表学术论文 2829 篇，平均每年 280 余篇。

研究者对关键词 Competency 和 Competence 有不同的理解和说法。最常见的是胜任力、胜任特征和胜任素质三种，其中以胜任力为最多。研究内容以

① 时勘，李超平．领导者胜任特征评价的理论与方法［J］．人力资源开发，2001（5）．

② 这两项国家自然科学基金课题分别是：一是中国科学院心理研究所时勘主持的《企业高层管理者胜任特征模型的评价研究》（2001 年 1 月至 2003 年 12 月）（项目批准号/代码：70072031/G0205）；二是浙江大学王重鸣主持的《电子商务背景下综合胜任力与虚拟团队绩效研究》（2001 年 1 月至 2003 年 12 月）（项目批准号/代码：70071050/G0108）。根据北京师范大学管理学院于海波教授 2012 年 7 月 20 日在国家自然科学基金网站检索的结果。

盈利部门管理者胜任力为主，2004 年之后开始出现研究公共部门人员胜任力的成果，并逐年增加。2011 年，有 40%～60%的研究成果关注的是政府、教育、科研、医药卫生等公共部门。①

2. 代表人物与作品

综合各方面的信息，得出中国胜任力研究的代表人物有时勘、王重鸣、安鸿章、彭剑锋、赵曙明和萧鸣政等。这几位专家的成果，为中国胜任力研究奠定了基础，代表了当前的最高水平。

第一，中国科学院时勘及其团队，是中国胜任力研究的先行者和最大贡献者。如前所述，早在 2001 年，时勘和李超平就发表了《领导者胜任特征评价的理论与方法》，阐述胜任特征问题。时勘于 2001 年获得国家自然科学基金立项，研究“企业高层管理者胜任特征模型的评价”问题；成果发表于 2002 年《心理学报》第 3 期。2002 年，时勘团队获得教育部人文社科重点基地重大项目资助，研究“家族企业高层管理者胜任特征模型”问题。时勘及其团队成员，于 2003 年和 2009 年对国内外胜任力（特征）研究情况进行了深入、系统的阐述。特别是时勘在第四届中国管理学年会（2009）上发表的《胜任特征模型理论和实践的探索》，堪称胜任力（特征）理论和实践研究综述的权威之作。

第二，浙江大学王重鸣领导的团队，同样是国内胜任力研究的先行者。有两项标志性成果：一是王重鸣主持的国家自然科学基金项目“电子商务背景下综合胜任力与虚拟团队绩效研究”（70071050/G0108）；二是王重鸣和陈民科 2002 年发表了《管理胜任力特征分析：结构方程模型检验》。编制了管理综合素质评价量表并调查了 200 多名中高层管理者，检验了企业高级管理者胜任力特征结构。结论是管理胜任力特征结构包括管理素质和管理技能两个维度，职位层次间存在显著差异。

第三，首都经济贸易大学安鸿章对胜任力理论和方法在中国学界的推广做出了贡献。2003 年，安鸿章两次撰文，详细阐释了胜任力（特征）的概念

① 王建民，杨木春．胜任力研究的历史演进与总体走向［J］．改革，2012（12）：138-144.

和理论、胜任力（特征）模型的类型以及构建胜任力（特征）模型的方法与步骤。

第四，中国人民大学彭剑锋团队，在企业管理咨询实践中较早研究和应用了胜任力模型。在2003年出版的《员工素质模型设计》中，作者彭剑锋和荆小娟简要说明了素质模型，即胜任力模型的渊源①，阐述了素质词典的编制、建立员工素质模型的流程与方法、企业通用素质模型和员工素质模型的应用等问题。

第五，南京大学赵曙明团队，对企业经营者的胜任力和人力资源经理胜任力模型研究做出了重要贡献。赵曙明主持的研究项目获得国家自然科学基金的资助②，研究成果于2007年发表。赵曙明课题组研究了企业经营者胜任力对选拔和任用企业经营者的重要意义，阐述了经营者胜任力测评研究的起源和发展，归纳并评析了四种主要理论的内在关联与不足。他们还研究了不同层级管理者胜任力与工作绩效的相关性，构建了基于胜任力模型的人力资源管理体系。2008年出版的赵曙明所著的《我国管理者职业化胜任素质研究》，集多年研究成果于一书，是国内学者胜任力研究的一个标志性成果。

第六，北京大学萧鸣政把胜任力理论和方法引入人员素质测评和党政领导人才素质标准构建与开发研究中，开创了胜任力应用研究新领域。人员素质与岗位胜任力密切相关。党政领导干部素质标准的确立以及选拔任用问题，事实上需要以领导岗位的胜任力模型为基础和依据。萧鸣政对管理者的品德以及品德测评问题有深入研究。管理者的品德实际上是其胜任力的重要构成要素之一。萧鸣政团队重要成果有《党政领导人才素质标准与开发战略》《关于当前我国领导干部公选制问题的探讨》等著作和论文。③

---

① 彭剑锋和荆小娟提出的“素质模型”，即本文所指的“胜任力模型”。关于胜任力概念框架以及国外研究者姓名译名的混乱，将在本书2.4梳理和界定。

② 赵曙明主持课题：（1）国家自然科学基金资助项目《企业经营者任职资格测评体系研究》（70372036）；（2）国家自然科学基金资助项目《人力资源经理的胜任特征研究》（70572048）。

③ 萧鸣政，等．党政领导人才素质标准与开发战略［M］．北京：人民出版社，2010；萧鸣政．关于当前我国领导干部公选制问题的探讨［J］．北京大学学报（哲学社会科学版），2011（11）．这篇文章是国家社会科学基金重点项目《党政干部选拔任用中的品德测评问题研究》的阶段性成果，项目编号：10AZZ004。

此外，还有许多年轻学人、管理咨询业专业人士、硕士和博士研究生，完成了大量有关胜任力问题的理论和应用研究成果。

2.3.5 专业技术人员胜任力研究文献的进一步梳理

关于专业技术人员胜任力研究，20 世纪 90 年代，小莱尔·斯潘塞和西格尼·斯潘塞提出了五类人员的通用胜任力模型。其中，专业技术人员通用胜任力模型（见表 2-3）。表中的“重要性”根据胜任力模型中某项胜任力出现的频率多寡而定，×数量越多，表示此项胜任力越重要。①

表 2-3 专业技术人员通用胜任力模型

重要性	胜任力	
××××××	成就导向	评估表现、改善结果、设定有挑战性的目标、创新发明
×××××	冲击与影响力	运用直接说服、事实和数据，根据听众需求来演讲、关注专业声誉
××××	概念式思考	了解关键行为和潜在问题，整理出事件的关联与模式
××××	分析式思考	预测困难，系统地解决问题，推演出具有逻辑性的结论，预见结果及影响
××××	主动积极	坚持解决问题，在被要求前能主动解决问题
×××	自信心	对自我判断力有信心，寻求挑战与独立的机会
×××	人际理解力	了解他人的态度、兴趣与需求
××	关心秩序	期盼清晰的角色与信息，检查工作或信息的品质，保留记录
××	寻求信息	与各种信息来源接触，阅读期刊等信息
××	团队合作精神	头脑风暴、征求他人意见、肯定他人
××	专业知识	拓展并使用专业技术知识，喜欢技术性工作，分享专业知识
×	客户服务导向	发现并满足客户的潜在需求

国内学者的研究也取得一定成果。2007 年，李志和李苑凌采用问卷调查法对 355 名各类专业技术人才进行了问卷调查，通过因素分析得出专业技术

① Lyle M. Spencer and Signe M. Spencer. Competence at Work：Models for Superior Performance［M］. New York：John Wiley & Sons，Inc.，1993.

人才 4 项胜任力要素，分别为：组织认同、人格特质、专业知识技术、一般能力。① 同年，万玺和雍岐东采用职位分析法、行为事件访谈法和问卷调查法，通过对 120 名核心技术人才进行研究，包括高新技术企业骨干人才（开发组组长、工艺室主任），获得核心技术人才的三类 12 项胜任特征指标，三类指标分别为：基本素质、基本能力和专业知识技能，12 项胜任力指标分别为：事业心、诚信、组织忠诚、团队合作、记忆观察能力、协调管理能力、自我调节能力、逻辑思维能力、技术应用、学习能力、创新思维、实践经验。② 赵西萍等通过对西安的 3 家软件公司的 116 名软件工作师进行研究，得到了关于软件工程师的 5 项胜任力要素，即成就导向、思维能力、团队协作、主动性、坚韧性。2011 年，温柏坚等采用关键事件访谈和问卷调查等方法，通过对某电力企业 82 名技术人员进行研究，得出企业技术人员 9 项胜任力要素，即监控能力、沟通能力、信息搜寻、任务导向、全局观念、专业敏感性、果断性、创新性、成就导向。③

在研发人员胜任力研究方面，国外学者对研发人员的创造力的人格特征做了比较多的研究，如巴伦（Barron）和哈林顿（Harrington）、阿玛贝尔（Amabile）、奥尔德姆（Oldham）和卡明斯（Cummings）等的研究。综合他们的研究成果考察，比较一致地认为研发人员的专业特性与其人格特征主要包括三个方面：技术能力，即喜欢原创性事物，理解能力强，偏好复杂的事物；人格特征，即尝新求变，具有独立判断、思考能力和变通性，喜欢接受挑战；解决问题能力，即多角度推理，组织与分析能力强，逻辑性与概念性佳。④ 国内学者在这方面的研究近年来呈逐步上升趋势。2003 年，徐芳对某高科技企业研发人员胜任力模型进行了概念上的分析，得出了研发人员的胜

---

① 李志，李苑凌．专业技术人才胜任特征模型的实证研究［J］．中国科技论坛，2007（7）：131-134.

② 万玺，雍岐东．核心技术人才胜任特征评价模型研究［J］．价值工程，2007（9）：125-127.

③ 赵西萍，周密，李剑，等．软件工程师潜在胜任力特征实证研究［J］．科研管理，2007（5）：110-114；温柏坚，赵建之，范河山．技术人员胜任力模型构建［J］．科技管理研究，2011（3）：138-141.

④ 刘善仕，刘婷婷．高新技术企业的人力资源管理策略［J］．商场现代化，2006（4）：214-215.

任力要素，主要包括 11 项，即成就导向、影响力、概念性思维和分析性思维、主动性、自信心、人际理解、注重次序和质量、信息搜寻、团队合作和协作、专业知识、客户服务导向。① 2006 年，曹茂兴和王端旭以潍坊、青岛、北京、武汉等城市的 5 家电子、电气方面的知名企业的研发人员为研究对象，构建了企业研发人员的胜任力模型，其胜任力要素包括 6 项，即成就动机、概念性思维和分析性思维、团队协作精神、创新能力、专业知识和技术、学习能力，并通过实证研究发现，创新能力、学习能力对高科技企业的研发人员非常重要。② 2008 年，杨丰瑞和赵明以一家专注于信息技术产品研究开发与产业化的 IT 公司的研发人员为研究对象，分析了研发人员的胜任力模型，胜任力要素主要包括 6 项，即成就动机、影响力、团队合作、自信心、思维能力、专业知识。③ 2010 年，马欢欢等对相关文献中提及的研发人员胜任力要素进行统计归类，得到了 23 项研发人员胜任力要素，并通过对要素分析合并，再进行访谈研究，得到了 IT 企业研发人员的 7 个胜任力要素：团队协作、成就导向、思维能力、专业能力、学习创新能力、客户服务能力、信息搜寻。④ 2011 年，于飞对北京中关村 16 家电子信息、生物工程、控制技术、通信技术、电力节能领域的高新技术企业的 356 名研发人员进行研究，构建了科研型知识员工胜任力模型，得出 5 个因子，即 5 个胜任维度，包括思维与学习、关系、个性、业务工作、相关知识，共 31 个胜任力要素。⑤ 2012 年，孙和福通过对某通信运营商下属研发机构的 24 名研发人员进行研究，构建了电信企业研发人员的胜任力模型，胜任力要素主要包括 11 项，即信息获取、学习热情、团队协作、通信知识、风险管理、用户理解、创新能力、成就欲

① 徐芳．研发团队胜任力模型的构建及其对团队绩效的影响［J］．探索，2003（2）：43-46.

② 曹茂兴，王端旭．企业研发人员胜任特征研究［J］．技术经济与研究，2006（2）：38-40.

③ 杨丰瑞，赵明．IT 企业研发人员胜任力模型的构建及其在招聘中的应用［J］．北京市经济管理干部学院学报，2008（2）：31-36.

④ 马欢欢，周芸，等．IT 企业研发人员胜任特征与创新绩效关系研究［J］．科技管理研究，2010（3）：85-187.

⑤ 于飞．科研型知识员工胜任力模型的构建——基于高新技术企业的研究［J］．中国管理信息化，2011（18）：82-86.

望、敬业精神、时间管理、系统思维。① 2013 年，王佳对通信供应商下属某研究院的 264 名研发人员进行研究，构建了通信企业研发人员胜任力模型，共包括 7 个胜任力要素，即独立性与挑战性、思维与知识能力、创新灵活性、协调沟通能力、成就欲、学习与团队协作能力、客户服务能力。②

此外，国内外学者还对研发经理、技术经理、IT 项目经理、科研项目负责人等研发、技术管理人员的胜任力进行了研究。在全面检索、整理和分析国内外相关文献的基础上，研究者选取国内外有一定独创性、代表性的文章及著作中涉及的技术人员、研发人员的胜任力要素进行深入分析，将相类似的胜任力要素进行归并，经过统计，共得出胜任力要素 46 项，如表 2-4 所示。

表 2-4　技术人员、研发人员胜任力要素文献汇总

人员类别	作者	胜任力要素
一般研发人员	巴伦、哈林顿、阿玛贝尔、奥尔德姆等	技术能力，即喜欢原创性事物，理解能力强，偏好复杂的事物；人格特征，即尝新求变，具有独立判断、思考能力和变通性，喜欢接受挑战；解决问题能力，即多角度推理，组织与分析能力强，逻辑性与概念性佳
	徐　芳	成就导向、影响力、概念性思维和分析性思维、主动性、自信心、人际理解、注重次序和质量、信息搜寻、团队合作和协作、专业知识、客户服务导向
	曹茂兴、王端旭	创新能力、学习能力、成就动机、概念性思维和分析性思维、团队协作精神、专业知识和技术
	杨丰瑞、赵明	成就动机、影响力、团队合作、自信心、思维能力、专业知识
	孙和福	信息获取、学习热情、团队协作、通信知识、风险管理、用户理解、创新能力、成就欲望、敬业精神、时间管理、系统思维

① 孙和福．电信企业研发人员胜任力模型研究［J］．哈尔滨师范大学社会科学学报，2012（2）：59-62.

② 王佳．通信企业研发人员胜任特征模型研究——以 H 公司为例［J］．电子测试，2013（6）：259-260.

续表

人员类别	作者	胜任力要素
一般研发人员	于　飞	创新能力、逻辑思维、发散思维、概念思继、持续学习、接受新事物、团队合作、倾听、关系构建、沟通能力、协调能力、责任心、自信心、成就动机、综合分析能力、自我发展能力
	王　佳	独立性与挑战性、思维与知识能力、创新灵活性、协调沟通能力、成就欲、学习与团队协作能力、客户服务能力
	马欢欢	团队协作、成就导向、思维能力、专业能力、学习创新能力、客户服务能力、信息搜寻
一般技术人员	小莱尔・斯潘塞和西格尼・斯潘塞	成就导向、冲击与影响方、概念式思考、分析式思考、主动积极、自信心、人际理解力、关心秩序、寻求信息、团队合作精神、专业知识、客户服务导向
	李志、李苑凌	敬业度、诚信、专业知识、集体荣誉感、团队合作、服务意识、组织忠诚、责任感、原则性、技术应用、学习能力、专业技能、实践经验、进取心、学风严谨、创新思维、意志力、自我调节能力、沟通能力、挫折承受能力、专业自信心、独立自主、公关能力、知识面、逻辑思维能力、记忆观察力
	万玺、雍岐东	事业心、诚信、组织忠诚、团队合作、记忆观察能力、协调管理能力、自我调节能力、逻辑思维能力、技术应用、学习能力、创新思维、实践经验
	赵西萍	成就导向、思维能力、团队协作、主动性、坚韧性
	温柏坚	监控能力、沟通能力、信息搜寻、任务导向、全局观念、专业敏感性、果断性、创新性、成就导向
研发及技术管理人员	克里斯汀	团队过程管理、主动精神、自信心、领导力、帮助和授权、适应能力、设定和管理目标、对人性的弱点和人际关系敏感
	姚翔	开放性、诚恳、关心下属、献身精神、学习能力、压力承受能力、应变能力、判断能力、风险控制能力、果断、计划性强、项目管理知识、前瞻性、全局观念、条理性强、沟通能力、协调能力、人际关系处理能力、公正性、责任心强、勇于承担责任、合作精神
	潘文安	成就欲、行为主动性、信息搜寻、客户关系、商业谈判、影响力、技术专长、发展他人、团队领导、团队协作、风险识别与控制、时间管理

续表

人员类别	作者	胜任力要素
研发及技术管理人员	徐芳	影响力、顾客导向、团队协作、专业技术、分析性思维、主动性、开发他人、自信心、信息搜寻、团队领导、概念性思维
	孔晓东	个性魅力、领导能力、人际关系处理能力、应变能力、发展能力和意志品质

2.4 胜任力开发与开发机制

在充分讨论了胜任力和胜任力模型构建的基础上，我们进一步对胜任力的开发及其开发机制做简要说明，为本书奠定了概念基础。

2.4.1 胜任力开发

通过全面观察和深入思考，我们将胜任力的内涵界定为：组织中绩效卓越成员所具备的可评估与开发的内在和外在要素的集合；要素包括技术能力、知识结构、职业精神、价值观念、性格特征和心理动机。我们将胜任力模型界定为：对成就组织中成员卓越绩效的可评估与开发的内在和外在要素的选项、内涵和结构直观而本质的描述。如定义中所述，胜任力是卓越绩效成员所具备的可评估与开发的要素的集合，但是什么是开发？这是问题的关键。

什么是开发（Develop）？普遍接受的含义是对荒地、矿山、森林、水力等自然资源投入劳动，以达到利用的目的，即把自然态的资源转变成可利用的资本，可以作为要素投入生产过程中，创造使用价值和剩余价值。对资源的开发，可以区分为物力资源开发和人力资源开发两大类。人力资源开发还可以称为人才资源开发①，指通过教育、培训活动，对人的知识、技能、能力、动机和智慧等进行传授、训练、激发和利用的活动，以提高开发人的认

① 我们在这里将人才资源视为基本等值于人力资源的概念。二者的区别主要在于概念的渊源和使用的语境；前者主要用于我国官方文件和体制内研究者的作品，而后者源于国外的管理学常用术语。也有人认为，人才资源的层次高于人力资源，人才更强调专业性。

知能力、劳动水平和工作效率。

按照对开发和人才资源开发内涵的界定，可以将胜任力开发理解为针对组织中绩效卓越成员所具备的内在和外在要素进行的传授、训练、激发和利用的活动，使被开发者的技术能力、知识结构、职业精神、价值观念、性格特征和心理动机发生积极的改变，以获得有效承担一定岗位职责的能力，即胜任力。

2.4.2 胜任力开发机制

界定了胜任力开发概念，理解胜任力开发机制的重点就在于认识什么是机制。什么是机制（Mechanism）？一般认为，“机制”一词源于希腊文，原指“机器的构造和动作原理”。生物学和医学通过类比借用“机制”一词，“表示有机体内发生生理或病理变化时，各器官之间相互联系、作用和调节的方式”。[①] 后来机制概念广泛运用于经济学、管理学等学科，表示一个复杂工作系统的“组织或部分之间相互作用的过程和方式”。所谓胜任力开发机制是指开发胜任力这一复杂工作系统中各部分或各子系统之间相互作用的过程和方式。

2.5 战略性新兴产业创新主体及其胜任力研究文献述评

通过检索和分析现有文献，能够了解其他学者已经开展的研究工作和取得的成果。只有明晰他人工作的边界和价值，才能够确定自己工作的基础条件和研究起点，确保研究工作的质量和成果的创新价值。

2.5.1 战略性新兴产业创新主体研究文献

本书团队对相关战略性新兴产业创新主体或创新人才研究文献，进行了全面、细致的中文和英文文献检索。中文文献检索通过中国知网（CNKI）数

① 参见 MBA 智库百科“机制”词条（http：//wiki. mbalib. com/wiki/机制）。

据库，英文文献检索主要通过斯普林格在线期刊（Springer Online Journals）①数据库。

2017 年 1 月，再次按照“战略性新兴产业创新主体”为关键词检索中国知网，2006—2016 年收入的成果为 196945 条，年均近 1.8 万条；2012—2016 年 5 年间的成果数占总数的 58%。其中，标注国家社会科学基金、国家自然科学基金和国家软科学研究计划资助的结果，分别为 3637 条、3035 条和 502 条。按照“战略性新兴产业创新人才”为关键词检索中国知网，2006—2016 年收入的成果为 57067 条，年均近 5200 条；2012—2016 年 5 年间的成果数占总数的 62%。其中，标注国家社会科学基金、国家自然科学基金和国家软科学研究计划资助的结果，分别为 2367 条、2069 条和 402 条。检索英文文献，以“Strategic Emerging Industry”（战略性新兴产业）为关键词，在“Business & Management”（商业与管理）类别内，搜索约 6200 条结果；以“Strategic Emerging Industry and Human Resource”（战略性新兴产业与人力资源）为关键词，检索到 3600 多条；以“Talents for Strategic Emerging Industry”（战略性新兴产业人才）为关键词，检索到 620 多条。

细致梳理检索到的相关文献，可以得到以下 4 方面的信息。第一，战略性新兴产业的创新主体（人才）问题，在过去 10 多年间，持续成为中国学者研究的热点问题之一。有数千项研究成果标注得到国家社会科学基金和国家自然科学基金等基金资助。在一定程度上反映出国家实现战略性新兴产业发展目标，急需解决对创新主体，尤其是产业技术创新领军人才的认识与发展问题。第二，国内战略性新兴产业创新主体（人才）问题的研究者大多数为中青年专家或研究生。从作者信息来看，多数高等学校 45 岁以下教授、副教授；不少重点高等学校的博士生和硕士生选择战略性新兴产业的创新人才发展问题作为学位论文选题。第三，研究重点在于战略性新兴产业的人才需求预测与培育问题。第四，英文文献明显少于中文文献，而且有参考价值的文

① 通过北京师范大学图书馆检索斯普林格在线期刊 Springer Online Journals（Springerlink：http：//link. springer. com/）。

章作者来自中国。这意味着“战略性新兴产业”属于中国语境中的概念，是我国主导下的“新兴的”重要产业政策和经济发展战略选择，虽然在国际学术界和各个经济体政府没有形成“共同话语”体系，但可以肯定的是，各个经济体政府对战略性产业和战略性创新人才均给予了高度重视。

在检索到的文献中，有一些研究具有较高价值。2014—2015 年，有两位研究生在导师指导下撰写了“战略性新兴产业人才需求预测”方面的硕士学位论文；选题有意义，具有一定的借鉴价值。① 其中，浙江大学的硕士学位论文运用了“灰色预测模型”预测“我国战略性新兴产业人才需求”状况，结论有一定的可靠性。实际上，本课题研究团队成员四名博士研究生，于 2013 年在“中国战略人才发展报告”中，分别在宏观层面研究了“中国战略性新兴产业发展与人才供需状况”，以及“新一代信息技术产业战略人才发展”“生物农业产业战略人才发展”和“中国国际化企业战略人才发展”问题。基本结论是中国战略性新兴产业的发展，对创新人才，尤其是高端技术创新人才有巨大需求。②

2012 年和 2014 年，分别发表在《中国高教研究》和《科学管理研究》上的两篇文章，讨论了战略性新兴产业的人才培养问题，引起了大家的关注。作者在《面向战略性新兴产业发展的工程科技人才培养研究》一文中，分析了我国战略性新兴产业发展“对工程科技人才培养”提出的要求，简要概括了知识—能力—素质结构模型，提出从“支撑引领、模式创新、交叉培养、师资提升、开放办学、超前部署”六个方面改革工程科技人才培养的思路。③《战略性新兴产业与战略型人才培养机制研究》一文，同样讨论了战略产业“战略型人

① 这两篇硕士学位论文分别是：（1）浙江大学公共管理学院 2014 年硕士学位论文《基于灰色理论的我国战略性新兴产业人才需求预测研究》，作者朱颖芝，导师朱凌。（2）哈尔滨理工大学管理学院 2015 年硕士学位论文《战略性新兴产业人力资源预测研究》，作者李天娇，导师王雪原。

② 王建民 . 2013 中国战略人才发展报告［M］. 北京：北京师范大学出版社，2014.

③ 章丽萍，姚威，陈子辰 . 面向战略性新兴产业发展的工程科技人才培养研究［J］. 中国高教研究，2012（10）. 这篇文章标注全国工程硕士教育重大研究课题“我国产业创新发展与工程科技人才培养”、教育部人文社科年基金项目“面向战略性新兴产业的产学研合作知识创新机制及激励政策研究”部分研究成果。

才”供需状况，提出了培育机制建议。① 此外，还有一篇英文文献，运用模糊综合评价方法（Fuzzy Comprehensive Evaluation）实证研究（Empirical Study）了1995—2012年中国新兴产业的技术发展趋势，但未涉及产业人才发展问题。②

按照重要性、前沿性、代表性和有借鉴价值等标准考察检索到的相关文献，不易找到与本书的研究主题有密切关系且在此有介绍的必要的文献。这一方面说明本书有创新性和研究价值，为此得到了国家社会科学基金重点资助；另一方面反映出已经发表的文章在内容、方法和创新上存在重复和简单化问题。此外，还从一个侧面说明，围绕战略性新兴产业创新人才主题的研究工作，在方法选择和数据获取等方面有较大难度。

2.5.2 战略性新兴产业创新主体胜任力研究文献

如前所述，对于胜任力和胜任力模型构建文献进行了全面、细致和深入的梳理，明确了相关概念、理论和技术问题。这里需要考察针对战略性新兴产业创新主体（或高端关键人才、人力资源）的胜任力以及以胜任力为基础的产业创新人才的开发机制，是否有比较有价值的、需要借鉴的研究内容。

首先，分别以“战略性新兴产业创新主体胜任力”为主题或篇名进行检索，得到结果约480条。但是，细查检索到的文献，均不符合预期。其次，分别以“战略性新兴产业、创新主体、胜任力”等为关键词，检索结果为0。可以认为，本书构建战略性新兴产业创新主体（或人才）胜任力模型并以构建的胜任力模型为基础，研究产业创新主体（或人才）的开发机制问题，在内容和方法选择上有新意。

本书高度重视和尊重他人成果，在针对“新一代信息技术产业”和“生物农业产业”技术创新主体的研究中，以及针对战略性新兴产业商业模型创新主体的研究中，仍然会进行相关文献的检索与讨论。

---

① 马越．战略性新兴产业与战略型人才培养机制研究［J］．科学管理研究，2014（6）．

② Xue Yang，Xin Gu，Yuandi Wang. An Empirical Study on the Technological Development Trend of China's Strategic Emerging Industries，Proceedings of the Ninth International Conferenceon Management Science and Engineering Management，Advances in Intelligent Systems and Computing，Springer-Verlag Berlin Heidelberg 2015［EB/OL］．https：//doi./0.1007/978-3-662-47241-5_ 1001189.

2.6 新一代信息技术产业与技术创新研究述评

本部分梳理实例产业——新一代信息技术产业技术创新主体胜任力研究的相关文献。主要内容包括新一代信息技术产业及其在中国的发展概况、新一代信息技术产业技术创新模型与创新案例，以及中国新一代信息技术产业人才需求与供给概况。

2.6.1 新一代信息技术产业及其在中国的发展概况

根据世界银行对120个国家的计量经济分析，宽带服务每增长10个百分点，可以带来1.3个百分点的经济增长。① 信息与互联网技术对全球经济的影响，不再局限于发展信息产业和互联网经济本身，而是已经融入经济、社会和人类生活的各个方面，带动各行各业发展，成为经济发展和产业变革的巨大动力。

有研究认为，新一代信息技术的兴起经历了三个阶段：一是把感应器嵌入和装备到电网、铁路、桥梁、隧道、公路、建筑、供水系统等各种物体中，形成物联网；二是将物联网与互联网整合，实现人类社会与物理系统的整合，借助中心计算机群和云计算技术，对网络内的人员、机器、设备和基础设施进行实时动态管控；三是在前两个阶段的基础上，以更加精细和动态的方式管理生产和生活，达到"智慧"状态，提高资源利用率和生产力水平，改善人与自然之间的关系。②

世界主要国家和地区在制定和实施面向未来的主要科技战略及所布局的优先科技领域时，都把新一代信息技术产业的有关领域作为优先领域。比较有代表性的科技战略包括美国的"i6挑战计划"（2010）、"先进制造伙伴关系计划"（2011），日本的"2025创新战略"（2007）、"第四期科学技术基本

① 何霞：宽带化需要国家力量［EB/OL］. http://www.cnii.com.cn/gtx/content/2011-03/17/content_854935_2.htm.

② 赵刚. 新一代信息技术产业发展的国际经验分享［J］. 中国科技财富，2011（9）：18-19.

计划”（2011），英国的技术与创新的未来：21 世纪 20 年代英国的增长机遇（2010），德国的信息与通信技术战略：2015 数字化德国（2009），俄罗斯的俄罗斯联邦关键技术清单（2011）、欧盟的“地平线 2020”：研究与创新框架计划（2011）等。①

信息技术的巨大增长潜力和强大溢出效应，决定了新一代信息技术产业对于中国保持经济长期平衡较快发展具有重要意义，大力发展新一代信息技术产业成为中国实施“稳增长、调结构”的战略支点。2011 年 3 月，国务院发布《中华人民共和国国民经济和社会发展第十二个五年规划纲要》，明确提出实施战略性新兴产业创新发展工程。“新一代信息技术产业”作为战略性新兴产业，包括下一代通信网络、物联网、三网融合、新型平板显示、高性能集成电路和以云计算为代表的高端软件。2013 年 8 月，国务院印发《“宽带中国”战略及实施方案》，标志着“宽带中国”正式升级为国家战略。2014 年 2 月，习近平总书记提出建设网络强国，并与“两个一百年”目标同步推进。2015 年 3 月，李克强总理在政府工作报告中提出了制订“互联网+”行动计划。“互联网+”是互联网在经济社会各个领域的深度融合、集成应用和模式创新，是产业互联网的发展所引发和引领的经济社会各个领域的深刻变革。②《中华人民共和国国民经济和社会发展第十三个五年规划纲要》于 2016 年 3 月发布，第五篇“优化现代产业体系”第二十三章阐述“支持战略性新兴产业发展”，明确提出新一代信息技术产业的行动计划“培育集成电路产业体系，培育人工智能、智能硬件、新型显示、移动智能终端、第五代移动通信（5G）、先进传感器和可穿戴设备等成为新增长点”。③

2016 年 11 月 29 日，国务院印发《“十三五”国家战略性新兴产业发展规划》（规划期为 2016—2020 年），把战略性新兴产业摆在经济社会发展更加突出的位置。规划中回顾，“十二五”期间，我国节能环保、新一代信息技术

① 王欢．新一代信息技术产业战略人才发展研究——以通信行业有关领域为例［M］//王建民．2013 中国战略人才发展研究．北京：北京师范大学出版社，2014：250-275.

② 王欢．新一代信息技术产业技术创新主体胜任力研究［D］．北京：北京师范大学，2015.

③ 参见《中华人民共和国国民经济和社会发展第十三个五年规划纲要》的专栏 8“战略性新兴产业发展行动”。

等战略性新兴产业快速发展，2015 年，战略性新兴产业增加值占国内生产总值比重达到 8%左右，产业创新能力和盈利能力明显提升。规划指出，未来 5~10 年，进入全球新一轮科技革命和产业变革从蓄势待发到群体迸发的关键时期，信息革命进程持续快速演进，物联网、云计算、大数据、人工智能等技术广泛渗透于经济社会各个领域，信息经济繁荣程度成为国家实力的重要标志。"十三五"时期是我国战略性新兴产业大有可为的战略机遇期，要实施"网络强国战略"，加快建设"数字中国"，推动物联网、云计算和人工智能等技术向各行业全面融合渗透，构建万物互联、融合创新、智能协同、安全可控的新一代信息技术产业体系。到 2020 年，力争在新一代信息技术产业薄弱环节实现系统性突破，总产值规模超过 12 万亿元。①

2.6.2 新一代信息技术产业技术创新模型与创新案例

有专家提出创新者基因模型和创新型组织的人才、程序和宗旨模型两种技术创新模型。谷歌公司和腾讯公司的两项创新值得关注。②

1. 创新模型

哈佛大学商学院教授克莱顿·克里斯坦森（Clayton M. C.）、杨百翰大学教授杰夫·戴尔（Jeff Dyer）和欧洲工商管理学院教授赫尔·葛瑞格森（Hal Gregersen）合著了《创新者的基因》③ 一书。书中提出了创新者基因模型和创新型组织的人才、程序和宗旨模型。聚焦于谷歌、苹果、Salefore. com、亚马逊等信息技术产业企业，而这些企业的主要业务的基础可归于新一代信息技术。因此，这两个模型同样适用于新一代信息技术产业的技术创新实践，可以作为新一代信息技术产业技术创新的参考模式，对于构建新一代信息技术产业技术创新人才、技术创新团队的胜任力模型也具有一定的借鉴意义。

---

① "十三五"国家战略性新兴产业发展规划［EB/OL］. http：//www. gov. cn/zhengce/content/2016-12/19/content_ 5150090. htm.

② 王欢. 新一代信息技术产业技术创新主体胜任力研究［D］. 北京：北京师范大学，2015.

③［美］克莱顿·克里斯坦森，杰夫·戴尔，赫尔·葛瑞格森. 创新者的基因［M］. 曾佳宁，译. 北京：中信出版社，2013.

（1）关于创新者基因模型。国外学者研究表明，人的创造性行为只有25%～40%是由遗传因素决定的，大约有 2/3 的创新技能是后天习得的。先是理解创新技能，然后操练该技能，最终形成创新能力。通过对 500 余名创新者的研究，并比照研究了近 5000 名主管，最终得出 5 项创新技能：一是联系，即联系性思维，指创新者能够尝试整合并理解新颖的所见所闻，将看似不相关的问题、难题或想法联系起来，从而发现新的方向；二是发问，创新者不仅问题比答案多，而且问题往往很有价值；三是观察，创新者能够仔细地观察身边的世界，包括顾客、产品、服务、技术和公司，并通过观察获得新的见解和看法；四是交际，创新者的人际关系网里具有背景和观点截然不同的人，并能够积极地通过与观点迥异的人交流，寻找新的想法；五是实验，创新者会参观新地方，尝试新事物，搜索新信息，并通过实验学习新事物。在这 5 项技能中，联系是认知技能，发问、观察、交际和实验是行为技能。创新者愿意运用这 5 项行为技能，其背后的驱动力主要是其积极地想要去改变现状，并愿意通过冒险去改变现状，这可以称为创新的勇气。创新的勇气、行为技能、认知技能共同构成了创新者基因模型，如图 2-1 所示。

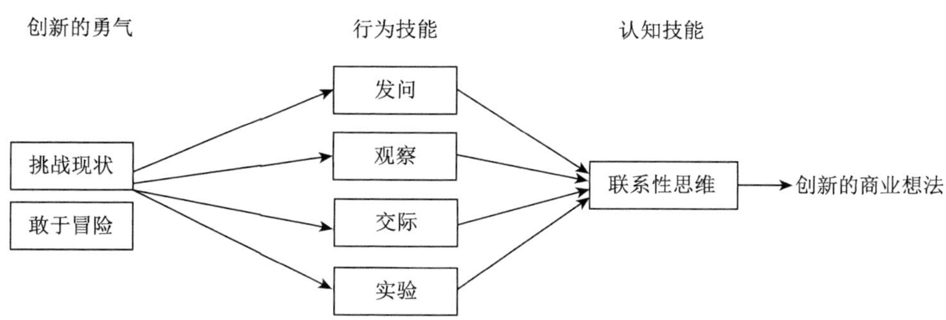

图 2-1　创新者基因模型

联系性思维认知技能是形成创新想法的关键技能。有的人建立起来的联系性思维比其他人多，一定程度上是因为他们的大脑天生如此，更主要的原因在于，他们频繁地运用行为技能，即发问、观察、交际和实验，这些技能是联系性思维的催化剂，而愿意频繁地使用这些技能，在于具备创新的勇气。

（2）关于创新型组织的人才、程序和宗旨模型。研究者采用创新溢价①计算方法，对《商业周刊》上排名靠前的公司进行分析，并按照这些公司的创新溢价，排出“最创新公司的榜单”。榜单上 25 家公司排名前五的公司中，有 3 家为信息技术产业公司，包括 Salefore. com、亚马逊和苹果，第六名为谷歌。通过对这些公司进行研究，发现创新型公司的创始人在谈论创造创新型组织和团队时，反复提到的观点，包括“为组织招揽类似自己一样具有创新精神的人才，建立鼓励创新技能的程序，树立创新宗旨，形成鼓励所有人创新的文化”。由此开发出创新型组织的 3P（People，Process，Philosophy）模型，即创新公司的“创新型组织人才、程序和宗旨模型”，如图 2-2 所示。

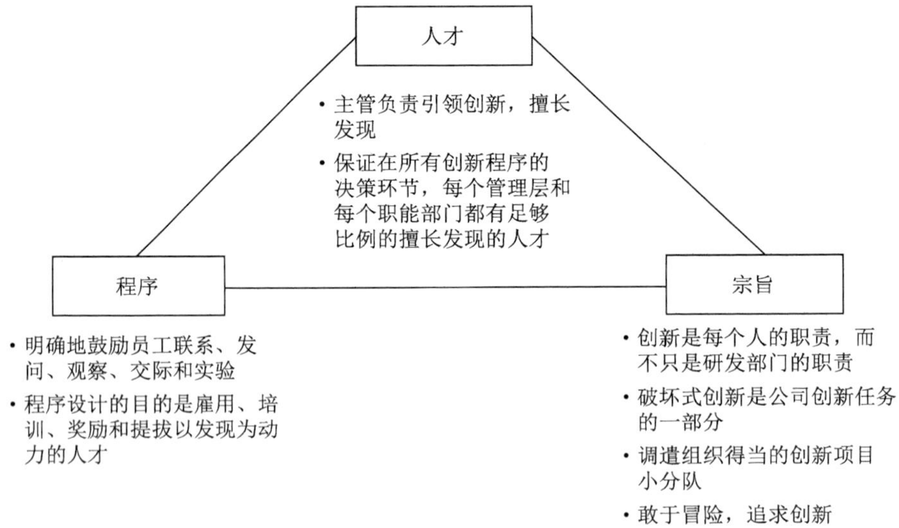

图 2-2　创新型组织的人才、程序和宗旨模型

2. 创新案例

谷歌公司的前 CEO 埃里克·施密特（Eric Schmidt）和高级副总裁乔纳

① 创新溢价，是指一家公司市值中非源自现有市场中现有产品或业务的那部分。例如，如果一家公司的市值高于现有业务产生的现金流，那么这家公司就有创新溢价。产生溢价的原因在于投资者预期这些公司会开发出高盈利的新产品或新市场。

森·罗森伯格（Jonathan Rosenberg）在《谷歌是如何运营的》① 一书中，阐述了谷歌公司创新文化和技术创新机制。在人才方面，谷歌公司把拥有最大影响力的人称为“聪明的创意人员”——结合了知识、商业专长和创造力的产品人员。谷歌公司发现，只有招募到聪明的创意人员，为他们创造出开放式成长的环境，才能长久地保持事业成功。谷歌公司高度重视技术创新人才，评价的指标包括具有想象力，兼具发散性思维和收敛性思维，有创造力和专注解决问题的能力，具有良好的合作和沟通意识，注重培养技术创新人才。在吸引并组建了一个充满创意人员的团队后，营造宽松和便于自由成长的环境；在时间管理上坚持 80/20 原则，即一名技术创新人才 80%的时间用于现有的核心业务上，20%的时间用于创新上，做自己想做的工作。谷歌公司还注意技术创新团队的决策方式，即以正确的方式让技术创新人才认识到自己可以在组织中产生很大影响。保证沟通顺畅、开放的内部沟通交流，使每个人的意见都能被听到。促使 CEO（首席执行官）转变成 CIO（首席创新官），把可能无效的“命令”技术创新人才进行技术创新，转变为正确的方式“放手”让他们去做。

访谈了解到②，腾讯公司的技术创新理念是：观察行为往往比访问更能体现真实需求；在拥有同样的功能或者技术的情况下，只要能够节省成本，降低误操作，使体验更流畅即是创新——“微创新”。腾讯公司的技术创新实践主要体现在三个方面：第一，建立自由活跃的内部学习与交流机制，促进知识分享，通过腾讯学院及员工自发分享，形成丰富完整的知识库，覆盖互联网的各个分支领域。第二，专注用户体验与基于技术创新的产品创新。第三，面向产业链融合、创新与共赢布局，探索未来的移动生活场景，依托技术创新成果，进行“互联网+”产品创新，主要的创新成果包括：滴滴打车，80 天补贴 14 亿元，打造出国内最大的移动互联网日均订单交易平台，日均交易额 521.83 万元，用户数突破 1 亿人；微信红包，2014 年农历除夕到正月初八

---

① Eric Schmidt，Jonathan Rosenberg. How Google Works ［M］. London：Hodder Headline Group，2014.

② 根据王欢博士 2014 年 7 月对腾讯公司从事技术创新的中层管理人员进行的深入访谈。

共 9 天时间，800 多万中国人共领取了 4000 万个红包，2015 年农历除夕到正月初五共 6 天时间，微信红包收发总量为 32.7 亿次，除夕当日收发总数为 10.1 亿次。

腾讯公司在人力资源管理方面，一是激励员工提出自己的精品观①；二是建立促进知识分享的人力资源配套制度体系，更多地为员工授课或分享知识，将有利于个人职级晋升；三是让员工保持好奇心，形成多个以兴趣或共同的好奇心为基础而聚集起来的社团，通过这些积极型非正式组织的成立，激发年轻人无穷的想象；四是在研发人才、研发团队的界定、评价和选拔上，以用户需求为导向，注重与用户反馈关联的数据分析能力和创新思维。

2.6.3 中国新一代信息技术产业人才需求与供给概况

关于新一代信息技术产业技术人才的需求状况，可以根据现有信息分析。从中国人力资源市场信息监测中心对全国 101 个城市的公共就业服务机构市场供求信息的统计分析结果来看，2013 年第一季度信息传输、计算机服务和软件业需求人数为 16 万人，与 2011 年、2012 年同期相比，人才需求变化基本在 1%以内浮动。② 根据中华英才网 2013 年全国人才市场需求类型分析，互联网等行业仍然保持大量人才需求，研发专业人才备受青睐。③ 在了解全国人才市场需求的基础上，科学预测信息技术人才需求，对产业中各个组织进行人力资源管理决策具有重要意义。

信息技术产业的技术创新人才一直是各单位争夺的人才资源，信息产业核心技术、研发人才更是供不应求。《信息产业人才队伍建设中长期规划（2011—2020 年）》指出，信息产业大量的人才需求集中在新一代移动通信、下一代互联网、新型显示、物联网等领域，与其他领域的交叉融合也不断催

---

① 所谓精品观，是指用追求极致的态度，通过不懈的技术创新，打造让用户爱不释手的产品，成为用户心目中的首选品牌，在具体操作上，采取面向全员征稿、公司产品管理委员会讨论定稿、请有特别贡献的员工代言精品观、进行公司级推广的方式，让员工积极参与到创新过程中。

② 数据来源：中国就业网定期发布的中国人力资源市场信息监测中心各季度的部分城市公共就业服务机构市场供求状况分析。

③ 2013 年全国人才市场需求类型预测［EB/OL］. www. chinahr. com/news/367522. html.

生新兴的方向和市场。信息技术产业作为知识创新和技术创新最密集的领域之一，其知识更新速度对从业人员提出了极大的挑战。信息技术产业人才缺口主要集中在4G产业政策直接带动的通信产业链以及衍生行业的发展。例如，通信运营企业、设备制造企业、手机终端制造企业、移动互联网及内容提供商等。以通信运营企业为例，其需要既懂互联网又掌握通信技术的融合型人才，以及既懂互联网应用又掌握手机应用的人才；设备制造商需要既懂IT技术又懂通信技术的人才；手机终端制造商需要嵌入式软件开发人才；内容应用提供商需要移动商务软件开发人才、移动增值业务开发人才、IPTV开发人才、手机游戏开发人才等。

为确定新一代信息技术产业技术人才的供给问题，先考察以下该行业的薪酬水平是否具有足够的吸引力。据统计，2003—2013年，信息传输、软件和信息技术服务业平均工资与各行业合计数相比，信息传输、软件和信息技术服务业的平均工资一直高于各行业的平均工资水平（见图2-3）。

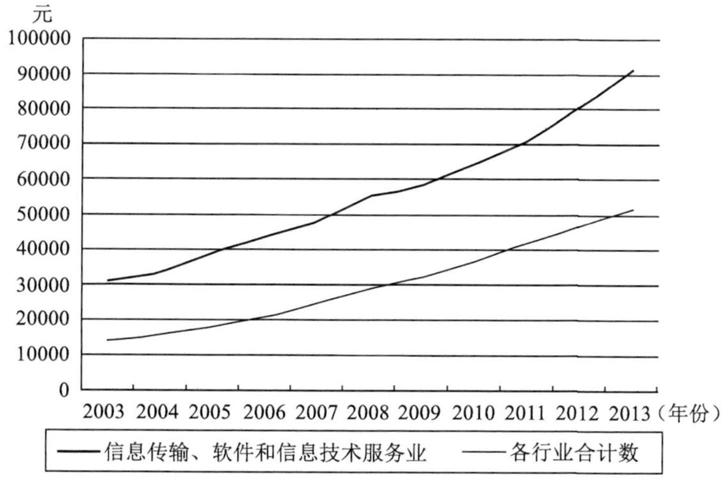

图2-3　2003—2013年信息传输、软件和信息技术服务业平均工资与各行业合计数对比

资料来源：《中国统计年鉴（2014）》。

从全国来看，各省信息传输、软件和信息技术服务业平均工资绝大多数都高于各行业的平均工资水平。由此可见，信息传输、软件和信息技术服务业在薪酬水平上，具有一定的吸引力，这有利于信息技术产业核心技术创新人才供给（见图 2-4）。

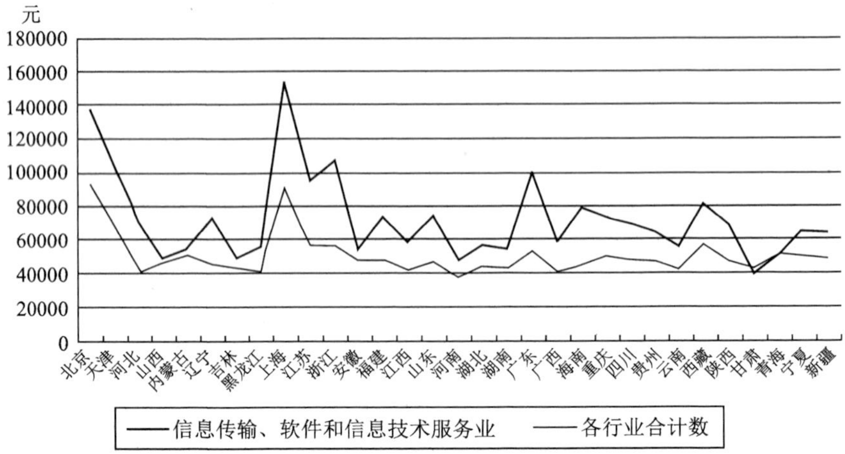

图 2-4　各地区信息传输、软件和信息技术服务业平均工资与各行业合计数对比

资料来源：《中国统计年鉴（2014）》。

科技创新领军人才、技术骨干和研究团队主要成员三类信息技术产业技术创新人才的供给，可以从不同类型人才的特点考虑选择不同的供给渠道。第一类科技创新领军人才，在注重内部培养的同时，应以获得人力资源竞争优势为导向，立足实际需要、着眼未来发展，通过完善引进人才政策措施，建立灵活有效的人力资源管理机制，通过资源倾斜和政策优惠等条件，有计划、有目的、有重点地吸收、引进一批新领域、新技术的技术创新人才。在人才引进方面，可以依托国家、省级的人才引进计划，依托重大科研、工程、产业攻关等项目开展人才培养工作。第二类科技创新的骨干人才，主要是创新研究任务的承担者，以内部培养为主，辅以适当的外部引进，实行技术创新骨干人员与经营管理人员的职业发展双通道，将技术创新骨干人员逐步培养成科技创新中坚力量。第三类创新团队的重要成员，可以通过与对口高等院校“订单式”合作培养，也可以通过校园招聘、社会招聘、实习生计划等方式招募人才。

2.7 生物农业产业发展、技术创新及其对人才的需求研究述评

生物农业产业技术创新主体为本书的第二个实例产业。在此，有必要就何为生物农业产业、生物农业产业发展与技术创新，以及生物农业产业技术创新人才需求基本问题进行简要回顾与梳理。①

2.7.1 认识生物农业产业

生物农业产业以生物技术进步和发展为重要支撑，通过将生物科技成果转化为新型实用的农产品，并实现市场化、规模化和产业化发展，是我国未来大力发展的战略性新兴产业之一。② 世界各国都十分重视发展生物农业产业，积极抢占农业生物技术和产业发展的制高点。世界范围内生物农业产业的竞争归根结底是生物农业企业、农业生物科技和人才的竞争。目前，我国生物农业产业与发达国家差距很大，主要表现为核心技术与发达国家差距很大，以及跨国公司的产业和科技优势差距很大，应对这些挑战的主要思路是支持企业成为技术创新的主体，并大力推进生物农业企业产业化发展。③

从全球范围来看，衡量一个国家生物农业产业是否发达，最主要的指标是国际一流创新型企业的数量。因此，生物农业产业作为我国战略性新兴产业未来发展目标能否实现，最关键的因素在于生物农业企业的不断发展壮大。生物农业企业的创新发展，最重要的依托就是要建立一支农业生物技术创新人才队伍，技术创新人才是生物农业企业创新发展最宝贵的资源。

---

① 杨木春．农业生物企业技术创新人才胜任力模型构建与应用研究［D］．北京：北京师范大学，2015.

② 万建民．促进生物农业快速健康发展［N］．经济日报，2010-08-05（10）．

③ 薛亮，等．后金融危机时期中国农业科技发展若干问题的思考——掌握农业科技竞争主动权，迎接新一轮的世界科技革命［J］．中国农业科学，2013（13）：2821-2832.

1. 大力发展生物农业产业是转变农业发展方式、引领绿色发展的必由之路

改革开放以来，我国工业化和城镇化快速发展，农业发展取得了一系列成就，但也面临着许多突出的“瓶颈”问题亟待解决。我国现有农业发展方式面临着许多挑战。比如，随着我国人口总量规模的不断增长和生活水平的逐步提高，面临着人民群众在农产品数量和质量方面的需求不断扩大的挑战；随着我国耕地、草原、森林、水等生态资源总量减少和品质降低，面临着农业发展外延式扩张越来越难以为继的挑战；随着经济全球化、一体化不断推进，面临着农业产业发展跨国竞争压力迅速加大的挑战；等等。① 上述分析说明了我国农业发展环境已发生深刻变化，必须要按照“稳粮增收、提质增效、创新驱动”的总要求，努力在转变发展方式上实现突破。加快转变农业发展方式，就是要推动农业发展由主要追求数量增长真正转到数量、质量效益并重上来，由主要依靠物质资源消耗真正转到依靠科技进步和提高劳动者素质上来，由主要拼生态、拼环境真正转到注重绿色循环可持续发展上来，由粗放经营转到集约经营上来，走产出高效、产品安全、资源节约、环境友好的现代农业发展道路。从西方发达国家农业发展规律来看，20 世纪 70 年代后以美国为首的欧美国家大力发展生物农业产业，掀起了一场发展绿色经济的“经济革命”，较好地实现了农业生态环境平衡发展。我国需要把发展生物农业产业、推进科技创新放在突出位置，以提升生物农业科技创新能力和效率、强化生物农业核心竞争力为目标，以先进的生物农业技术和科学管理方式改造传统农业，努力实现转变发展方式、引领绿色发展。②

2. 技术创新已成为促进生物农业产业和企业发展的主要方式

技术创新在生物农业产业和企业发展过程中发挥着越来越突出的作用，这是现代农业与传统农业发展的一个显著区别。进入 21 世纪以来，发达国家

---

① 陈文胜．“两型”发展是中国农业发展方式转变的时代命题［N］．光明日报，2015-01-14（7）．

② 洪绂曾，等．生物农业引领绿色发展［J］．农学学报，2011（10）：1-4.

和发展中国家越来越重视技术创新，通过技术创新抢抓发展机遇，引领发展方向，努力掌握生物农业产业发展的制高点和主动权。发达国家在生物农业产业技术创新方面始终走在前列，不但建立了完整的科技创新体系，具有强大的科技研发创新、成果转化能力，而且涌现出了一批具有国际竞争力的生物农业企业。虽然发展中国家技术创新能力、成果转化等与发达国家相比存在明显差距，但具有较好的发展势头，在技术创新方面正在奋起直追。

发达国家十分重视农业技术创新体系建设。有专家认为，农业技术创新体系是指有关科技创新主体为达到农业科技进步、推广应用和规模化生产，而在农业科技研发、应用过程中形成的组织系统。① 技术创新体系完善主要表现在建立了完善的法律政策体系、形成了有效的技术创新模式和不断加大技术创新投入力度。一是制定完善的法律政策体系。美国等发达国家都十分重视通过制定法律政策来保障生物农业产业科技创新和知识产权。为了使教育适应农业经济发展的需要，美国国会先后制定了《莫里尔法案》《哈奇法案》《史密斯—利弗法案》，为美国在农业教育、科研方面成功发展奠定了基础。② 此后美国还制定了一系列促进科技研究成果流转、加强企业知识产权保护的法律。此外，美国政府还在农业科技创新在理论研究、资金支持、税收减免等方面给予特殊政策扶持。欧盟、日本、荷兰等发达国家也都十分重视通过法律政策保障促进农业技术创新。二是形成有效的技术创新模式。美国的创新模式包括大学—产业联盟模式，具体包括政府通过资助项目引导高校和企业合作、大学教授自行创办公司推动研究成果商业化等几种方式；企业自主创新模式，即大多数公司自行设置了许多技术创新研究项目；跨国公司模式，即农业生物公司通过直接投资、收购企业等方式进行技术创新。③ 三是不断加大技术创新投入力度。美国等发达国家政府对生物农业产业技术创新提供经费支持，私人企业越来越成为技术创新研发投入的主力军，美国私人企业科

① 段莉．典型国家建设农业科技创新体系的经验借鉴［J］．科技管理研究，2010（4）：23-27.

② 胡紫玲，沈振锋．从“莫里尔法案”到“史密斯—利弗法案”——美国高等农业教育的发展路径、成功经验及其启示［J］．高等农业教育，2007（9）：86-88.

③ 刘波，马春艳．世界生物农业产业技术创新路径的比较与启示——基于美国、欧盟的考察［J］．生态经济，2010（10）：103-106.

研投资已占到全部农业投资总量的60%以上。①

改革开放以来，我国生物农业产业技术创新的资源配置能力、研究开发能力、转化产出能力和创新政策支撑力都明显增强，农业技术创新实现了跨越式发展，进入发展中国家前列，对农业增长的贡献率由27%提高到48%，在动植物遗传资源和育种技术研究，种植和养殖技术研究，重大动植物疫病防治研究，中低产田治理与区域农业综合发展研究，农业机械化和设施农业技术研究，生物技术等高新技术研究，农业科学基础研究和理论研究等方面，都取得了突破性进展。② 尤其是农业科技自主创新能力不断提升，国际竞争力显著增强，超级稻、转基因抗虫棉、矮败小麦、禽流感疫苗等方面的科技成果已处于世界领先地位。③ 但与美国等发达国家相比还存在较大差距。我国生物农业产业技术创新不足主要表现为创新基础与研发能力和创新产出能力不高，研发投入低、研究成果不足是创新基础与研发能力不高的主要因素，劳动生产率及产业化水平低是创新产出能力差的主要因素。与美国、法国、德国、加拿大、英国等国相比，我国农业生物技术创新能力虽能处于第一梯队，但总体上实力较弱，尤其与美国相比存在较大差距（见表2-5）。法国、德国、英国等欧洲国家由于对转基因推广与运用的限制，技术创新和成果转化能力相对较弱。④

---

① 张德远，吴方卫．国外农业科研领域中公共部门与私人部门的合作［J］．农业经济问题，2004（1）：72-76.

② 中国农业科学院．科技支撑发展 创新引领未来——改革开放30年我国农业科技发展的成就与启示［N］．人民日报，2009-01-16.

③ 张宪法．改革开放30年：我国农业科技工作回顾与展望（二）——成就与贡献、经验与启示［J］．农业科技管理，2009（2）：5-8.

④ 马春艳，马强．我国生物农业产业技术创新能力评价研究［J］．生态经济，2010（1）：89-91.

表 2-5　中国与美国等国生物农业产业技术创新能力得分比较

	得分					
国家	中国	美国	法国	德国	加拿大	英国
总值	68.40	84.28	46.90	46.12	59.71	49.73
创新基础及研发能力	43.56	52.82	30.70	29.83	28.39	31.78
创新产出能力	11.24	17.86	9.79	9.89	17.72	11.55
政策环境支撑力	13.60	13.60	6.40	6.40	13.60	6.40

资料来源：段莉．典型国家建设农业科技创新体系的经验借鉴［J］．科技管理研究，2010（4）：89-91.

3．技术创新人才是推进生物农业产业和企业发展的最宝贵资源

生物农业产业属于高技术行业，生物农业产业和企业的发展需要一大批各类人才作为支撑保障，而技术创新人才又具有十分重要的作用。世界各国和生物农业企业都十分重视对技术创新人才的吸引和培养，以技术创新人才资源为生物农业产业和企业发展注入持续的发展动力。美国是较早开始农业生物技术创新并取得丰硕研究成果的国家，其生物技术产业化、商业化成果丰硕，该国生物农业企业在生物农业产业化发展过程中发挥了主力军作用。美国拥有一批技术实力雄厚的生物农业企业，这些企业是生物农业产业化发展和技术创新的中坚力量。美国大型生物农业企业大多是具有全球影响力的跨国企业，业务范围覆盖全球主要国家和地区。例如，杜邦先锋公司在许多国家建有研究和生产基地，业务范围遍布南北半球。杜邦先锋公司在种子资源方面优势十分突出，有 60 多个种子资源，尤其是玉米种子资源库在行业内处于领先地位。① 美国跨国公司十分重视吸引和培养农业科研人才，如孟山都公司、杜邦先锋公司在中国重点大学设立奖金，包括全国重点综合类院校和农业重点院校等，每年都投入巨额资金。② 孟山都公司在华中农业大学设立专项奖学金，计划 5 年资助金额将高达 16 万美元，来资助和培养在中国发展需

① 孟山都们绝密武器：豪掷 10 亿美金薪酬雇首席科学家［EB/OL］．http：//business.sohu.com/20120807/n350065289.shtml.

② 佟屏亚．跨国公司完成在华种子产业本土化布阵［J］．农家参谋（种业大观），2013（12）：12.

要的科研人才。[①] 在2013年财富全球论坛上杜邦先锋公司董事长兼首席执行官柯爱伦认为，企业的可持续发展需要源源不断地创新，而创新主要来自学科的交汇点，这需要大量的专业人才来推动实现。同时，创新不是走直线，强调要由技术突破带动实现。[②]

国内生物农业产业近年来得到了较快发展，生物农业企业十分重视技术创新人才的重要作用。北京未名凯拓农业生物技术公司和美国杜邦先锋公司海外公司共同组建了研发中心，此种方式可节约研发成本，分散研发风险，并引入国际先进技术及管理理念，由此带动国内资金及技术的结合方式朝着更加高效合理的方向发展，使研发人员从意识、思维、方法、管理等方面与国际接轨，培养出一支高素质创新型的研发队伍。[③] 大北农、隆平高科、敦煌种业、万向德农等一批农业龙头企业，也都高度重视技术创新，加强吸引、培养和发展技术创新人才。

2.7.2 生物农业产业发展与技术创新

从全球范围来看，以转基因技术运用为代表的国际生物农业产业得到快速发展。目前，全球有27个国家种植转基因农作物，发达国家以美国、加拿大等为主要代表，发展中国家以巴西、阿根廷、印度等国家为代表。截至2013年，全球累计转基因种植农作物种植面积已达到16亿公顷，2013年当年转基因农作物种植面积达到1.75亿公顷。转基因农作物的广泛种植，带来了十分可观的效益。从经济效益来看，广大农户通过种植转基因植物明显提高了农业生产力和经济收入，降低了生产投入成本，克服了农业资源贫乏等不利条件；从社会效益来看，转基因农作物产品产量高、价格低，有利于促进粮食自足，减少贫困和饥饿，改善贫穷人口的生活状况；从环境效益来看，种植转基因农作物减少了农药使用量和二氧化碳排放，有利于减少温室气体

---

① 孟山都公司再助国际奖学金［N］. 科技日报，2013-07-25（11）.

② 杜邦 CEO：人才争夺战已在全球范围内展开［EB/OL］. http：//finance. huanqiu. com/people/2013-06/4012607. html.

③ 我国成立首家中外合资的农业生物技术研发机构［EB/OL］. http：//news. xinhuanet. com/newscenter/2007-12/07/content_ 7216526. htm.

排放，保护生态和大气环境。①

除转基因农作物种植外，西方国家在生物饲料、兽医生物制品、生物农药等领域也都处于领先地位，并且取得了比较丰硕的产业发展成果，突出表现在涌现出了一批国际性公司（见表 2-6），这些公司在取得巨大利润的同时，推动了生物农业产业蓬勃发展。

表 2-6 国外代表性生物农业企业名录

序号	作物育种	生物饲料	兽医生物制品	生物农药
1	杜邦（Dupout）	正大集团	英国葛兰素史克公司（GlaxoSmithKline）	德国拜耳（Bayer）
2	孟山都（Momsanto）	嘉吉	瑞士诺华公司（Novar-tis）	瑞士先正达（Syngenta）
3	先正达（Syngenta）	新希望	瑞士罗氏公司（Roche-Group）	德国巴斯夫（BASF）
4	利马格兰（Limagrain）	蓝多湖	辉瑞（Pfizer）	美国陶氏（Dow）
5	圣尼斯（Seminis）	泰森食品	法国赛诺菲—安万特集团（Sanofi-Aventis）	美国孟山都（Monsanto）
6	埃德瓦塔（Advanta）	巴西食品	拜耳集团（Bayer）	美国杜邦（Dupont）
7	道化工（Dow）	泰高	英国阿斯利康公司（As-traZeneca）	以色列马克西姆—阿甘（Makhteshim-Agan）
8	KWS AG 公司	全农	美国默克集团（Merck）	澳洲新农（Nufarm）
9	Delta & Pine Land 公司	东方希望	美国礼来公司（EliLilly）	日本住友化学（Sumitomo Chemical）
10	Aventis 公司	湖南唐人神	美国百时美施贵宝公司（Bristol-MyersSquibb）	日本爱利思达

资料来源：根据收集的有关材料整理而成。

农业生物技术主要运用基因、细胞、分子育种等生物技术，改变或改良动物植物性状，进而培育出人类生产生活需要的动物植物新品种。② 农业生物

① 克莱乌·詹姆斯．2013 年全球生物技术/转基因作物商业化发展态势［J］．中国生物工程杂志，2014（1）：1-8.

② 王筱．生物农业升温［J］．农经，2013（4）：14-17.

技术经历了从传统生物技术、近代生物技术、现代生物技术三个阶段的发展历程。① 20世纪30年代之前是传统生物技术阶段，主要通过发酵技术生产食物产品。20世纪30年代到70年代是近代生物技术阶段，主要是抗生素、氨基酸发酵、植物组织培养等技术得到发展。现代生物技术开始于DNA重组技术的问世，同时细胞工程技术也得到突破性发展。② 从生物农业产业发展来看，主要涉及的农业生物技术包含种业、种植业、养殖业等产业链。种业主要涉及转基因育种技术，种植业主要涉及生物肥料、生物农药技术，养殖业主要涉及生物饲料技术、动物保健技术。农业生物技术产业链如图2-5所示。

生物育种技术。种子被称为“农业之母”“农业科技的芯片”，是粮食生产的源头，“一粒种子改变一个世界”。③ 从全球范围来看，生物育种已进入以抢占技术制高点和经济增长点为战略目标的时期，各国和跨国公司围绕技术、基因、人才和市场的竞争越来越激烈。从我国农业发展来看，20世纪60年代至90年代粮食产量的持续提高，主要依靠矮秆育种的推广、杂交水稻技术的应用。但近10多年来，粮食亩产量一直没有提高，这说明传统的育种技术已遇到发展“瓶颈”，很难满足我国未来巨大的粮食需求和粮食安全面临的挑战。转基因技术经过30多年的发展，相关技术研究日趋成熟，产业化进程发展越来越快，并取得了显著成就，一个基因一个产业、一项技术一个产业的状况越来越明显，充分展现了转基因技术在种子培养中的较好发展前景。转基因技术主要通过将人工分离和修饰过的基因植入生物体基因组中，实现被植入生物体性状改变和遗传形状发生变化术。④ 转基因技术在生物育种中广泛使用，1983—1993年是转基因育种技术的成熟期；1994—2005年是转基因育种技术的产业化发展期，转基因抗虫、抗除草剂等产品进入大规模商业化阶段；2006年至今转基因育种进入发展的战略机遇期，2012年转基因育种种

---

① 徐兴友，等．农业生物技术的发展与展望（综述）［J］．河北科技师范学院学报，2003，17（3）：68-71.

② 李强，韩一凡．现代生物技术综述［J］．世界林业研究，1998（3）：1-7.

③ 袁隆平．一粒种子的价值［J］．科学新闻，2012（4）：19.

④ 储成才．转基因生物技术育种：机遇还是挑战？［J］．植物学报，2013（48）：10-22.

植面积已超过 1.7 亿公顷。①

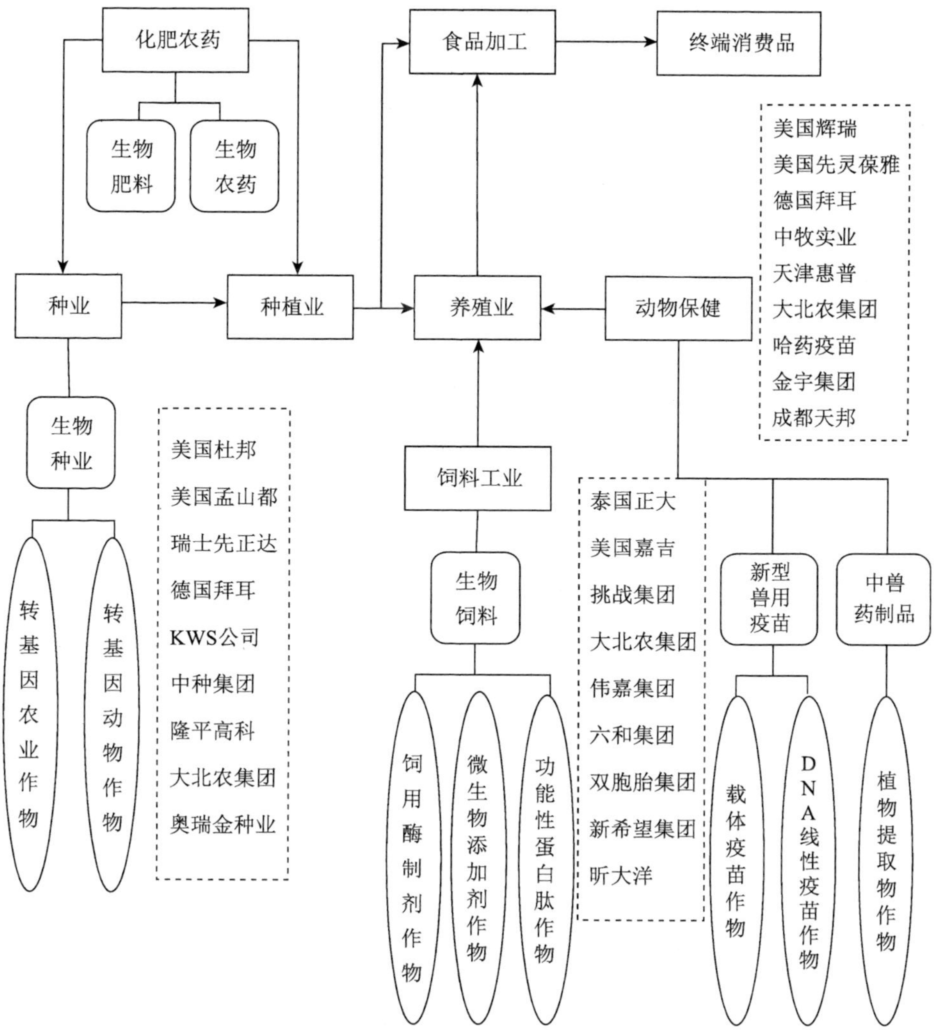

图 2-5　农业生物技术产业链

生物饲料技术。生物饲料主要采用的是生物酶解和微生物发酵技术。通

① 康乐，王海洋．我国生物技术育种现状与发展趋势［J］．中国农业科技导报，2014（16）：16-22.

常以具有饲用价值的资源作为初步加工对象，选用适应性较好的活性生物因子，通过一定的生物工艺技术加工而成的新型饲料。① 饲料生物技术的实质是利用活性生物因子（例如有益微生物、生物酶等）与饲料物质在一定条件下的生物化学反应技术。

生物农药技术。生物农药一般是指直接利用生物产生的生物活性物质或生物活体对害虫、病菌、杂草、鼠类等有害生物进行防治的一类农药制剂，具有低毒、无污染、无残留、开发周期短、费用低等特点，源于自然，容易在自然界降解。我国生物农药包括微生物农药、农用抗生素、植物源农药、生物化学农业和天敌昆虫农业等类型。

生物肥料技术。生物肥料技术通过将含有微生物的特定产品，应用于植物的生长发育，提高农产品的品质。目前，生物肥料的品种主要有根瘤菌肥料、固氮菌肥料、解鳞菌肥料等。② 生物肥料有利于保证农产品的品质，生产出无污染的绿色食品，但劣势在于它是一种缓效性的肥料，其肥料的速效性不如无机化肥。生物肥料虽是高新技术产品，但生物肥料目前却不能代替化肥。

我国发展农业生物技术的内在需求十分迫切，日益激烈的国际竞争形势迫使我们需要提高前沿技术实力，追求向创新驱动、内生增长模式转变需要有前沿技术提供支撑，解决我国农业发展重大问题都离不开发展前沿农业技术。我国农业生物技术经过多年发展，逐步从跟踪模仿向自主创新转变，取得了举世瞩目的成就。面对世界新技术革命的蓬勃发展和带来的挑战，“十一五”期间国家“863 计划”首次增设了现代农业技术领域，确定高产优质抗逆的动植物新品种，新型药物、疫苗和基因治疗，蛋白质工程三个主题。③“十一五”期间，我国农业生物技术取得了一定程度的突破，水稻、家蚕功能基因平台建设和主要动植物功能基因发掘利用取得重要成果；成功完成了水

① 李绍章．生物饲料技术内涵辨析［J］．饲料工业，2014（12）：1-5.

② 汪华源．生物肥料研究进展及其文献研究［J］．农业图书情报学刊，2003（5）：127-130.

③ 徐兴友，等．农业生物技术的发展与展望（综述）［J］．河北职业技术师范学院学报，2003（3）：68-71.

稻基因组测序等工作；突破了一批农业新药创制关键技术，创制了一批动物疫苗、生物兽药、生物杀虫剂和杀菌剂、除草剂等农业生物药物重大产品；分子育种技术创新、基因鉴定与功能解析、新材料创制及新品种培育等方面取得了一系列重要进展等。①

我国已拥有抗除草剂、抗旱、抗逆基因等专利技术。我国通过生物技术育成的大豆、玉米、棉花、油菜等转基因作物，具有抗虫、抗除草剂等功能，已实践运用于农作物生产领域，取得了明显成效。我国不断加大生物育种科研投入，取得了一批突破性的科研成果，如陆续培育出了超级稻、转基因抗虫棉等产品，这些产品的广泛运用并取得实际成效，客观上进一步推动了我国生物种业的发展。目前，我国通过商品化生产许可的转基因植物有 7 种，如耐储藏番茄、变色矮牵牛等。此外，我国也是生物肥料开发利用较早的国家之一，是世界第二大饲料生产国，生物农药等研究生产也取得了积极进展。② 这些农业前沿技术的发展，正在引领并支撑着我国生物农业产业发展，积极推动我国传统农业产业升级转型。

2.7.3 生物农业产业技术创新人才需求

生物农业产业发展和技术创新需要依靠农业科技创新人才来实现。因此，加快建设一支农业科技创新专业人才队伍，是推动我国生物农业产业健康快速发展的重要保障。自 2004 年以来，中央连续 11 年发布了以“三农”为主题的一号文件，都对加快农业科技创新、加快培育农业科技人才做出了部署。③

根据农业经济领域科研、生产、营销等不同环节及不同层次，一般将农业人才分为农业科研人才、农业技术推广人才、农业实用人才和农业经营管理人才 4 种类型：①农业科研人才，是指受过专门农业专业高等教育或职业培训，掌握农业行业专业知识技能，专门从事农业科研、教育等专业性工作

① 张秀海，等．“十一五”国家 863 计划现代农业技术领域回顾与展望［J］．中国农业科技导报，2013（6）：55-62.

② 薛爱红，孙国庆，王友华．农业生物技术促进我国农业生物发展［J］．中国科技投资，2012（7）：23-25.

③ 原宁．培养和激励农业科技创新人才［N］．人民日报，2012-03-21（007）．

的人员。目前，我国农业科研人员整体素质不高，专业人才总量偏少，除少部分科研机构和实力较强的农业企业拥有一批素质较高的科研人才队伍外，农业科研人才总体上十分短缺，成为制约我国生物农业产业快速发展的重要因素。②农业技术推广人才，是指受过专门农业专业高等教育或职业培训，掌握农业行业专业知识技能，专门从事农业推广服务等专业性工作的人员。目前，我国技术推广人才整体上技术水平不高，而且从事农业技术推广工作的人员渠道较多，无相关农业专业技术背景的人员较多，总体上人才队伍建设不能适应农业产业化的发展需求。③农业企业需要大量优秀的企业经营管理人才，农业科技自主创新同样需要大量的高层次经营管理人才，这些是生物农业企业实现产业化发展和规模化经营必不可少的人才。④农村实用人才，是指受过一定教育并具有相关技能，能够为农业以及农村各项事业发展提供服务的人员，绝大多数农村实用人才主要集中在从事农业生产的一线，缺乏专业技术水平和经营管理才能。①

根据《中共中央关于推进农村改革发展若干重大问题的决定》《国家中长期人才发展规划纲要（2010—2020 年）》《农村实用人才和农业科技人才队伍建设中长期规划（2010—2020 年）》等文件中统计的数据，2008 年我国农业科技人才 62.6 万人，其中科研人才 6.3 万人，生物育种创新、动植物疫病防控、高效栽培养殖集成、农产品加工与质量安全等急需紧缺人才 0.06 万人，研究生学历比例达 17.8%。《中国农村发展报告（2011 年）》统计数据显示，全国农村农业科技人才总量，仅占农村劳动力总数的 0.64%，与美国、日本、德国等发达国家每万名农业人口中农业科技人才比例相差很远。总体来看，我国农业科技人才结构不够合理，素质相对偏低，缺乏示范带动作用；科研创新和科技成果转化能力需进一步提高，较高层次科技人才比较匮乏，农业科技推广人才队伍作用发挥不够，人才地域、行业分布不合理，尤其是

① 武忠远．中国农业科技人才分类开发研究［D］．咸阳：西北农林科技大学，2006；中共中央组织部、农业部、人力资源和社会保障部、教育部和科学技术部．农村实用人才和农业科技人才队伍建设中长期规划（2010—2020 年）［EB/OL］．http：//cpc.people.com.cn/n/2013/0129/c244819-20363427.html.

人才集中在发达地区、欠发达地区人才不足的现象比较明显；农业科技人才的培养、开发、考核评价、激励等机制还不健全；政府财政投入不足，不少地方工作条件比较艰苦，难以吸引和留住人才。

《农村实用人才和农业科技人才队伍建设中长期规划（2010—2020年）》对农业科技人才发展提出了规划目标，农业科技人才2015年要达到68万人，2020年要达到70万人。其中，农业科研人才2015年要达到8万人，急需紧缺的科研人才达到0.7万人，研究生学历比例要达到23%；农业科研人才2020年要达到10万人，急需紧缺的科研人才达到1.3万人，研究生学历比例要达到30%。国家研究制定了生物农业科研人才发展规划，从教育、培训、激励机制、财政经费投入等方面给予扶持，较大规模的科研人才培养为我国生物农业产业和企业发展奠定了坚实基础，提供了人才智力支撑和保障（见表2-7）。

表2-7　农村实用人才和农业科技人才主要发展目标①

人才类别	2008年	2015年	2020年
农业科技人才（万人）	62.6	68.0	70.0
其中：科研人才	6.3	8.0	10.0
急需紧缺人才	0.1	0.7	1.3
研究生学历比例（%）	17.8	23.0	30.0
推广人才	56.3	60.0	60.0
大专以上学历比例（%）	59.4	65.0	80.0
农村实用人才（万人）	820.0	1300.0	1800.0
其中：生产型	409.0	510.0	630.0
经营型	177.0	250.0	320.0
技能服务型	120.0	240.0	360.0
其中：中专以上学历比例（%）	3.9	7.0	>10.0

资料来源：根据《农村实用人才和农业科技人才队伍建设中长期规划（2010—2020年）》（中组发〔2011〕10号）中有关数据整理。

① 农村实用人才和农业科技人才队伍建设中长期规划（2010—2020年）[EB/OL].（2011-03-21）http://cpc.people.com.cn/n/2013/0129/c244819-20363427.html.

第3章　胜任力研究实例：新一代信息技术产业

本章讨论新一代信息技术产业技术创新主体胜任力模型的构建与检验问题。研究严格按照管理学实证研究方法和程序进行。①

3.1　胜任力模型构建

通过对胜任力构成要素的探索性分析，提出了技术创新主体胜任力的理论模型。

3.1.1　技术创新主体胜任力构成要素探索性研究

运用胜任力评估方法对技术创新主体，即技术创新人才进行分析。按照四个步骤进行：确定访谈对象、开放式问卷调查、访谈内容分析和专家会议讨论。具体过程如下。

1. 确定访谈对象

选取了信息技术产业不同领域的6家企业，将从事新一代信息技术产业领域技术创新工作的研发机构或技术部门负责人作为访谈对象，其中3人绩效优秀，另外3人绩效一般，每人访谈时间为1.5小时。访谈内容：第一，请被访谈对象介绍自己的主要工作职责，在组织内的汇报关系；第二，请被访谈者回忆过去半年中，在工作中感到最有成就感的事例，并请其提供事件

① 本章“新一代信息技术产业技术创新主体胜任力”实例研究由王欢博士完成。主要内容选自王欢在北京师范大学撰写的博士学位论文《新一代信息技术产业技术创新主体胜任力研究》，这里是第一次公开发表。

完善、详细的信息；第三，请被访谈者回忆过去半年中，在工作中挫折感较强的事例，并请其提供事件完善、详细的信息。

2. 开放式问卷调查

针对上述6家企业研发机构或技术创新部门成员进行开放式问卷调研。这些研发机构或技术创新部门主要以技术创新人才为主体开展技术创新工作，这些成员主要从事新一代信息技术产业领域技术创新工作。在题目的设计上，应用关键事件技术，主要分为四部分：一是个人信息，包括被调研者性别、年龄、学历、职称、职务、任职时间、工作层级、绩效等；二是高绩效行为描述，请被调研者列出7~10项可以帮助其在工作中有效完成工作任务并产生高绩效的行为模式；三是制约完成工作任务的行为描述，请被调研者列出7~10项对其完成工作任务产生制约，使其不能高效完成工作任务的弱项；四是技术创新人才胜任力要素构成调查，请被调研者列举出至少5项充分胜任现任岗位所需的知识、技能与素质，以及面向移动互联网、物联网、云计算等新领域，从事新技术或前沿技术研发，新业务、新产品开发、应用与运营等工作，最需要具备的知识、技能与素质。通过电子邮件发放、纸制问卷现场发放的方式，发放问卷56份，采取电子邮件回收、纸制问卷现场回收的方式，回收问卷53份，回收率为93%，均为有效问卷。

3. 访谈内容分析

根据韦伯（Weber）1990年的界定，内容分析是一种定性研究技术，其运用一套程序对信息进行分类以能够得出有效的推论。① 内容分析过程实质上体现为详细说明被检测的内容特征的过程，以及运用明晰规则识别和重新编码这些内容特征的过程上。在人员选择上，由1名管理学专业的教师、1名管理学专业的博士研究生和1名心理学专业的硕士研究生组成的3人编码小组。为保证编码质量，先进行编码训练。采用斯宾塞、麦克莱兰等的胜任力要素编码词典，由3位编码人员分别对一份访谈记录进行试编码，对原有编码词

① 孙军．VIP服务价值测评研究：模型构建与实证分析——以电信行业为例［D］. 长春：吉林大学，2011.

典进行修订、补充和完善，再经过反复讨论，使3位编码人员对同一份访谈记录编码达成一致意见。经过编码训练后，根据修订后的编码词典正式编码。由编码小组根据编码词典对59份行为事件访谈及开放式问卷的信息进行编码。一级编码采用开放式登录，共提取出109项要素，二级编码采用关联式登录，共归纳成13项要素，包括学习能力、创新能力、系统思考、专业技术水平、全局把控与统筹能力、目标导向、执行力、时间管理、客户导向、沟通能力、团队精神、合作共赢、信息获取与分享。

4. 专家会议讨论

邀请1名北京师范大学政府管理学院人力资源管理专业教授、2名信息技术产业中有代表性企业的研发机构人力资源部负责人、3名信息技术产业中有代表性企业的人力资源部专业人员，共6人。召开专家小组会议，专家对二级编码归纳的13项要素进行讨论，深入整合分析研究对象胜任特征后形成一致意见：考虑到信息获取与分享和学习能力存在一定程度的重合，将信息获取与分享与学习能力合并成一个要素。因此，经专家小组会议讨论后，确定由12项要素构成信息技术产业技术创新人才胜任力，12项要素包括学习能力、创新能力、系统思考、专业技术水平、全局把控与统筹能力、目标导向、执行力、时间管理、客户导向、沟通能力、团队精神、合作共赢。采用核心式登录的方式将12项要素归类成三大维度，即思维能力、行动能力、人际关系。

典型描述举例：完成技术创新主体胜任力要素编码提取分析后，对访谈对象的一些典型描述做了部分列举，如表3-1所示。

表3-1 访谈对象典型描述举例

因素	典型描述举例
学习能力	A. 要重视日常对研究方向新技术的学习，做到有备而战。 B. 做好知识管理，对掌握的知识做好分类，做好电子笔记，可以用有道云笔记等，并定期消化。 C. 对新知识、新技能具有强烈的渴求和意愿，善于总结失败和成功的经验，积极利用多途径为自己创造学习机会并主动学习

续表

因素	典型描述举例
创新能力	A. 在核心技术和管理上要不断创新，并加以应用。 B. 缺乏创新力，喜欢按部就班，不愿尝试新方法，不利于技术创新。 C. 在技术创新过程中，做事缩手缩脚，不愿意打破常规，一般难以取得成功
系统思考	A. 把握方向，有取舍，同时关注重点，解决主要矛盾，这都是有益于实现技术创新目的的思考方式。 B. 重视系统性思考，做决策时能够从全局角度考虑问题。 C. 要想实现技术创新，思考问题时就要具有一定的预见性
专业技术水平	A. 不断充实自身的专业知识、专业技术，保证自己能紧跟技术潮流，提高自身技术实力。 B. 多接触各种行业内、行业外的知识，开阔视野。 C. 了解最新的行业和行业相关知识，多关注相关专业的新闻网站、专业论坛，扩展自己的知识面，强化自己的思维
全局把控与统筹能力	A. 做决策时能够从全局角度考虑问题。 B. 多个紧急任务并发时，能够协调安排处理妥当。 C. 面临多而繁杂的工作，能够厘清工作的重点，重点解决关键问题
目标导向	A. 有明确的目标，且目标不会随时更改。 B. 能够明确及细化目标，并始终以既定的目标为导向。 C. 为自己制定阶段性目标并努力确保实现
执行力	A. 强有力的执行，能很好地推动技术项目的进展。 B. 对项目进展进行跟踪把握，并能根据实际情况调整计划。 C. 制定合理的标准来约束人的行为，通过阶段性的考核，开展工作流程管理
时间管理	A. 在技术创新过程中，要注重时间节点掌控，设定合理检查点。 B. 通过有效的规划来满足多项工作并发的要求，区分每项工作的优先级，确保重要工作优先处理。 C. 要利用好碎片时间，静下心来，争取成为技术专家
客户导向	A. 与需求方保持经常沟通，了解最新工作思路和动态，保证项目各个时间节点完成既定内容。 B. 与客户多次沟通，明确需求，防止交流时只了解到客户表述部分的需求，不了解深层次的需求。 C. 重视换位思考，从客户视角思考
沟通能力	A. 不定期与项目组成员交流，及时向领导汇报工作并得到反馈。 B. 实事求是，但以别人能接受的方法、方式表达。 C. 增强人际沟通方面的灵活性和有效性

续表

因素	典型描述举例
团队精神	A. 所在的团队内能做到开诚布公，充分和项目组成员交流信息及思想，共同做决定。 B. 重视团队的凝聚力，以团结的心态去面对工作中的问题和困难。 C. 注重团队合作，最大限度地发挥团队合作力
合作共赢	A. 创造合作的机会，齐心协力，综合统效，能够取得更多的成果。 B. 建立双赢思维，令自己与合作伙伴都受益。 C. 协调各方资源共同努力

3.1.2 技术创新主体胜任力理论模型

通过上述分析发现，技术创新主体的胜任力主要由 12 项要素构成，包括学习能力、创新能力、系统思考、专业技术水平、全局把控与统筹能力、目标导向、执行力、时间管理、客户导向、沟通能力、团队精神和合作共赢。从思考、行动、人际三个层面上，将 12 项要素分为三个维度，即思维能力，包括学习能力、创新能力、系统思考、专业技术水平、全局把控与统筹能力；行动能力，包括目标导向、执行力、时间管理、客户导向；人际关系，包括沟通能力、团队精神、合作共赢。借鉴麦克莱兰胜任力词典、哈佛大学胜任力词典，以及国内关于技术人才、研发人才胜任力的研究成果，结合行为事件访谈、关键事件访谈的开放式问卷反馈内容，给出这 12 项技术创新人才胜任力构成要素定义，如表 3-2 所示。

表 3-2 新一代信息技术产业技术创新人才胜任力构成要素

维度	构成要素	定义①	主要参考文献
思维能力（A）	学习能力（A_1）	不断总结工作经验，做好知识管理，制订学习计划，不断为自己设定挑战性的目标，主动地改善与发展自我，紧跟技术潮流	麦克莱兰胜任力词典；马志强

① 温柏坚，赵建之，范河山．技术人员胜任力模型构建［J］．科技管理研究，2011（3）：138-141；曹茂兴，王端旭．企业研发人员胜任特征研究［J］．技术经济与研究，2006（2）：38-40；马志强，张提，朱永跃．服务化转型背景下制造企业研发人员胜任力研究［J］．科技进步与对策，2013（22）：146-151.

续表

维度	构成要素	定义	主要参考文献
思维能力（A）	创新能力（A_2）	具有创新精神，敢于打破传统经验和习惯，勇于承担风险，具有接受新观念的态度和产生新观念的能力，善于发现新问题，积极寻求具有新颖性、突破性的问题解决方案	麦克莱兰胜任力词典；哈佛大学胜任力词典；温柏坚；马志强
	系统思考（A_3）	能够探究问题情境所显示的意义和内涵，比较各部分间不同的特征，分辨出优先次序、找出因果关系，善于从复杂的情境中发现关键问题，能够透过事物表面看清本质	麦克莱兰胜任力词典；曹茂兴
	专业技术水平（A_4）	具备信息技术产业专业技术知识，能够把握信息技术产业技术发展趋势，对新技术具有深刻理解，具有推动技术革新的能力，注重保持技术领先优势	哈佛大学胜任力词典；温柏坚
	全局把控与统筹能力（A_5）	对信息技术产业发展趋势具有清晰认识，了解企业在信息技术产业竞争中所具备的优劣势，从企业整体和长期出发思考问题	麦克莱兰胜任力词典；温柏坚
行动能力（B）	目标导向（B_1）	重视具体工作成效与表现，尽力将工作做好，能够设定更高的标准来挑战自我，从而追求更佳表现	麦克莱兰胜任力词典；张文勤
	执行力（B_2）	能够运用各种相关资源，依据一定的流程，有效落实工作计划，达到既定目标	麦克莱兰胜任力词典
	时间管理（B_3）	能够根据工作任务的重要性和迫切性设定优先顺序，有效分配与运用自己的时间，在特定的时限内完成工作任务	麦克莱兰胜任力词典；SPENCEN 胜任力词典；哈佛大学胜任力词典
	客户导向（B_4）	能够理解客户的感受与需求，有效地预测与掌握客户需求发展趋势，在产品开发、方案设计等过程中充分考虑客户需求，并随着客户需求的变化及时调整既定方案	SPENCEN 胜任力词典；哈佛大学胜任力词典
人际关系（C）	沟通能力（C_1）	能够清晰地表达自己的意图并了解他人的想法，有系统地与他人交换和分享信息、观念、想法和态度，形成共识，营造良好工作环境	麦克莱兰胜任力词典；马志强
	团队精神（C_2）	团队成员具有共同的目标，在工作中彼此相互信任、相互合作，通过努力，解决工作中发生的问题，共同完成工作任务	麦克莱兰胜任力词典；曹茂兴
	合作共赢（C_3）	通过与他人建立相互依赖、共担风险、共享回报、共享资源的合作关系，协调多方资源，创造多方共赢的局面	麦克莱兰胜任力词典

在文献梳理中出现频率较高的6项胜任力要素——团队合作、系统思维、专业知识与技术、成就导向、学习能力、沟通协调能力中，除成就导向外，其余5项胜任力要素在技术创新人才胜任力构成要素的理论模型中都有体现；在文献梳理中出现一定频率的其余6项胜任力要素，即主动性、客户服务导向、信息获取、创新思维、自信心、人际理解中，除主动性、自信心之外，其余6项胜任力要素在技术创新人才胜任力构成要素的理论模型中都有体现。由此可见，这里构建的技术创新主体胜任力构成要素的理论模型，涵盖了之前研究中提及的绝大多数胜任力构成要素。但是，与之前的研究成果不同的是，增加了目标导向、执行力、时间管理3项胜任力要素。其中，目标导向与成就导向具有一定的共同特点，但与成就导向相比，目标导向更加重视具体的工作成效与表现；而执行力、时间管理更加强调为实现目标而采取有效行动的能力。

3.2 量表选编与模型检验

结合行为事件访谈记录、开放式问卷调研结果进行内容分析后提取的陈述句，对照斯宾塞胜任力词典、麦克莱兰胜任力词典、哈佛大学胜任力词典，以及国内外学者关于胜任力要素的测量指标，完成了目标胜任力模型的测评量表。对胜任力模型的实证检验方法，主要有项目分析、探索性因子分析、可靠性分析、验证性因子分析、相关性分析和回归分析。

3.2.1 胜任力构成要素量表选编

结合行为事件访谈记录、开放式问卷调研结果进行内容分析后提取的陈述句，对照斯宾塞胜任力词典、麦克莱兰胜任力词典、哈佛大学胜任力词典，以及国内外学者关于12项胜任力要素的测量指标，共获取89条陈述句。再次召开专家小组会议，讨论问卷对胜任力要素测量指标的描述是否准确、清晰，是否符合信息技术产业的特点，是否需要添加新的测量指标等问题。经专家会议讨论，在达成一致或相对一致意见的基础上，删除了内容重复、语意欠明的 29 条陈述句，保留 60 条陈述句。平均每个胜任力构成要素的测量指标为 5 个，符合李克特五点量表对测量指标题目个数的要求。初步编制成的量表如表 3-3 所示。

表 3-3 新一代信息技术产业技术创新人才胜任力构成要素测量指标体系

维度	构成要素	测量指标	指标选编主要参考文献
思维能力（A）	学习能力（A_1）	A_1-1 我能做好知识管理以保证自己能紧跟技术潮流	麦克莱兰胜任力词典；曹茂兴
		A_1-2 我有长期学习计划并能不断设定与更新具有挑战性的目标	
		A_1-3 我善于学习和利用成熟的经验与成果①	
		A_1-4 我善于从工作中总结成功经验和失败教训②	
		A_1-5 我对新领域、新技术知识的探索有时会停留在表面（R）	
	创新能力（A_2）	A_2-1 我具有创新精神并敢于打破传统经验和习惯③	麦克莱兰胜任力词典；哈佛大学胜任力词典；马志强；张文勤
		A_2-2 我敢于尝试新方法和采取新措施作出决策[90]25	
		A_2-3 我善于发现工作中的新问题	
		A_2-4 我勇于承担风险，具备良好的心理素质和抗压能力④	
		A_2-5 我喜欢按部就班，不愿意冒险（R）	
	系统思考（A_3）	A_3-1 我能在复杂情境中分析出关键问题及主要组成因素	麦克莱兰胜任力词典
		A_3-2 我能分辨问题组成因素之间的重要性和优先顺序	

①② 曹茂兴，王端旭．企业研发人员胜任特征研究［J］．技术经济与研究，2006（2）：38-40.

③④ 马志强，张提，朱永跃．服务化转型背景下制造企业研发人员胜任力研究［J］．科技进步与对策，2013（22）：146-151.

续表

维度	构成要素	测量指标	指标选编主要参考文献
思维能力（A）	系统思考（A_3）	A_3-3 我总是能看出事情的相同点及其关联	曹茂兴
		A_3-4 我善于思考，明辨是非，不人云亦云	
		A_3-5 我善于综合利用决策信息进行分析并做出正确的决策①	
	专业技术水平（A_4）	A_4-1 我对信息技术产业新技术的应用领域和技术整体架构有全面的认识②	哈佛大学胜任力词典；温柏坚
		A_4-2 我能掌握最新专业知识和技术并能够预知其在产业中的应用	
		A_4-3 我对技术发展方向具有敏锐的判断	
		A_4-4 我能在推动技术革新过程中发挥作用	
		A_4-5 我对新领域技术不够熟悉，这有时会影响我的专业判断力（R）	
	全局把控与统筹能力（A_5）	A_5-1 我能把握信息技术产业发展趋势	麦克莱兰胜任力词典；温柏坚
		A_5-2 我总是从企业整体和长期的角度思考问题③	
		A_5-3 我做决策时能够从全局角度考虑问题	
		A_5-4 我知道所在单位的目标策略定位及未来走向	
		A_5-5 我了解所在单位未来可能面临的机会或威胁	

① 曹茂兴，王端旭．企业研发人员胜任特征研究［J］．技术经济与研究，2006（2）：38-40.

②③ 温柏坚，赵建之，范河山．技术人员胜任力模型构建［J］．科技管理研究，2011（3）：138-141.

续表

维度	构成要素	测量指标	指标选编主要参考文献
行动能力（B）	目标导向（B_1）	B_1-1 我总是能设立实际、明确的工作目标	麦克莱兰胜任力词典；张文勤
		B_1-2 我对工作目标有清晰认识并能将目标达成作为工作驱动力①	
		B_1-3 我一旦确立目标就不会随意更改	
		B_1-4 我如果没有达到目标是不会轻易放弃的	
		B_1-5 我的工作目标在短时间内经常变化（R）	
	执行力（B_2）	B_2-1 我能够合理分解任务并有效分工	麦克莱兰胜任力词典
		B_2-2 我能够制订切实可行的工作计划以达成组织既定目标	
		B_2-3 我善于设置关键检查节点并及时发现和解决问题	
		B_2-4 我能协调和运用各种相关资源完成工作任务	
		B_2-5 我不喜欢完全按照工作计划做事（R）	
	时间管理（B_3）	B_3-1 我能够合理安排时间并分清工作轻重缓急	麦克莱兰胜任力词典
		B_3-2 我能够确实掌握责任范围内的工作进度	
		B_3-3 我具有按时完成工作的习惯	
		B_3-4 我善于利用碎片时间进行工作和学习	
		B_3-5 我总是会遇到工作来不及做完的情况（R）	

① 张文勤，石金涛，刘云．团队成员创新行为的两层影响因素：个人目标取向与团队创新气氛[J]．南开管理评论，2010（5）：22-30.

续表

维度	构成要素	测量指标	指标选编主要参考文献
行动能力（B）	客户导向（B_4）	B_4-1 我能快速回应客户提出的问题或需求	麦克莱兰胜任力词典；SPENCEN 胜任力词典
		B_4-2 我能从客户视角思考问题	
		B_4-3 我对客户需求有准确的把握	
		B_4-4 我了解技术发展对客户需求的影响	
		B_4-5 我经常思考能实现客户与组织双赢的解决方案	
人际关系（C）	沟通能力（C_1）	C_1-1 我总是能保持与工作任务相关各方沟通顺畅	SPENCEN 胜任力词典；哈佛大学胜任力词典；温柏坚
		C_1-2 我总是在交流沟通前提前做好准备工作	
		C_1-3 我能准确地向他人传达意见并能理解对方想法①	SPENCEN 胜任力词典；哈佛大学胜任力词典；温柏坚
		C_1-4 我有很强的沟通愿望和比较好的沟通方式	
		C_1-5 我不太喜欢交际，喜欢自己闷头工作（R）	
	团队精神（C_2）	C_2-1 我能在所在团队内共享信息和工作成果②	麦克莱兰胜任力词典；曹茂兴
		C_2-2 我能听取他人的意见并及时对工作任务和内容做出调整	
		C_2-3 我总是能和团队其他成员共同应对困难和挑战	
		C_2-4 我遵守团队所达成的一致意见并愿意付诸行动	
		C_2-5 我能通过合理的分工发挥团队成员不同专业能力	

① 温柏坚，赵建之，范河山．技术人员胜任力模型构建［J］．科技管理研究，2011（3）：138-141.

② 曹茂兴，王端旭．企业研发人员胜任特征研究［J］．技术经济与研究，2006（2）：38-40.

续表

维度	构成要素	测量指标	指标选编主要参考文献
人际关系（C）	合作共赢（C_3）	C_3-1 我能建立、协调与不同组织之间长期的合作关系	麦克莱兰胜任力词典
		C_3-2 我能并协调各方资源为实现既定目标共同努力	
		C_3-3 我能与所在单位的同事形成休戚与共的意识	
		C_3-4 我总是创造合作的机会并能取得更多成果	
		C_3-5 我所在单位存在部门间互相推诿、影响工作效率的现象（R）	

注：R 标记的问题，是负向问题。

新一代信息技术产业技术创新主体（人才）胜任力，体现的是绩效优秀的技术创新人员的胜任岗位的能力。因此，在效标关联的题目上，选择创新成果，包括方法创新、创意，以及创新的应用及价值作衡量标准。量表来源为里特（Ritter①）、格蒙德（Gemunden②）及任胜钢③的研究成果，在测量时，采用了李克特五点量表，具体测量内容见表 3-4。

表 3-4　新一代信息技术产业技术创新人才效标测量指标体系

人才创新绩效测量指标	D_1-1 我总是能产生新的想法来解决难题
	D_1-2 我总是能找到新的工作方法
	D_1-3 我总是能自己想出解决办法应对各种问题
	D_2-1 我能说服他人支持我的创意
	D_2-2 我的创意能够得到别人的同意
	D_2-3 我所在单位的核心成员对我的创意感兴趣

① Ritter Thomas, Wilkinson Ian F., Johnston Wesley J. Measuring Network Competence: Some International Evidence [J]. The Journal of Business & Industrial Marketing, 2002 (4): 119-138.

② Thomas Ritter, Hans Georg Gemunden. Interorganizational Relationships and Networks: An Overview [J]. Journal of Business Research, 2003 (9): 691-697.

③ 任胜钢．企业网络能力结构的测评及其对企业创新绩效的影响机制研究 [J]．南开管理评论，2010 (1): 69-80.

续表

人才创新绩效测量指标	D_3-1 我能将创意系统化地引入所处的工作环境
	D_3-2 我能将创新转化为有益的实际应用
	D_3-3 他人对我的创意或创新带来的效益给予很高的评价

3.2.2 胜任力模型实证检验

借鉴了国内学者常用的方法检验并统计分析构建的胜任力模型。主要检验方法包括项目分析、探索性因子分析、可靠性分析、验证性因子分析、相关性分析和回归分析。①

1. 项目分析

对本书的 60 个项目进行预试。调查对象是信息技术产业核心技术创新人员。此次调查中，发放了 450 份问卷，其中有效问卷总共回收了 428 份。② 本次调查问卷主要采用了五点式的量表来进行相关的具体测量。要求每位被试结合自己的实际情况来填写。下面主要从通俗性、区分度、相关性这三个主要的方面对该量表进行项目分析。

（1）项目通俗性分析

通常情况下，通俗性通过公式 $P=\frac{\bar{x}}{W}$ 来计算。其中，$\bar{x}$ 指所有参与调查的被试回答该题项的平均得分，W 主要是指该题项的最高可能得分。接下来对问卷中的 60 个项目依次使用该公式进行计算。结果发现大部分项目的分数在 0.60~0.80 的区间内，表明各项目可以接受。没有出现项目分值大于 0.90 的严重天花板现象。表 3-5 分别展示了 60 个题项通俗性检验的分值。

① 柯江林，孙健敏，李永瑞．心理资本：本土量表的开发及中西比较［J］．心理学报，2009（9）：875-888；柯江林，孙健敏，石金涛，等．企业 R&D 团队之社会资本与团队效能关系的实证研究——以知识分享与知识整合为中介变量［J］．管理世界，2007（3）：89-101；刘善仕，刘婷婷．高新技术企业的人力资源管理策略［J］．商场现代化，2006（4）：214-215.

② 通过问卷星网站（http：//www. sojump. com/）进行问卷发放、回收和统计。

表 3-5　通俗性检验分析

项目	均值	通俗性分值	项目	均值	通俗性分值
A_1-1	3.94	0.79	B_2-1	4.05	0.81
A_1-2	3.88	0.78	B_2-2	4.03	0.81
A_1-3	4.11	0.82	B_2-3	3.95	0.79
A_1-4	4.21	0.84	B_2-4	3.95	0.79
A_1-5	3.16	0.63	B_2-5	3.27	0.65
A_2-1	3.77	0.75	B_3-1	4.09	0.82
A_2-2	3.88	0.78	B_3-2	4.11	0.82
A_2-3	4.05	0.81	B_3-3	4.13	0.83
A_2-4	3.95	0.79	B_3-4	3.82	0.76
A_2-5	3.30	0.66	B_3-5	3.39	0.68
A_3-1	3.94	0.79	B_4-1	3.93	0.79
A_3-2	4.04	0.81	B_4-2	3.95	0.79
A_3-3	4.03	0.81	B_4-3	3.81	0.76
A_3-4	3.98	0.80	B_4-4	3.80	0.76
A_3-5	3.92	0.78	B_4-5	3.78	0.76
A_4-1	3.48	0.70	C_1-1	4.04	0.81
A_4-2	3.74	0.75	C_1-2	4.03	0.81
A_4-3	3.56	0.71	C_1-3	3.97	0.79
A_4-4	3.57	0.71	C_1-4	3.85	0.77
A_4-5	3.11	0.62	C_1-5	3.60	0.72
A_5-1	3.74	0.75	C_2-1	4.10	0.82
A_5-2	3.69	0.74	C_2-2	4.13	0.83
A_5-3	3.84	0.77	C_2-3	4.16	0.83
A_5-4	3.69	0.74	C_2-4	4.14	0.83
A_5-5	3.74	0.75	C_2-5	3.97	0.79
B_1-1	3.97	0.79	C_3-1	3.97	0.79
B_1-2	3.99	0.80	C_3-2	3.98	0.80
B_1-3	3.88	0.78	C_3-3	4.00	0.80
B_1-4	3.98	0.80	C_3-4	3.93	0.79
B_1-5	3.36	0.67	C_3-5	3.52	0.70

（2）项目区分度分析

区分度分析主要使用独立样本 T 检验进行检验。按照学习能力、创新能力、系统思考、专业技术水平等 12 项要素得到其总分，根据各要素的得分进行高低排序，并根据 27%分位数的水平分为高分组和低分组各 2 组。然后，利用 T 检验对两组项目的平均值作差异性检验。各项目保留的关键条件是 0.05（双侧）的显著水平。经过实际相关检测，所有项目均符合条件（见表 3-6）。

表 3-6　高低分组各变量二级维度独立样本 T 检验

	分组	均值	T	P
A_1-1	低分组	3.17	-18.113	0.000
	高分组	4.66		
A_1-2	低分组	3.01	-18.418	0.000
	高分组	4.65		
A_1-3	低分组	3.33	-19.947	0.000
	高分组	4.85		
A_1-4	低分组	3.53	-17.856	0.000
	高分组	4.89		
A_1-5	低分组	2.94	-4.215	0.000
	高分组	3.54		
A_2-1	低分组	2.78	-26.423	0.000
	高分组	4.69		
A_2-2	低分组	2.91	-23.295	0.000
	高分组	4.75		
A_2-3	低分组	3.32	-18.212	0.000
	高分组	4.78		
A_2-4	低分组	3.13	-19.379	0.000
	高分组	3.46		
A_5-5	低分组	2.84	-21.781	0.000
	高分组	4.60		

续表

	分组	均值	T	P
B_1-1	低分组	3.17	-8.506	0.000
	高分组	4.75		
B_1-2	低分组	3.18	-22.047	0.000
	高分组	4.78		
B_1-3	低分组	3.03	-19.724	0.000
	高分组	4.66		
B_1-4	低分组	3.18	-19.802	0.000
	高分组	4.73		
B_1-5	低分组	3.11	-2.712	0.007
	高分组	3.53		
B_2-1	低分组	3.33	-19.531	0.000
	高分组	4.80		
B_2-2	低分组	3.30	-19.638	0.000
	高分组	4.78		
B_2-3	低分组	3.12	-21.393	0.000
	高分组	4.77		
B_2-4	低分组	3.28	-16.573	0.000
	高分组	4.67		
B_2-5	低分组	2.92	-2.815	0.05
	高分组	3.35		
B_3-1	低分组	3.34	-21.980	0.000
	高分组	4.89		
B_3-2	低分组	3.41	-21.238	0.000
	高分组	4.88		
B_3-3	低分组	3.42	-18.979	0.000
	高分组	4.88		
B_3-4	低分组	3.03	-18.918	0.000
	高分组	4.68		
B_3-5	低分组	2.89	-4.687	0.000
	高分组	3.59		

续表

	分组	均值	T	P
B_4-1	低分组	3.11	-21.908	0.000
	高分组	4.74		
B_4-2	低分组	3.09	-23.754	0.000
	高分组	4.80		
B_4-3	低分组	2.78	-28.981	0.000
	高分组	4.72		
B_4-4	低分组	2.83	-27.881	0.000
	高分组	4.72		
B_4-5	低分组	2.82	-24.780	0.000
	高分组	4.69		
C_1-1	低分组	3.31	-19.811	0.000
	高分组	4.78		
C_1-2	低分组	3.26	-20.749	0.000
	高分组	4.82		
C_1-3	低分组	3.16	-20.545	0.000
	高分组	4.71		
C_1-4	低分组	2.94	-22.354	0.000
	高分组	4.72		
C_1-5	低分组	3.18	-5.758	0.000
	高分组	4.03		
C_2-1	低分组	3.32	-22.522	0.000
	高分组	4.89		
C_2-2	低分组	3.46	-20.981	0.000
	高分组	4.92		
C_2-3	低分组	3.47	-22.233	0.000
	高分组	4.97		
C_2-4	低分组	3.49	-19.306	0.000
	高分组	4.92		
C_2-5	低分组	3.23	-18.867	0.000
	高分组	4.69		

续表

	分组	均值	T	P
C_3-1	低分组	3.17	-21.138	0.000
	高分组	4.75		
C_3-2	低分组	3.16	-20.377	0.000
	高分组	4.77		
C_3-3	低分组	3.25	-18.927	0.000
	高分组	4.73		
C_3-4	低分组	3.09	-20.592	0.000
	高分组	4.68		
C_3-5	低分组	3.11	-5.870	0.000
	高分组	3.96		
	分组	均值	T	P

（3）项目相关性分析

在本书中，项目相关性分析主要采用的是项目组间相关和项目—总分相关两种相关分析法。根据杜克尔的相关规定，组间相关系数要求0.10~0.60，项目与总分的相关系数要求0.30~0.80，便会产生良好的信效度。经实际检验发现，项目 A_1-5、A_2-5、A_4-5、B_1-5、B_2-5、B_3-5、C_1-5、C_3-5 与总分的相关系数均低于0.3，不符合要求，故删除该项（见表3-7至表3-18）。

表3-7　学习能力项目组间和项目—总分相关性

	项目组间相关性					项目—总分相关性
	A_1-1	A_1-2	A_1-3	A_1-4	A_1-5	
A_1-1	1.000	0.703	0.638	0.589	-0.060	0.631
A_1-2	0.703	1.000	0.608	0.567	-0.054	0.606
A_1-3	0.638	0.608	1.000	0.727	0.051	0.704
A_1-4	0.589	0.567	0.727	1.000	0.079	0.683
A_1-5	-0.060	-0.054	0.051	0.079	1.000	0.001

表 3-8　创新能力项目组间和项目—总分相关性

项目组间相关性						项目—总分相关性
	A_2-1	A_2-2	A_2-3	A_2-4	A_2-5	
A_2-1	1.000	0.817	0.640	0.652	0.219	0.779
A_2-2	0.817	1.000	0.662	0.661	0.170	0.769
A_2-3	0.640	0.662	1.000	0.631	0.103	0.655
A_2-4	0.652	0.661	0.631	1.000	0.095	0.652
A_2-5	0.219	0.170	0.103	0.095	1.000	0.171

表 3-9　系统思考项目组间和项目—总分相关性

项目组间相关性						项目—总分相关性
	A_3-1	A_3-2	A_3-3	A_3-4	A_3-5	
A_3-1	1.000	0.723	0.725	0.663	0.662	0.787
A_3-2	0.723	1.000	0.781	0.723	0.662	0.828
A_3-3	0.725	0.781	1.000	0.690	0.672	0.821
A_3-4	0.663	0.723	0.690	1.000	0.661	0.775
A_3-5	0.662	0.662	0.672	0.661	1.000	0.749

表 3-10　专业技术水平项目组间和项目—总分相关性

项目组间相关性						项目—总分相关性
	A_4-1	A_4-2	A_4-3	A_4-4	A_4-5	
A_4-1	1.000	0.725	0.732	0.621	-0.068	0.697
A_4-2	0.725	1.000	0.765	0.606	-0.014	0.736
A_4-3	0.732	0.765	1.000	0.656	-0.020	0.757
A_4-4	0.621	0.606	0.656	1.000	-0.075	0.612
A_4-5	-0.068	-0.014	-0.020	-0.075	1.000	-0.052

表 3-11　全局把控与统筹能力项目组间和项目—总分相关性

项目组间相关性						项目—总分相关性
	A_5-1	A_5-2	A_5-3	A_5-4	A_5-5	
A_5-1	1.000	0.683	0.656	0.650	0.608	0.735

续表

项目组间相关性						项目—总分相关性
	A_5-1	A_5-2	A_5-3	A_5-4	A_5-5	
A_5-2	0.683	1.000	0.795	0.718	0.638	0.816
A_5-3	0.656	0.795	1.000	0.721	0.625	0.806
A_5-4	0.650	0.718	0.721	1.000	0.744	0.818
A_5-5	0.608	0.638	0.625	0.744	1.000	0.744

表 3-12　目标导向项目组间和项目—总分相关性

项目组间相关性						项目—总分相关性
	B_1-1	B_1-2	B_1-3	B_1-4	B_1-5	
B_1-1	1.000	0.852	0.623	0.659	-0.022	0.713
B_1-2	0.852	1.000	0.637	0.656	-0.003	0.727
B_1-3	0.623	0.637	1.000	0.731	-0.060	0.633
B_1-4	0.659	0.656	0.731	1.000	-0.041	0.668
B_1-5	-0.022	-0.003	-0.060	-0.041	1.000	-0.036

表 3-13　执行力项目组间和项目—总分相关性

项目组间相关性						项目—总分相关性
	B_2-1	B_2-2	B_2-3	B_2-4	B_2-5	
B_2-1	1.000	0.824	0.707	0.684	-0.065	0.728
B_2-2	0.824	1.000	0.757	0.697	-0.090	0.742
B_2-3	0.707	0.757	1.000	0.711	-0.059	0.713
B_2-4	0.684	0.697	0.711	1.000	-0.133	0.638
B_2-5	-0.065	-0.090	-0.059	-0.133	1.000	-0.097

表 3-14　时间管理项目组间和项目—总分相关性

项目组间相关性						项目—总分相关性
	B_3-1	B_3-2	B_3-3	B_3-4	B_3-5	
B_3-1	1.000	0.811	0.709	0.626	0.049	0.740
B_3-2	0.811	1.000	0.747	0.623	0.024	0.740
B_3-3	0.709	0.747	1.000	0.600	0.040	0.698
B_3-4	0.626	0.623	0.600	1.000	-0.071	0.548
B_3-5	0.049	0.024	0.040	-0.071	1.000	0.007

表 3-15　客户导向项目组间和项目—总分相关性

项目组间相关性						项目—总分相关性
	B_4-1	B_4-2	B_4-3	B_4-4	B_4-5	
B_4-1	1.000	0.743	0.750	0.736	0.685	0.805
B_4-2	0.743	1.000	0.790	0.727	0.698	0.820
B_4-3	0.750	0.790	1.000	0.808	0.740	0.865
B_4-4	0.736	0.727	0.808	1.000	0.772	0.852
B_4-5	0.685	0.698	0.740	0.772	1.000	0.801

表 3-16　沟通能力项目组间和项目—总分相关性

项目组间相关性						项目—总分相关性
	C_1-1	C_1-2	C_1-3	C_1-4	C_1-5	
C_1-1	1.000	0.781	0.759	0.644	0.083	0.718
C_1-2	0.781	1.000	0.733	0.649	0.073	0.702
C_1-3	0.759	0.733	1.000	0.706	0.094	0.730
C_1-4	0.644	0.649	0.706	1.000	0.196	0.707
C_1-5	0.083	0.073	0.094	0.196	1.000	0.130

表 3-17　团队精神项目组间和项目—总分相关性

项目组间相关性						项目—总分相关性
	C_2-1	C_2-2	C_2-3	C_2-4	C_2-5	
C_2-1	1.000	0.771	0.760	0.717	0.700	0.820
C_2-2	0.771	1.000	0.843	0.780	0.664	0.858
C_2-3	0.760	0.843	1.000	0.819	0.688	0.875
C_2-4	0.717	0.780	0.819	1.000	0.664	0.830
C_2-5	0.700	0.664	0.688	0.664	1.000	0.743

表 3-18　合作共赢项目组间和项目—总分相关性

项目组间相关性						项目—总分相关性
	C_3-1	C_3-2	C_3-3	C_3-4	C_3-5	
C_3-1	1.000	0.843	0.734	0.752	0.125	0.785
C_3-2	0.843	1.000	0.732	0.786	0.100	0.782

续表

项目组间相关性						项目—总分相关性
	C_3-1	C_3-2	C_3-3	C_3-4	C_3-5	
C_3-3	0.734	0.732	1.000	0.797	0.083	0.737
C_3-4	0.752	0.786	0.797	1.000	0.067	0.755
C_3-5	0.125	0.100	0.083	0.067	1.000	0.103

2. 探索性因子分析

（1）思维能力量表的探索性因子分析

结合探索性分析的相关规定，因子载荷不小于 0.5 和跨因子载荷不大于 0.4。经过检测分析，删除了题项中不符合该要求的项目 A_1-1、A_1-2、A_1-5、A_2-3、A_2-4、A_2-5、A_3-1、A_3-2、A_3-3、A_3-4、A_3-5、A_4-5。同时，KMO 值达到 0.935，Bartlett 球形检验的近似卡方值显著（$p<0.001$）。同时累积方差解释度数值为 62.60%，各个因素的载荷量均大于 0.50，证明了该量表效度较好（见表 3-19）。

表 3-19　思维能力量表的旋转成分矩阵

项目	成分
A_1-3	0.707
A_1-4	0.676
A_2-1	0.789
A_2-2	0.794
A_4-1	0.800
A_4-2	0.815
A_4-3	0.841
A_4-4	0.772
A_5-1	0.837
A_5-2	0.824
A_5-3	0.840
A_5-4	0.813
A_5-5	0.758

续表

项目	成分
特征值	8.138
方差百分比	62.597
因子命名	思维能力

注：省略了0.4以下的因子载荷。

(2) 行动能力量表的探索性因子分析

结合探索性分析的相关规定，因子载荷不小于0.5和跨因子载荷不大于0.4。经过检测分析，删除不符合该要求的项目B_1-5、B_2-5、B_3-5。同时，KMO值达到0.935，Bartlett球形检验的近似卡方值显著（$p<0.001$）。同时累积方差解释度数值为67.02%，各个因素的载荷量大于0.50，证明了该量表效度较好（见表3-20）。

表3-20 行动能力量表的旋转成分矩阵

项目	成分
B_1-1	0.847
B_1-2	0.860
B_1-3	0.744
B_1-4	0.757
B_2-1	0.847
B_2-2	0.876
B_2-3	0.826
B_2-4	0.809
B_3-1	0.844
B_3-2	0.862
B_3-3	0.792
B_3-4	0.756
B_4-1	0.849
B_4-2	0.818
B_4-3	0.811
B_4-4	0.816

续表

项目	成分
B_4-5	0.789
特征值	11.393
方差百分比	67.015
因子命名	行动能力

注：省略了 0.4 以下的因子载荷。

（3）人际关系分量表的探索性因子分析

结合探索性分析的相关规定，因子载荷不小于 0.5 和跨因子载荷不大于 0.4。经过检测分析，删除不符合该要求的项目 C_1-5、C_3-5。同时，KMO 值达到 0.959，Bartlett 球形检验的近似卡方值显著（$p<0.001$）。同时累积方差解释度数值为 71.29%，各个因素的载荷量均大于 0.50，证明了该量表效度较好（见表 3-21）。

表 3-21　人际关系量表的旋转成分矩阵

项目	成分
C_1-1	0.876
C_1-2	0.845
C_1-3	0.848
C_1-4	0.733
C_2-1	0.861
C_2-2	0.852
C_2-3	0.873
C_2-4	0.823
C_2-5	0.801
C_3-1	0.859
C_3-2	0.855
C_3-3	0.870
C_3-4	0.868
特征值	9.268
方差百分比	71.291
因子命名	人际关系

注：省略了 0.4 以下的因子载荷。

3. 可靠性分析

根据信度检验发现没有需要删除的项目，量表总体信度达到了 0.984，具体维度的信度值如表 3-22 所示的 Cronbach'α 值所示。根据相关规定，Cronbach'α 值>0.7，表明量表信度较好。信度结果分析表明，一级维度的 Cronbach'α 值均在 0.90 以上，证明了该量表具有良好的整体信度。

表 3-22　量表的信度检验

一级维度	Cronbach'α 值
思维能力	0.95
行动能力	0.97
人际关系	0.97

4. 验证性因子分析

本书接着使用 AMOS 19 这款软件对再试问卷数据进行了验证性因子检验。图 3-1 为验证性因子分析的主要结果，可以看出 3 个因子的负荷值均在0.66~0.90 的范围内，所有观测变量对相应的因子负荷多数在 0.5 以上，因此说明观测变量对相应的一阶因子具有较大的解释力度。从拟合效果来看，根据相关规定，CFI、TLI 和 IFI 的值均>0.8，RMSEA<0.08。该模型的 CFI 为 0.851、TLI 为 0.843、IFI 为 0.851，RMSEA 为 0.08，证明该模型具有较好的拟合效果。

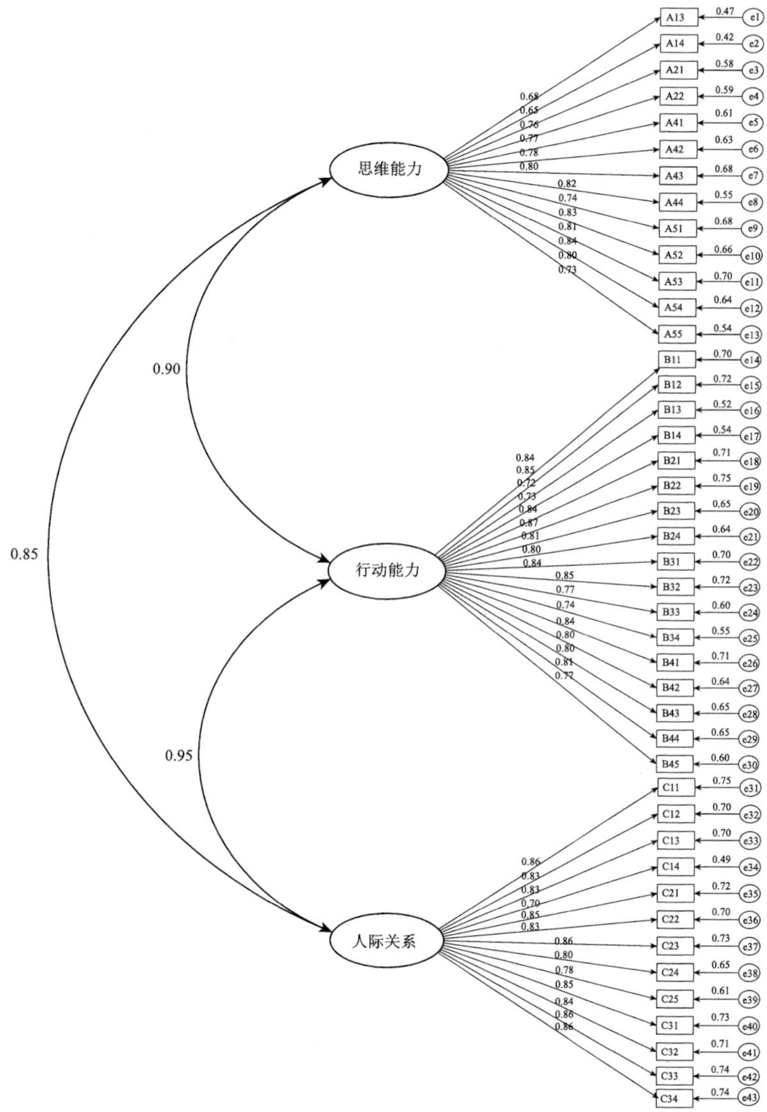

图 3-1　验证性因子分析模型路径图

5. 相关性分析

在项目分析中，删除与总分相关系数低于 0.3 的 8 个项目 A_1-5、A_2-5、A_4-5、B_1-5、B_2-5、B_3-5、C_1-5、C_3-5；在探索性因子分析中，删除不符合检验要求的 17 个项目 A_1-1、A_1-2、A_1-5、A_2-3、A_2-4、A_2-5、A_3-1、

A_3-2、A_3-3、A_3-4、A_3-5、A_4-5、B_1-5、B_2-5、B_3-5、C_1-5、C_3-5；在以上项目中，A_1-5、A_2-5、B_1-5、B_2-5、B_3-5、C_1-5、C_3-5 既不符合项目分析的检验要求，也不符合探索性因子分析的检验要求。通过预试，共删除 17 个项目，其中，胜任力要素系统思考的 5 个项目均未通过检验。再次对被试的部分对象进行了访谈，并召开专家小组会议进行讨论，发现系统思考对技术创新人才并不是最重要的，学习能力中也包含思考的因素，因此，可以删除系统思考要素。另外，针对学习能力要素、创新能力要素经检验后量表构成项目较少的情况，专家小组讨论认为，检验后的项目能够检验这两个构成要素。结合预试与再次访谈的情况，对量表进行了修订，最后确定了 3 个维度，11 个指标，43 个条目的正式量表（见表 3-23）。

表 3-23　预试修订后的技术创新人才胜任力构成要素测量指标体系

维度	构成要素	测量指标
思维能力（A）	学习能力（A_1）	A_1-1 我善于学习和利用成熟的经验和成果
		A_1-2 我善于从工作中总结成功经验和失败教训
	创新能力（A_2）	A_2-1 我具有创新精神并敢于打破传统经验和习惯①
		A_2-2 我敢于尝试新方法和采取新措施做出决策②
	专业技术水平（A_3）	A_3-1 我对信息技术产业新技术的应用领域和技术整体架构有全面的认识
		A_3-2 我能掌握最新专业知识和技术并能够预知其在产业中的应用
		A_3-3 我对技术发展方向具有敏锐的判断
		A_3-4 我能在推动技术革新过程中发挥作用
	全局把控与统筹能力（A_4）	A_4-1 我能把握信息技术产业发展趋势③
		A_4-2 我总是从企业整体和长期的角度思考问题

① 马志强，张提，朱永跃．服务化转型背景下制造企业研发人员胜任力研究［J］．科技进步与对策，2013（22）：146-151.

② 马志强，张提，朱永跃．服务化转型背景下制造企业研发人员胜任力研究［J］．科技进步与对策，2013（22）：146-151.

③ 温柏坚，赵建之，范河山．技术人员胜任力模型构建［J］．科技管理研究，2011（3）：138-141.

续表

维度	构成要素	测量指标
思维能力（A）	全局把控与统筹能力（A_4）	A_4-3 我做决策时能够从全局角度考虑问题
		A_4-4 我知道所在单位的目标策略定位及未来走向
		A_4-5 我了解所在单位未来可能面临的机会或威胁
行动能力（B）	目标导向（B_1）	B_1-1 我总是能设立实际、明确的工作目标
		B_1-2 我对工作目标有清晰地认识并能将目标达成作为工作驱动力①
		B_1-3 我一旦确立目标就不会随意更改
		B_1-4 我如果没有达到目标是不会轻易放弃的
	执行力（B_2）	B_2-1 我能够合理分解任务并有效分工
		B_2-2 我能够制订切实可行的工作计划以达成组织既定目标
		B_2-3 我善于设置关键检查节点并及时发现和解决问题
		B_2-4 我能协调和运用各种相关资源完成工作任务
	时间管理（B_3）	B_3-1 我能够合理安排时间并分清工作轻重缓急
		B_3-2 我能够确实掌握责任范围内的工作进度
		B_3-3 我具有按时完成工作的习惯
		B_3-4 我善于利用碎片时间进行工作和学习
	客户导向（B4）	B_4-1 我能快速回应客户提出的问题或需求
		B_4-2 我能从客户视角思考问题
		B_4-3 我对客户需求有准确的把握
		B_4-4 我了解技术发展对客户需求的影响
		B_4-5 我经常思考能实现客户与组织双赢的解决方案
人际关系（C）	沟通能力（C_1）	C_1-1 我总是能保持与工作任务相关各方沟通顺畅
		C_1-2 我总是在交流沟通前提前做好准备工作
		C_1-3 我能准确地向他人传达意见并能理解对方的想法②
		C_1-4 我有很强的沟通愿望和比较好的沟通方式

① 张文勤，石金涛，刘云．团队成员创新行为的两层影响因素：个人目标取向与团队创新气氛[J]．南开管理评论，2010（5）：22-30.

② 温柏坚，赵建之，范河山．技术人员胜任力模型构建[J]．科技管理研究，2011（3）：138-141.

续表

维度	构成要素	测量指标
人际关系（C）	团队精神（C_2）	C_2-1 我能在所在团队内共享信息和工作成果
		C_2-2 我能听取他人的意见并及时对工作任务和内容做出调整
		C_2-3 我总是能和团队其他成员共同应对困难与挑战
		C_2-4 我遵守团队所达成的一致意见并愿意付诸行动
		C_2-5 我能通过合理的分工发挥团队成员不同的专业能力
	合作共赢（C_3）	C_3-1 我能建立、协调与不同组织之间长期的合作关系
		C_3-2 我能协调各方资源为实现既定目标共同努力
		C_3-3 我能与所在单位的同事形成休戚与共的意识
		C_3-4 我总是创造合作的机会并能取得更多成果

面向信息技术产业中分布在北京、浙江、山东、广东、河南、重庆等地的 12 家单位中从事新一代信息技术创新工作的人员，通过问卷星网站发放问卷，共回收有效问卷 856 份。样本的人口特征分布见表 3-24。

表 3-24　样本基本情况（N=856）

人口特征变量	分类	人数	比例（%）
性别	男	571	66.71
	女	285	33.29
年龄	20~29 岁	370	43.22
	30~39 岁	419	48.95
	40~49 岁	61	7.13
	50 岁及以上	6	0.70
学历	大学专科及以下	25	2.92
	大学本科	397	46.38
	硕士研究生	410	47.90
	博士研究生	24	2.80
职称	初级	494	57.71
	中级	291	34.00
	高级（含正高级、副高级）	71	8.29

续表

人口特征变量	分类	人数	比例（%）
职务层级	负责技术或研发工作的高层管理者	10	1.17
	负责技术或研发工作的中层管理者	51	5.96
	负责技术或研发工作的基层管理者（项目经理）	272	31.78
	技术研发人员	236	27.57
	技术研发服务等其他人员	287	33.53

对856份有效样本数据进行相关分析。表3-25显示了各变量要素的均值与相关系数，均值与标准差无异常情况。从变量相关性上来看，思维能力、行动能力和人际关系与创新绩效均在0.01水平上显著相关。

表3-25 变量的均值、标准差、Pearson 相关系数

	均值	标准差	1	2	3	4	5	6	7	8
1. 性别	1.33	0.472								
2. 年龄	1.65	0.640	-0.042							
3. 学历	2.51	0.602	0.080*	-0.115**						
4. 职称	1.51	0.645	-0.051	0.461**	0.164**					
5. 职务层级	3.86	0.989	0.130**	-0.219**	-0.160**	-0.381**				
6. 思维能力	3.84	0.664	-0.154**	0.151**	-0.012	0.179**	-0.142**			
7. 行动能力	3.99	0.610	-0.067*	0.139**	-0.007	0.162**	-0.112**	0.870**		
8. 人际关系	4.06	0.599	-0.031	0.119**	0.008	0.144**	-0.088**	0.817**	0.915**	
9. 创新绩效	3.77	0.704	-0.149**	0.167**	0.000	0.195**	-0.138**	0.845**	0.833**	0.813**

注：** 表示 $p<0.01$；* 表示 $p<0.05$。

6. 回归分析

表3-26显示了各变量与创新绩效的回归分析。模型1至模型5的VIF均小于临界值10，D-W值在0.05水平上显著，表明了该模型不存在严重的共线性问题，模型分析结果可以接受。从表3-26中模型2至模型4来看，在控制变量的基础上，分别将思维能力、行动能力和人际关系三个变量以此引入，

发现三者分别与创新绩效均在 0.001 水平上显著相关。从模型 5 可以看到，将思维能力、行动能力和人际关系三个变量同时引入模型，发现三个能力同时与创新绩效显著相关（$p<0.001$）。

表 3-26　变量总体效应检验

	创新绩效				
	模型 1	模型 2	模型 3	模型 4	模型 5
常数	3.831	0.287	0.078	0.134	−0.174
控制变量					
性别	0.472***	−0.020	−0.090***	−0.117***	−0.058**
年龄	0.640*	0.028	0.032	0.040	0.027
学历	0.602	0.010	0.008	−0.004	0.007
职称	0.645**	0.031	0.038	0.047*	0.028
职务层级	0.989	0.002	−0.012	−0.027	−0.005
自变量					
思维能力		0.832***			0.438***
行动能力			0.816***		0.193***
人际关系				0.796***	0.270***
R^2	0.067	0.716	0.707	0.684	0.769
Adjusted R^2	0.061	0.714	0.705	0.682	0.767
F 检验	12.189	357.163	342.060	306.890	353.040
ΔR^2	0.067	0.649	0.640	0.618	0.702
F 更改	12.189	1942.800	1858.300	1661.400	859.570

注：（1）* $p<0.05$；** $p<0.01$；*** $p<0.001$。

（2）R^2：决定系数；Adjusted R^2：调整后的决定系数；F 检验：方差齐性检验值；R^2：决定系数增加量；F 更改：模型更改后的方差齐性检验值。

3.3　结果与讨论

基于文献分析、行为事件访谈和开放式问卷调查获得的数据和信息，构建了新一代信息技术创新主体胜任力理论模型，然后选编量表，通过预试统计分析和再访谈等环节，删除了量表中未通过检验分析的项目，形成了正式量表，再通过大量样本收集数据，对量表的相关分析表明，各变量要素的均值与相关系数，均值与标准差无异常情况。同时，在效标关联检验上，从变量相关性分析、回归分析上来看，思维能力、行动能力和人际关系与创新绩效均达到显著相关。

研究表明，新一代信息技术产业技术创新主体的胜任力，可归纳为三个维度 11 个要素，即思维能力维度——学习能力、创新能力、专业技术水平、全局把控与统筹能力；行动能力维度——目标导向、执行力、时间管理、客户导向；人际关系维度——沟通能力、团队精神、合作共赢。这个模型体现了新一代信息技术产业中，技术创新主体高效完成工作所应具备的胜任特征。

1. 与以往研究中提出的胜任力要素的对比分析

从文献梳理部分获取的出现频率较高的技术人员、研发人员、技术及研发管理人员胜任力要素的对比来看，学习能力、创新能力、专业技术水平、全局把控与统筹能力、客户导向、沟通能力、团队精神、合作共赢这 8 项胜任力要素在以往构建的胜任力模型中都有涉及。在本部分构建的胜任力模型中，未包含系统思维、成就导向这两项文献梳理中出现频次较高的胜任力要素。其中，系统思考要素所要求的能力素质在全局把控与统筹能力、学习能力中有所体现，成就导向与目标导向具有一定共性，与成就导向相比，目标导向更加重视具体的工作成效与表现。由此可见，上述 8 项胜任力要素，加上目标导向，共 9 项胜任力要素是技术、研发人员比较通用的能力素质，本部分构建的胜任力模型包含了技术、研发人员通用的能力素质，能够体现新一代信息技术产业技术创新人才作为技术、研发人员，以及技术及研发管理人员的一部分，所应具备的胜任能力。

与之前的研究成果不同的是，本部分构建的胜任力模型中，增加了执行力、时间管理两项胜任要素。

2. 体现新一代信息技术产业特征的人才胜任力要素分析

从新一代信息技术产业技术创新人才的胜任力模型中与以往研究成果不

同的两项胜任力要素来看，执行力在戴维·麦克莱兰的通用素质模型中属于通用管理才能，而时间管理是生产及制造人员胜任力模型中的胜任力要素。这两项胜任力要素之所以成为本书构建的新一代信息技术产业技术创新人才胜任力模型的一部分，主要是由于这一产业的特征决定的。正是由于产业的特征，使得这一产业中的技术创新人才与之前研究的较为普遍的一般研发人员、技术人员、技术及研发管理人员相比具有不同的特点。

如前所述，新一代信息技术产业具有突出技术创新、产品生命周期短、强调创新效率的特征。相比传统的生产、制造等产业而言，新一代信息技术产业知识迭代迅速，产品生命周期短、更新换代快，更加注重技术创新效率，对技术创新速度、技术创新成果质量的要求更高。因此，新一代信息技术产业技术创新人才在技术创新过程中，除要具备技术人员、研发人员较为通用的胜任力外，还要能够有效分配与运用时间，落实工作计划，在特定时限内保质保量地完成工作任务，只有这样才能应对知识迅速迭代、产品更新换代频繁的产业竞争形势和发展态势。可见，新一代信息技术产业技术创新人才在技术创新过程中的时间管理能力、执行力，就显得尤为重要，这两项胜任力要素也充分体现出新一代信息技术产业的特征，属于新一代信息技术产业技术创新人才有别于其他产业技术人员、研发人员的胜任力要素。

总之，本部分构建的新一代信息技术产业技术创新人才胜任力模型，既体现了技术创新人才作为技术、研发人员所应具备的胜任能力，也符合新一代信息技术产业的特征，符合新一代信息技术产业对技术创新人才的能力要求。

3. 与创新者基因模型构成要素的对比分析

在前述创新者基因模型中，包括创新的勇气、行为技能、认知技能三个构成部分，其中，创新的勇气主要指挑战现状、敢于冒险，认知技能体现在联系性思维方面，行为技能包括发问、观察、交际、实验四个方面。

与创新者基因模型相比，在本部分构建的信息技术产业技术创新人才胜任力模型，体现了创新者基因模型的主要构成部分。首先，胜任力构成要素中的创新能力，即具有创新精神，敢于打破传统经验和习惯，勇于承担风险，具有接受新观念的态度和产生新观念的能力，善于发现新问题，积极寻求具有新颖性、突破性的问题解决方案，体现了创新者基因模型中创新的勇气的内容，以及行为技能中提问、观察的内容，实验的部分内容；其次，胜任力构成要素中的学习能力，即不断总结工作经验，做好知识管理，制订学习计划，不断为自己设定挑战性的目标，主动地改善与发展自我，紧跟技术潮流，体现了创新者基因模型中的行为技能中实验的另一部分内容，以及认知技能，即联系性思维的内容；最后，胜任力构成要素中的沟通能力，即能够清晰地表达自己的意图并了解他人的想法，有系统地与他人交换和分享信息、观念、想法和态度，形成共识，营造良好工作环境，体现了创新者基因模型中的行为技能中交际的主要内容。

可见，创新能力、学习能力、沟通能力，是创新者通用的能力素质，本部分构建的胜任力模型包含了创新者通用的能力素质，能够体现信息技术产业技术创新人才作为创新者所应具备的胜任力。

4. 技术创新主体胜任力模型适用的创新任务情景

根据研究基础部分提出的研究假定和对于技术创新主体的概念界定，在不同的技术创新任务情景下，新一代信息技术产业技术创新主体分为两类。本部分所研究的技术创新人才属于第一类技术创新主体，即在独立完成技术创新任务的创新情景下，以技术创新人才作为创新主体。例如，信息技术产业科研院所中的研究人员，当其独立完成一个研究课题、研究项目时，就属于第一类创新主体。

在这种情景下，在技术创新人才的人力资源管理方面，可以本部分构建的技术创新人才胜任力模型为基础，开展技术创新人才选拔性评价，考虑不同的人力资源评价方法在考察不同的胜任力要素时的差异性、优劣势，结合不同的评价方法，开展以胜任力为基础的人才测评。

另外，可以基于胜任力模型，开展技术创新人才的发展性评价，将技术创新人才本人自评结果与他测结果进行对比，针对评价差异较大的行为，从行为层面提出改进建议，这将有利于人才的能力发展。

第 4 章　胜任力研究实例：生物农业产业

本章讨论生物农业战略性新兴产业技术创新主体胜任力问题。研究的技术路线，与新一代信息技术产业技术创新主体胜任力研究基本相同。首先，简要介绍国内外生物农业产业发展情况，分析产业发展对人才的需求。其次，在此基础上，通过文献研究和对目标产业相关人员的行为事件访谈等方法获取数据，提出理论模型，选编和修正量表，进行管理学意义上的科学测量和检验。最后，确定目标研究中的胜任力模型。①

4.1　生物农业产业技术创新主体胜任力模型构建

通过文献梳理和行为事件访谈等方式，获取生物农业产业技术创新主体胜任力要素信息，经过专家筛选删减，初步确定胜任力构成要素。在分析构成要素的基础上，编选测度量表。主要内容分为五部分：①基于文献分析提取技术创新主体胜任力要素信息；②通过调查获取技术创新主体胜任力要素信息；③采用德尔菲法筛选技术创新主体胜任力要素；④技术创新主体胜任力构成要素分析；⑤关于技术创新主体胜任力量表选编。

4.1.1　基于文献分析提取技术创新主体胜任力要素信息

通过对国内研究技术创新人才胜任力的文献进行统计分析，提取生物农

① 本书“生物农业产业技术创新主体胜任力”实例研究，由杨木春博士完成。主要内容选自杨木春博士学位论文《生物农业企业技术创新人才胜任力模型构建与应用研究》，这里是第一次公开发表。

业产业技术创新人才胜任力要素。选择专业技术人员（科技人员）胜任力、研发人员胜任力、项目经理人员胜任力等关键词，共检索到有关技术创新人才胜任力研究文献 36 篇。从 36 篇关于专业技术人员、研发人员等胜任力文献中，提取比较典型的有关专业技术人员、研发人员胜任力要素，结果汇总如表 4-1 所示。

表 4-1　通过部分文献收集的典型胜任力要素统计表

序号	作者	胜任特征维度	胜任力要素
1	章惠娟　陈万明	成就导向	敬业，进取心，服务意识，自信心
		品质特征	突发事件处理，内省，诚信，关注细节
		思维特征	系统思维，分析思维，概念思维
		学习与创新	学习提高，经验开放，创新性，知识拓展
		专业特征	专业化，前沿追踪，业务支持
		团队特征	人际交往，影响他人，团队合作
2	温柏坚　赵建之 范河山	专业技能	监控能力，沟通能力，信息搜寻能力
		自我概念	任务导向，全局观念
		个人特质	专业敏感性，果断性，创新性
		个人动机	成就导向
3	孙和福	—	信息获取，学习热情，通信知识，风险管理，用户理解，成就欲望，敬业精神，时间管理能力，系统思维，创新能力，团队协作能力
4	任　荣　王晓燕	创新知识和技能	产品/技术知识，科研和创新技能，学习和吸收能力
		创新心理因素	创新角色认同，创新意愿，自我效能感，抗压能力，竞争观念
		协同能力	协调意愿，信息技术水平，交流沟通能力，人际技能，团队合作能力
		适配能力	目标相容性，重叠知识基础，知识和技能互补性，环境适应能力
5	蒲桂芸　田　怡 张明亲	—	个人品质，工作能力，团队精神，学识水平，成就动机
6	饶惠霞	专业知识及 专业技能	专业知识，专业能力，古汉语理解能力，中医药实践经验

续表

序号	作者	胜任特征维度	胜任力要素
6	饶惠霞	人格特质	敬业度，成就动机，爱好中医药知识，专业自信心，抗压能力，责任心，坚韧性，诚信，独立性，主动性，团队协作精神
		创新特质	创新思维，前瞻性，创造力，创新意识，自身影响力，技术信息搜寻能力
		一般能力	沟通能力，风险评估能力，记忆力，分析性思维，概念性思维，观察力，学习能力
7	曹茂兴　王端旭	—	成就动机，概念性思维和分析性思维，团队协作精神，创新能力，专业知识和技术，学习能力
8	马志强　张　提 朱永跃	—	协作能力、责任感、创新能力、服务意识、学习能力和市场导向

资料来源：根据本书整理。

通过文献检索的胜任力要素的出现频次和频率进行汇总统计，进一步梳理哪些胜任力要素出现和使用的频次和频率较高，频次和频率的高低在某种程度上与胜任力要素的重要性呈正相关。有关统计数据见表 4-2。

表 4-2　基于文献检索的胜任力要素归类表

序号	特征要素	出现频次	出现频率	序号	特征要素	出现频次	出现频率
1	人际关系	36	100.0%	15	诚信	9	25.0%
2	团队协作	36	100.0%	16	抗压能力/坚韧性	9	25.0%
3	成就导向	31	87.5%	17	风险管理/评估	9	25.0%
4	创新性	27	75.0%	18	自我认同	9	25.0%
5	学习能力	27	75.0%	19	责任感	9	25.0%
6	系统思维	18	50.0%	20	影响力	9	25.0%
7	概念思维	18	50.0%	21	经验	9	25.0%
8	分析思维	18	50.0%	22	进取心	4	12.5%
9	专业性	18	50.0%	23	时间管理	4	12.5%
10	信息获取	18	50.0%	24	竞争观念	4	12.5%
11	敬业精神	13	37.5%	25	独立性	4	12.5%
12	交流沟通	13	37.5%	26	主动性	4	12.5%

续表

序号	特征要素	出现频次	出现频率	序号	特征要素	出现频次	出现频率
13	服务意识	9	25.0%	27	市场导向	4	12.5%
14	自信心	9	25.0%	28	关注细节	4	12.5%

资料来源：根据本书整理。

根据上述统计汇总情况，对技术创新人员、研发人员胜任特征要素的研究结论相对比较分散，共涉及28项胜任特征要素，数量比较多。同时，只有少数胜任特征要素出现的频次比较集中，有10项胜任特征（人际关系、团队协作、创新性、成就导向、学习能力、系统思维、概念思维、分析思维、专业性、信息获取）出现的频率达到或超过了50%，其他18项胜任特征出现的频次都低于50%，集中度都不高，共性特征不强。有关情况分析如下："人际关系""团队协作"均出现36次，"成就导向"均出现31次，"创新性""学习能力"均出现27次，"系统、概念、分析思维""专业性"和"信息获取"均出现18次，表明有50%以上的文献使用了上述10项胜任特征。"敬业精神""交流沟通"均出现13次，"服务意识""自信心""诚信""抗压能力/坚韧性""风险管理/评估""自我认同""责任感""影响力""经验"9项胜任特征出现9次。"进取心""时间管理""竞争观念""独立性""主动性""市场导向""关注细节"均出现4次。另外，参考小莱尔·M. 斯潘塞和西格尼·M. 斯潘塞开发的"胜任力词典"(Competency Dictionary)① 和"哈佛大学胜任力词典"（Harward University Competency Dictionary)② 中研发人员胜任力特征，我们认为"自我挑战"和"坚持不懈"这两项胜任特征也非常重要，但在收集的文献中均没有出现过这两项胜任特征。

斯潘塞在对全球范围内超过200个工作岗位进行胜任特征研究的基础上，

① Lyle M. Spencer and Signe M. Spencer. Competence At Work：Models for Superior Performance [M]. New York：John Wiley & Sons，Inc.

② Harvard University：Harvard University Competency Dictionary [EB/OL].（2014-03-11）http：//campusservices. harvard. edu/system/files/documents/1865/harvard_ competency_ dictionary_ complete. pdf.

建立了包括动机与行动、帮助与服务他人、影响他人、管理、认知、个人效能六方面的胜任力词表（见表 4-3），成为许多研究胜任力模型的基本参考依据。

表 4-3　斯潘塞（Spencer）建立的胜任力词典①

胜任力族	胜任特征
动机与行动族	成就导向、关注秩序、质量与精确性、主动性、信息搜寻
帮助与服务他人族	人际理解、客户服务导向
影响他人族	影响力、组织直觉、关系建立
管理族	培养他人、命令、团队合作、团队领导
认知族	分析性思维、概念性思维、技术的/专业的/管理知识
个人效能族	自我控制、自信、弹性、组织承诺

从对上述统计的 28 项胜任特征要素来看，大部分胜任力要素之间具有关联性，可以参考斯潘塞胜任力词典进行拆解、合并。我们将“人际关系”与“交流沟通”合并，改名为“人际理解”；将“敬业精神”与“责任感”合并，保留“敬业精神”；将“自信心”“自我认同”合并，保留“自信心”；将“进取心”与“主动性”“竞争观念”合并，保留“主动性”；将“服务意识”与“诚信”合并，改名为“客户服务导向”；将“坚持不懈”与“抗压能力/坚韧性”合并，保留“坚持不懈”；将“关注细节”“风险管理/评估”“时间管理”合并，改名为“质量与精确性”；将“影响力”与“经验”合并，保留“影响力”；保留“创新性”“学习能力”“系统性思维”“概念性思维”“专业性”“独立性”“市场导向”“自我挑战”等胜任力要素。表 4-4 所示为“基于文献分析提炼的胜任力要素”。

① 代郑重．综合医院临床护士胜任力研究［D］．长春：吉林大学，2014.

表 4-4　基于文献分析提炼的胜任力要素

一级要素	二级要素
专业能力	创新性、学习能力、专业性、信息搜寻、质量与精确性
追求卓越	成就导向、客户服务导向、市场导向
个体特质	系统思维、概念思维、分析思维、敬业精神、自信心、坚持不懈、影响力、独立性、主动性、自我挑战
团队精神	人际理解、团队协作

综上所述，通过重点对国内研究专业技术人员（科技人员）、研发人员、项目经理等技术创新主体胜任力要素等文献进行了梳理，尤其是对胜任特征要素进行了分析、比较和归纳，初步得到20项胜任力要素。这些胜任力要素可作为农业生物技术创新人才胜任力模型构建胜任力的重要参考，为下一步通过行为事件访谈、问卷调查等实证方法研究奠定了基础。

4.1.2　通过调查获取技术创新主体胜任力要素信息

本书选择生物农业企业作为观察研究对象，采用行为事件访谈和问卷等调查方法，对这些企业的技术创新人才开展实地观察和调查获取胜任力信息。研究的地域范围确定为北京市，原因是北京市优秀的生物农业产业和企业相对比较集中，农业生物技术也比较发达，具有显著的代表性。选择目标企业有三个标准：一是该企业是经国家科技部等部门认定的高新技术企业；① 二是经中关村国家自主创新示范区认定的高新技术企业（中关村科技园区管理委员会公布的中关村2013年高新技术企业名单）；② 三是在全国同业中前50强企业。

根据上述标准，最后选定的目标企业有20家。其中，种业企业5家，包括中国种子集团、北京奥瑞金种业、北京德农种业、北京金色农华种业和北京联创种业，国内市场占有率约为25%；养殖种业企业有4家，包括北京三元食品股份有限公司、北京华都集团股份有限公司、北京大发正大有限公司、

① 参见高新技术企业认定管理工作网，http：//www. innocom. gov. cn/。

② 参见中关村国家自主示范区网站，http：//www. zgc. gov. cn/document/20130801175855093357. xls。

北京顺鑫农业股份有限公司，国内市场占有率约为60%；生物饲料企业有5家，包括北京挑战饲料科技集团、北京昕大洋科技发展有限公司、北京大北农科技集团有限公司、北京好友巡天生物技术有限公司、北京百林康源生物技术有限责任公司，国内市场占有率约为50%；生物疫苗企业有6家，包括中牧实业股份有限公司、乾元浩生物股份有限公司、北京兽医生物药品厂、北京信得威特科技有限公司、北京翎羽生物科技有限公司、北京伟嘉集团股份有限公司，国内市场占有率为65%。①

上述20家企业，基本涵盖了种业、养殖种业、生物饲料、生物疫苗等生物农业产业主要领域，同时这20家目标企业在全国同行业范围内技术创新能力和企业业绩绩效也名列前茅，选择这20家企业作为研究生物农业产业技术创新主体胜任力问题具有一定的代表性、典型性。

调查主要采用了行为事件访谈法，还结合了关键事例法和主题统觉测验的访谈方式。在调查中，请受访者对过去一段时间（半年或一年时间），在工作上感到最具有成就感（或挫败感）的关键事例，进行详细讲述，其中包括特定情境的描述、参与关键事件主要人物有哪些、实际工作中具体采取了哪些措施、相关个人对采取措施的感觉如何、这些措施取得什么样的结果等，受访者需要回忆并陈述一个相对比较完整的故事。为防止被访谈者偏离主题，本书根据STAR工具编写了访谈提纲（见表4-5），确保访谈的有效进行。②

表4-5　行为事件访谈的STAR工具

核心点	具体内容
情景（Situation）	当时开展技术创新活动具体情况是什么？
	导致出现这种情境的主要因素是什么？
	还有什么人参与该事件？
	当时在事件中发挥了什么作用？

① 参见北京中关村农业生物技术产业联盟发布的《北京市生物农业产业发展报告（2010年）》。

② 马欣川．人才测评——基于胜任力的探索［M］．北京：北京邮电大学出版社，2008.

续表

核心点	具体内容
任务（Task）	当时的主要工作任务是什么？
	当时按计划需要达到什么目标？
行动（Action）	在当时情景下心中是怎么想的以及具体感觉如何？
	在当时情境下准备采取什么行动计划？
	如何看待当时其他参与人员？
	当时心里特别想做什么，主要考虑的是什么？
	当时具体做了什么及这么做的缘由？
结果（Result）	这件事情最终取得了什么效果？
	事后的体会或感受是什么？
	这件事影响您成功或失败的最主要因素是什么？

采用一对一的结构化访谈方式，每次访谈时间约半小时至 1 小时。访谈过程全程录音和书面记录，访谈后对访谈内容进行整理。访谈的核心内容是探寻生物农业产业技术创新人员胜任力的结构和构成要素。访谈小组选取了上述 20 家企业，对这些企业共计 20 名技术创新人员进行了访谈，其中技术总监 2 人，项目经理 4 名，技术研发人员 14 名。本书对上述 20 家目标企业的 20 名技术创新人员、技术创新管理人员进行访谈时，充分考虑了上述人员的岗位、绩效、性别、年龄等因素，如访谈对象取得了优秀工作绩效（指标包括单独或参与获取有关注册证书数量、专利数量、学术论文数量），具有优秀的行为表现（指标包括专业能力、影响力、问题解决能力、团队精神等）。主要使用谈话作为主要手段，在时间的流逝中探寻追踪事件的发展变化，探寻事件发生背后的胜任力特征要素，特别强调要从被访谈对象的角度了解他们的真实感受、心理体验、内在动机等因素。行为事件访谈这种方法十分适合研究微观对象，从微观层面探寻需要寻找的外显和内在的胜任特征要素。访谈内容既是设计量表的重要因素，也是构建和验证胜任力模型的重要参考。

在开展行为事件访谈的同时，为了更广阔、更开放地收集生物农业产业技术创新主体的胜任特征要素，还设计了技术创新主体关键能力开放式调查问卷。开放式调查问卷主要是为了进一步收集生物农业产业技术创新主体取得较高技术创新绩效所应具备的关键胜任能力，问题开放，简单明了，要求在关键能力对应的表格内举一项相关工作事例，并说明难点、涉及部门及人员、解决问题的途径和对岗位业绩的关联程度。

访谈从 2014 年 6 月至 9 月进行，历时大约 3 个月时间。访谈工作得到了北京中关村农业生物技术产业联盟的支持和帮助，先后联系了 38 名技术创新人才，并与其中 20 名成功进行了访谈，其他 18 名技术创新人才因工作忙、时间安排等原因未能进行访谈。接受访谈的 20 名技术创新人才中，技术总监 2 人，项目经理 4 名，技术研发人员 14 名。访谈对象基本都是在生物农业企业中从事技术创新活动的业务骨干和技术管理人员，对生物农业产业前沿技术、重要技术创新活动、产业发展方向、市场需求、消费者倾向、国家技术创新政策等都比较熟悉，并在技术创新活动中取得了较好绩效。考虑到从访谈第 17 名技术创新人才时，所能提炼概括的胜任特征要素已基本饱和，从第 17 名技术创新人才开始基本未再提出新的胜任特征要素，所以访谈 20 名技术创新人才后即决定结束访谈。访谈时间从 25 分钟到 1 小时不等，平均时长约 40 分钟。在访谈过程中，征得访谈对象的同意，并向访谈对象出具了《对访谈过程进行录音同意书》，经访谈对象签字后，对谈话过程进行了录音。

访谈结束后，按照以下标准对访谈材料进行筛选：一是访谈内容能始终围绕主题开展，关键事件和行为特征与生物农业企业技术创新人才的技术创新活动紧密相关，不存在偏离主题等不相关现象。二是访谈对象能比较清晰地表达出生物农业企业技术创新人才的胜任特征强和胜任特征弱的思想或行为差异。三是访谈内容比较饱和，从第 17 名访谈对象开始，基本上就没有再出现新的、前面访谈对象未提出的胜任力素质特征，达到了饱和状态。根据这两项原则，从 20 份整理形成的书面材料中选择 18 份作为分析内容，形成 5 万余字比较翔实的访谈报告。根据访谈结果，对访谈报告进行了系统的编码归类和分析研究，从中提取胜任力要素。同时，在访谈过程中，还请 20 名访谈对象填写了生物农业产业技术创新主体关键能力开放式调查问卷，收集了他们认为的技术创新主体应具备的关键能力。访谈和开放式问卷调查共收集了 96 项胜任力素质，删除和合并重复关联的部分，经过合并整理，得到了 22

项胜任力素质，如表 4-6 所示。

通过对关键行为事件访谈和开放式问卷调查内容分析后，得到了 22 项胜任要素，这些胜任特征在文本中出现的频次见表 4-6。对每项胜任要素，根据访谈文本信息进行了描述和总结，为生物农业企业技术创新人才胜任力结构维度和具体评价指标提供直接依据。

表 4-6　关键行为事件访谈和开放式问卷调查获得胜任力特征

排序	胜任特征	频次	百分比
1	创新性	20	100%
2	信息搜集	20	91%
3	问题解决	20	91%
4	专业技能	19	86%
5	成就导向	19	86%
6	团队协作	18	82%
7	坚持不懈	18	82%
8	认同度	18	82%
9	战略思考	18	82%
10	影响他人	17	77%
11	市场敏感度	17	77%
12	强烈的自我概念	17	77%
13	客户服务	16	73%
14	人际沟通	16	73%
15	持续学习	16	73%
16	前瞻性	14	64%
17	敢于质疑	12	55%
18	经验总结	10	45%
19	心理素质	10	45%
20	关注细节	8	36%
21	进取心	7	32%
22	时间管理	6	19%

资料来源：根据关键行为事件访谈和开放式问卷调查获取数据整理。

从通过基于文献阅读获取的胜任力要素（20 项）与行为事件访谈和开放式问卷调查获取的胜任力要素（22 项）比较看（见表 4-7），创新性、学习能力、专业性、信息搜寻、成就导向、客户服务导向、市场导向、自信心、坚持不懈、进取心、影响他人、人际关系、团队协作 13 项胜任力要素为两种途径收集到的共同胜任力素质，可以进行合并，共得到 29 项胜任力要素（见表 4-8）。这 29 项胜任力要素，共同作为下一步进行德尔菲专家分析的基础，为构建生物农业企业技术创新人才胜任力模型奠定了基础。

表 4-7　行为事件访谈、文献分析获取胜任力要素对照表

一级要素	二级要素	
	行为事件访谈提取胜任特征	文献分析提取胜任特征
专业能力	创新性	创新性
	信息搜集	学习能力
	问题解决	专业性
	专业技能	信息搜寻
	认同度	质量与精确性
	持续学习	影响力
	影响他人	—
	时间管理	—
追求卓越	成就导向	成就导向
	客户服务	客户服务导向
	市场敏感度	市场导向
	关注细节	—
个人特质	坚持不懈	系统思维
	强烈的自我概念	概念思维
	战略思考	分析思维
	前瞻性	敬业精神
	敢于质疑	自信心
	经验总结	坚持不懈
	进取心	独立性
	心理素质	主动性
	—	自我挑战

续表

一级要素	二级要素	
	行为事件访谈提取胜任特征	文献分析提取胜任特征
团队精神	团队协作	人际关系
	人际沟通	团队协作

表 4-8　基于行为事件访谈和文献分析提炼的胜任力要素

一级要素	二级要素
专业能力（9 项）	创新性、信息搜集、问题解决、专业技能、认同度、持续学习、影响力、质量与精确性、时间管理
追求卓越（4 项）	成就导向、客户服务、市场敏感度、关注细节
个体特质（14 项）	坚持不懈、强烈的自我概念、战略思考、前瞻性、系统思维、概念思维、分析思维、敬业精神、独立性、主动性、自我挑战、敢于质疑、心理素质、经验总结
团队精神（2 项）	人际沟通、团队协作

4.1.3　采用德尔菲法筛选技术创新主体胜任力要素

德尔菲法（Delphi Method）是组织者就事先设定的问题设计出调查表，通过电子邮件、信件等形式分别向选定的专家组成员征询调查，专家组成员通过匿名方式交流意见，经过多次信息交流和反复论证，使专家意见逐渐趋于集中，最后获得专家集体判断结果，是一种定量与定性相结合的预测评价方法。专家数量超过 10 人为宜。① 本书采用德尔菲专家评价法，对收集获取的 29 项生物农业企业技术创新主体胜任力要素做出评价，并综合专家的意见后形成初步的生物农业企业技术创新人才胜任力模型。

本书基于文献阅读和行为事件访谈、开放式调查问卷获取的生物农业企业技术创新人才胜任力要素，编制生物农业企业技术创新人才胜任力要素咨询问卷。咨询问卷分两方面内容：一是专家打分权重的设置。根据专家对咨询内容的熟悉了解程度不同，分别赋予不同的打分权重，分“非常熟悉”“熟

① 田军，张鹏柱，等．基于德尔菲法的专家意见集成模型研究［J］．系统工程理论与实践，2004（1）：57-62+69.

悉”“一般”“不熟悉”“很不熟悉”5个等级，分别赋予100%、80%、60%、40%和20%五个权重比例；二是胜任力要素的分值设置，对胜任力一级、二级要素按照“非常重要”“重要”“一般”“不重要”“很不重要”5个等级，分别赋予5分、4分、3分、2分和1分的分值设置。据此设计的生物农业企业技术创新人才胜任力要素咨询问卷。

本书邀请了外部专家学者、技术创新人员、企业研发管理专家、产业联盟管理人员、政府官员等15名成员组成了基本符合德尔菲法要求的专家组，根据其长期积累的有关生物农业企业创新发展的理论知识、实践经验、研究经验，对本书基于行为事件访谈和文献分析提炼的29项胜任力要素进行了两轮专家咨询。对专家组的咨询重点强调了以下几项原则：一是要突出农业生物特定产业的特点，即技术创新主体的胜任特征体现农业生物行业特点，与其他领域技术创新、研发人员的胜任特征相比较体现出较明显的行业特征；二是要突出企业中技术创新主体的特点，即着力突出技术创新活动的成本控制、问题解决、风险控制、市场（企业利润）导向、关注消费者需求等企业技术创新特征，明显有别于大学、国有科研机构中技术创新主体的胜任特征；三是要突出技术创新活动的规律特点，即关注技术创新主体作为知识型员工的特点、技术创新程序、技术创新环境等。

本书共开展了两轮专家咨询活动，分两次将设计的问卷以电子邮件形式发送给各位专家组成员。第一轮咨询结束后，将收集到的15份调查问卷收回，进行统计汇总，按打分权重计算出每一项胜任力要素的平均分值，并以分值进行排序，进行初步筛选（见表4-9）。对打分均值低于4.00分的8个二级胜任力要素予以删除，分别是“认同度”“时间管理”“关注细节”“系统思维”“概念思维”“独立性”“心理素质”“经验总结”。

删除8个二级胜任力要素后，将剩下的21项胜任力要素调查问卷再次发给各位专家，开展第二轮咨询。第二轮专家咨询中，专家既打分，同时还对二级要素的修改完善提出了意见（见表4-10）。根据分值情况，对打分均值低于4.00分的5个二级胜任力要素进行删除，分别是“质量与精确性”“分析思维”“敬业精神”“主动性”“自我挑战”。同时，有2位专家提出，将二级要素“持续学习”从“专业能力”调整到“个人特质”。本书在汇总统计时，考虑到“影响力”“前瞻性”“市场敏感度”“敢于质疑”的专家打分分值很高，在口头咨询部分专家后，决定将“影响力”与“专业技能”合并，保留“专业技能”；将“市场敏感度”与“信息搜集”合并；将“敢于质疑”与“战略思考”合并，保留“战略思考”。经过第二轮专家咨询打分后，初步构建了生物农业企业技术创新人才胜任力理论模型，包括4项一级胜任力要素、12项二级胜任力要素，如表4-11所示。

表4-9　德尔菲法专家组第一轮打分统计表

一级要素	二级要素	第一轮专家打分均值
A. 专业能力	A1 创新性	4.45
	A2 信息搜集	4.56
	A3 问题解决	4.47
	A4 专业技能	4.35
	A5 认同度	3.89
	A6 持续学习	4.48
	A7 影响力	4.49
	A8 质量与精确性	4.23
	A9 时间管理	3.53
B. 追求卓越	B1 成就导向	4.75
	B2 客户服务	4.55
	B3 市场敏感度	4.54
	B4 关注细节	3.98
C. 个体特质	C1 坚持不懈	4.46
	C2 强烈的自我概念	4.67
	C3 战略思考	4.65
	C4 前瞻性	4.32
	C5 系统思维	3.89
	C6 概念思维	3.68
	C7 分析思维	4.05
	C8 敬业精神	4.22

续表

一级要素	二级要素	第一轮专家打分均值
C. 个体特质	C9 独立性	3.95
	C10 主动性	4.15
	C11 自我挑战	4.18
	C12 敢于质疑	4.54
	C13 心理素质	3.45
	C14 经验总结	3.64
D. 团队精神	D1 人际沟通	4.86
	D2 团队协作	4.65

注：二级要素均值 = $\sum$ 每位专家逐项分值 × 打分权重比例 ÷ 专家人数。

表 4-10　德尔菲法专家组第二轮打分统计表

一级要素	二级要素	第二轮专家打分均值
A. 专业能力	A1 创新性	4.76
	A2 信息搜集	4.79
	A3 问题解决	4.68
	A4 专业技能	4.89
	A6 持续学习	4.68
	A7 影响力	4.59
	A8 质量与精确性	3.58
B. 追求卓越	B1 成就导向	4.79
	B2 客户服务	4.85
	B3 市场敏感度	4.74
C. 个体特质	C1 坚持不懈	4.46
	C2 强烈的自我概念	4.68
	C3 战略思考	4.85
	C4 前瞻性	4.55
	C7 分析思维	3.55
	C8 敬业精神	3.76
	C10 主动性	3.65
	C11 自我挑战	3.78

续表

一级要素	二级要素	第二轮专家打分均值
C. 个体特质	C12 敢于质疑	4.58
D. 团队精神	D1 人际沟通	4.76
	D2 团队协作	4.73

注：二级要素均值 = $\sum$ 每位专家逐项分值 × 打分权重比例 ÷ 专家人数。

表 4-11　生物农业企业技术创新人才胜任力理论模型

一级要素	二级要素
专业能力	专业技能
	市场敏感度
	创新性
	问题解决
追求卓越	客户服务
	成就导向
个人特质	战略思考
	持续学习
	强烈的自我意识
	坚持不懈
团队精神	人际沟通
	团队协作

4.1.4　技术创新主体胜任力构成要素分析

通过上述基于文献阅读和行为事件访谈、开放式问卷获取胜任力要素，并通过德尔菲专家法进行打分筛选，最终归纳总结出生物农业产业技术创新主体胜任特征要素，主要包括专业能力、追求卓越、个人特质、团队精神四个维度 12 项胜任素质特征。

1. 专业能力胜任特征维度

作为生物农业企业技术创新人才，要具有较强的专业技能、市场敏感度、创新性和问题解决能力。专业技能就是要体现出技术创新的专业性，如要具有足够的农业生物技术创新相关专业知识、技能和实践经验，能得到组织内的广泛认同，对组织内成员有较大影响。市场敏感度就是要具有了解更多的农业生物技术创新议题的冲动，能积极主动地进行相关信息的搜集，如对技术创新前沿信息和趋势的了解把握，对一线现场的观察、了解等。创新性就是对新观点、新思路和变革持开放态度，持续性改进技术创新方式方法，主动整合各类技术创新最新成果，不断提升技术创新效率效益，等等。问题解决能力就是要善于发现与技术创新相关的问题，及时找出问题的根源和症结，并寻求适当的问题处理方案。专业能力是生物农业企业技术创新主体的基本业务能力，在胜任力构成要素中属于知识、技能方面的能力，也是显性和外在的能力，能够易于被外界所观察、测量和评价，属于表面的“冰山以上部分”能力素质。生物农业产业技术创新主体都需要具备一定的专业技能，这种专业技能既需要在教育培训机构中经学习培训获得，也需要在实践工作中进行进一步锻炼提升。

2. 追求卓越胜任特征维度

作为生物农业企业技术创新人才，要牢固树立客户服务导向、成就导向意识。客户服务导向就是技术创新要以满足市场需求为核心，消费者满意度是技术创新的努力方向，通过技术创新提升消费者对产品和服务的信任与依赖。比如，对消费者的需求及发展趋势保持敏锐性，并及时做出前瞻性反应；能了解消费者的需求，并从技术创新上给予满足；能付出时间、精力帮助消费者解决问题等。客户服务导向是企业发展生存之根本，也是技术创新人才从事科研创新活动过程中必须始终坚持的方向。成就导向就是技术创新主体的一种自我要求，从主观上要具有完成技术创新工作任务和追求优秀绩效标准的愿望，并且能够经常给自己设定较高技术创新目标，喜欢完成具有挑战性的工作任务。比如，在技术创新过程中，能在系统上或工作方法上做持续改进；能设定具有挑战性的研发目标、较高的绩效标准，并努力取得实际成效等。追求卓越在胜任力中属于深藏的“冰山以下部分”，是技术创新主体基于某种态度和价值观的行为方式与风格，是技术创新主体的内在动机和不懈追求。

3. 个人特质胜任特征维度

作为生物农业企业技术创新人才，要具有战略思考、持续学习、强烈的自我概念、坚持不懈等个人特质。战略思考是技术创新主体分析自己所具备的优势和所面对的机会与威胁，进而进行策略上的回应。比如，把握国家对农业安全和发展的战略需求，把握消费者倾向变化和产业未来发展趋势，形成自己技术创新的策略和方法，等等。持续学习是技术创新主体善于在持续学习中提高自己，能总结技术创新经验并形成自己的研发经验方法，善于整合利用行业内的技术创新成果等。强烈的自我概念是技术创新主体面对技术创新的挑战和挫折，对完成任务或采取的方法程序或解决问题表现出来的信念。比如，对自己的技术创新能力和判断力有信心；勇于承担失败责任，采取行动改正；善于从分析错误中总结经验教训。坚持不懈是技术创新主体能接受各种挑战，面对任何的挫败与打击，持续追求改善，向既定目标前进，不达目的不终止。比如，面对技术创新方面的挫折，能较快调整心态，勇于接受批评，克服困难以达到预期目标等。个人特质是技术创新主体的个性特征对环境和各种信息表现出来的持续反应。

4. 团队精神胜任特征维度

作为生物农业企业技术创新人才，要具有一定的人际沟通能力和团队协作精神。人际沟通是指及时关注和掌握其他同事的信息，正式或非正式地与他人有效沟通，并进行有益的互动，传递正能量，营造积极向上的人际氛围。比如，能了解其他同事持续的感受、行动和情绪；能向他人准确、清晰地表达意见和观点；能与同事建立相互信任、尊重、互惠关系；能够倾听他人的意见和观点，并进行有效互动交流；能主动帮助别人等。团队协作是指能够通过彼此相互信任，在工作中相互合作、支持、帮助、协调，共同努力解决工作中发生的问题，完成任务目标，以达到“1+1>2”的效果。比如，在团队中总是能主动建立和维持与其他同事的良好关系；能与他人定期交流，清楚彼此的工作进展和资源需求；能在团队中与他人有效配合；能积极促成其他团队成员合作共事等。

4.1.5 关于技术创新主体胜任力量表选编

有专家指出，量表开发所需项目可以从两个方面获取：一是相关文献中已经过验证的量表；二是从具有相应工作经历的个人那里获取。本书量表的设计也遵循这一思路，对有关文献研究进行了回顾，开展了行为事件访谈、开放问卷调查和德尔菲专家分析，确定所需设计本书量表的主要来源包括以下几种渠道：一是参考已经经过检验和实践验证，被证明是比较成熟的量表，如参考了国外的斯潘塞胜任力词典、哈佛大学胜任力词典和麦克莱兰词典，国内温柏坚、马志强、任荣、曹茂兴等对研发人员胜任力研究的有关量表；二是根据访谈、开放式问卷调查获取，特别是获取的有些胜任特征要素比较有说服力，但目前国内外有关量表项目中并没有涵盖此项胜任特征要素，本书纳为量表的编制内容。根据上述研究过程及有关情况，本书初步形成了《生物农业企业技术创新人才胜任力量表》的测量题项共 59 项（详见附录五）。关于创新绩效的测量，已有很多比较成熟的研究，本书从创意的产生、创意的推广、创意的实现三个要素进行了测量。

4.2 技术创新主体胜任力理论模型实证检验

对构建的农业生物企业技术创新主体胜任力理论模型进行实证检验。检验项目主要包括项目通俗性、区分度、相关性分析，探索性因子、可靠性、验证性分析，以及对胜任力二级维度要素进行的相关性分析，对二级维度要素与创新绩效进行的回归分析。结果表明，本书所构建的生物农业企业技术创新人才胜任力模型基本成立。

4.2.1 项目分析

对本书设计的59个项目在20家目标企业中大规模发放调查问卷（具体见附录五《生物农业企业技术创新人才胜任力调查问卷》）。调查对象是生物农业企业技术创新人才，共发放问卷400份，回收有效问卷357份。问卷采用李克特五点量表进行评价，从“非常不同意”到“非常同意”。每名被试要求根据自身的技术创新实践情况回答问卷项目。本书运用SPSS 11.5软件，从通俗性、区分度、相关性等方面进行项目分析。表4-12为本次调查样本基本情况。

表4-12 被调查样本基本情况

项目		人数（人）	占比（%）	项目		人数（人）	占比（%）
年龄	20~29岁	89	24.93	学历	大专	9	2.52
	30~39岁	203	56.86		本科	136	38.10
	40~49岁	51	14.29		硕士	166	46.50
	50岁及以上	14	3.92		博士	46	12.88
职称	初级	72	20.17	工作层级	技术总监	29	8.12
	中级	213	59.66		项目经理	111	31.09
	高级	72	20.17		技术研发人员	95	26.61
					技术研发管理人员	59	16.53
					技术研发服务等其他人员	63	17.65

1. 项目通俗性分析

在多级量表中，通俗性的计算公式为：$P=\frac{\bar{x}}{W}$。在该式中，$\bar{x}$代表全部被调查对象在该题项的平均得分，W为该题项可能的最高得分。运用该公式，针对59个题项进行计算。大部分项目的通俗性分值在0.60~0.80，尚且可以接受。通过对这59个题项的通俗性分析，没有出现数值超过0.90的严重天花板现象。表4-13分别展示了59个题项通俗性检验的分值。

表 4-13 通俗性检验分析

项目	均值	通俗性分值	项目	均值	通俗性分值
A_1-1	4.11	0.82	C_1-2	4.26	0.85
A_1-2	4.27	0.85	C_1-3	4.22	0.84
A_1-3	4.13	0.83	C_1-4	4.16	0.83
A_1-4	4.19	0.84	C_1-5	3.14	0.63
A_1-5	4.25	0.85	C_2-1	4.13	0.83
A_2-1	4.13	0.83	C_2-2	4.24	0.85
A_2-2	4.30	0.86	C_2-3	4.19	0.84
A_2-3	4.35	0.87	C_2-4	4.26	0.85
A_2-4	4.19	0.84	C_2-5	4.04	0.81
A_3-1	4.21	0.84	C_3-1	4.12	0.82
A_3-2	4.28	0.86	C_3-2	4.31	0.86
A_3-3	4.38	0.88	C_3-3	4.30	0.86
A_3-4	4.21	0.84	C_3-4	4.24	0.85
A_3-5	3.60	0.72	C_3-5	4.21	0.84
A_4-1	4.09	0.82	C_4-1	4.18	0.84
A_4-2	4.26	0.85	C_4-2	4.19	0.84
A_4-3	4.22	0.84	C_4-3	4.23	0.85
A_4-4	4.19	0.84	C_4-4	4.22	0.84
A_4-5	3.99	0.80	C_4-5	4.08	0.82
B_1-1	4.04	0.81	D_1-1	4.05	0.81
B_1-2	4.22	0.84	D_1-2	4.31	0.86
B_1-3	3.90	0.78	D_1-3	4.31	0.86
B_1-4	4.10	0.82	D_1-4	4.22	0.84
B_1-5	3.53	0.71	D_1-5	4.16	0.83
B_2-1	4.10	0.82	D_2-1	4.24	0.85
B_2-2	4.23	0.85	D_2-2	4.23	0.85
B_2-3	3.63	0.73	D_2-3	4.15	0.83
B_2-4	4.03	0.81	D_2-4	4.12	0.82
B_2-5	3.87	0.77	D_2-5	4.31	0.86
C_1-1	4.08	0.82			

资料来源：根据本书统计分析数据整理。

2. 项目区分度分析

本书采用独立样本 T 检验对 59 个题项进行项目区分度分析。独立样本 T 检验要求样本符合正态分布条件，经检验本书获取的数据符合此项条件要求。按照“专业技能”“市场敏感度”“创新性”“问题解决”“客户服务”等 12 项要素计算总分，分别按照各个要素维度进行排序，并按 27%分位数分成高低分两组。再运用 T 检验对两组样本的每个项目均值作差异显著性检验。0.05（双侧）的显著水平作为保留项目的临界条件。① 检验结果显示（见表 4-14），所有项目均满足显著性差异的条件，具有较好的区分度。

表 4-14　高低分组各变量二级维度独立样本 T 检验

	分组	均值	T	P
A_1-1	低分组	3.56	-9.472	0.000
	高分组	4.54		
A_1-2	低分组	3.47	-15.492	0.000
	高分组	4.76		
A_1-3	低分组	3.25	-14.750	0.000
	高分组	4.77		
A_1-4	低分组	3.61	-14.405	0.000
	高分组	4.80		
A_1-5	低分组	3.80	-9.708	0.000
	高分组	4.69		
A_2-1	低分组	3.42	-16.326	0.000
	高分组	4.83		
A_2-2	低分组	3.61	-17.802	0.000
	高分组	4.89		
A_2-3	低分组	3.75	-13.877	0.000
	高分组	4.84		

① 柯江林，孙健敏，王娟．职场精神力量表的开发及信效度检验［J］．中国临床心理学杂志，2014（5）：826-830.

续表

	分组	均值	T	P
A_2-4	低分组	3.65	-14.394	0.000
	高分组	4.79		
A_3-1	低分组	3.85	-6.620	0.000
	高分组	4.38		
A_3-2	低分组	3.72	-13.087	0.000
	高分组	4.73		
A_3-3	低分组	3.83	-13.052	0.000
	高分组	4.79		
A_3-4	低分组	3.78	-7.828	0.000
	高分组	4.45		
A_3-5	低分组	2.40	-21.684	0.000
	高分组	4.76		
A_4-1	低分组	3.73	-8.838	0.000
	高分组	4.44		
A_4-2	低分组	3.80	-11.313	0.000
	高分组	4.69		
A_4-3	低分组	3.60	-14.964	0.000
	高分组	4.76		
A_4-4	低分组	3.78	-9.356	0.000
	高分组	4.54		
A_4-5	低分组	3.03	-14.117	0.000
	高分组	4.72		
B_1-1	低分组	3.49	-8.506	0.000
	高分组	4.23		
B_1-2	低分组	3.64	-14.598	0.000
	高分组	4.73		
B_1-3	低分组	3.12	-14.039	0.000
	高分组	4.55		
B_1-4	低分组	3.55	-8.804	0.000
	高分组	4.35		

续表

	分组	均值	T	P
B_1-5	低分组	2.76	-19.062	0.000
	高分组	4.90		
B_2-1	低分组	3.76	-7.015	0.000
	高分组	4.33		
B_2-2	低分组	3.79	-11.189	0.000
	高分组	4.69		
B_2-3	低分组	2.45	-20.397	0.000
	高分组	4.76		
B_2-4	低分组	3.59	-7.139	0.000
	高分组	4.24		
B_2-5	低分组	3.19	-11.897	0.000
	高分组	4.45		
C_1-1	低分组	3.62	-7.294	0.000
	高分组	4.21		
C_1-2	低分组	3.58	-14.519	0.000
	高分组	4.79		
C_1-3	低分组	3.60	-12.337	0.000
	高分组	4.60		
C_1-4	低分组	3.74	-7.432	0.000
	高分组	4.29		
C_1-5	低分组	2.32	-26.347	0.000
	高分组	4.78		
C_2-1	低分组	3.79	-8.344	0.000
	高分组	4.42		
C_2-2	低分组	3.77	-11.959	0.000
	高分组	4.69		
C_2-3	低分组	3.73	-11.597	0.000
	高分组	4.60		
C_2-4	低分组	3.82	-10.191	0.000
	高分组	4.62		

续表

	分组	均值	T	P
C_2-5	低分组	2.95	-16.047	0.000
	高分组	4.85		
C_3-1	低分组	3.66	-12.249	0.000
	高分组	4.60		
C_3-2	低分组	3.77	-18.606	0.000
	高分组	4.85		
C_3-3	低分组	3.76	-16.224	0.000
	高分组	4.85		
C_3-4	低分组	3.82	-14.829	0.000
	高分组	4.81		
C_3-5	低分组	3.78	-12.360	0.000
	高分组	4.69		
C_4-1	低分组	3.73	-10.277	0.000
	高分组	4.61		
C_4-2	低分组	3.84	-9.275	0.000
	高分组	4.58		
C_4-3	低分组	3.86	-10.131	0.000
	高分组	4.61		
C_4-4	低分组	3.80	-11.047	0.000
	高分组	4.65		
C_4-5	低分组	3.05	-15.360	0.000
	高分组	4.91		
D_1-1	低分组	3.69	-9.315	0.000
	高分组	4.46		
D_1-2	低分组	3.81	-16.580	0.000
	高分组	4.84		
D_1-3	低分组	3.80	-17.988	0.000
	高分组	4.85		
D_1-4	低分组	3.79	-13.597	0.000
	高分组	4.74		

续表

	分组	均值	T	P
D_1-5	低分组	3.70	-12.583	0.000
	高分组	4.68		
D_2-1	低分组	3.79	-11.052	0.000
	高分组	4.67		
D_2-2	低分组	3.79	-12.179	0.000
	高分组	4.71		
D_2-3	低分组	3.76	-9.761	0.000
	高分组	4.58		
D_2-4	低分组	3.79	-8.366	0.000
	高分组	4.47		
D_2-5	低分组	3.24	-13.950	0.000
	高分组	4.94		

资料来源：根据本书统计分析数据整理。

3. 项目相关性分析

采用项目组间相关、项目—总分相关两种相关分析法。杜克尔认为组间相关在 0.10~0.60，项目与总分的相关在 0.30~0.80，会产生良好的效度与满意的信度。① 项目 A_3-5、A_4-5、B_1-5、B_2-3、B_2-4、B_2-5、C_1-5、C_2-5、C_4-5、D_2-5 与总分的相关系数均低于 0.3，不符合要求，故删除该项。分析结果见表 4-15 至表 4-26。

表 4-15 专业技能项目组间和项目—总分相关性

项目组间相关性						项目—总分相关性
	A_1-1	A_1-2	A_1-3	A_1-4	A_1-5	
A_1-1	1.000	0.443	0.231	0.296	0.322	0.435
A_1-2	0.443	1.000	0.510	0.388	0.272	0.588
A_1-3	0.231	0.510	1.000	0.398	0.283	0.498

① 金瑜．心理测量［M］．上海：华东师范大学出版社，2001.

续表

	项目组间相关性					项目—总分相关性
	A_1-1	A_1-2	A_1-3	A_1-4	A_1-5	
A_1-4	0.296	0.388	0.398	1.000	0.411	0.522
A_1-5	0.322	0.272	0.283	0.411	1.000	0.434

资料来源：根据本书统计分析数据整理。

表 4-16　市场敏感度项目组间和项目—总分相关性

	项目组间相关性				项目—总分相关性
	A_2-1	A_2-2	A_2-3	A_2-4	
A_2-1	1.000	0.550	0.426	0.448	0.590
A_2-2	0.550	1.000	0.547	0.429	0.646
A_2-3	0.426	0.547	1.000	0.434	0.578
A_2-4	0.448	0.429	0.434	1.000	0.534

资料来源：根据本书统计分析数据整理。

表 4-17　创新性项目组间和项目—总分相关性

	项目组间相关性					项目—总分相关性
	A_3-1	A_3-2	A_3-3	A_3-4	A_3-5	
$A_{3-}1$	1.000	0.336	0.292	0.325	0.052	0.316
A_3-2	0.336	1.000	0.495	0.302	0.087	0.396
A_3-3	0.292	0.495	1.000	0.416	0.096	0.432
A_3-4	0.325	0.302	0.416	1.000	0.093	0.371
A_3-5	0.052	0.087	0.096	0.093	1.000	0.114

资料来源：根据本书统计分析数据整理。

表 4-18　客户服务项目组间和项目—总分相关性

	项目组间相关性					项目—总分相关性
	A_4-1	A_4-2	A_4-3	A_4-4	A_4-5	
$A_{4-}1$	1.000	0.568	0.397	0.337	0.116	0.460
A_4-2	0.568	1.000	0.482	0.387	0.085	0.484
A_4-3	0.397	0.482	1.000	0.453	0.219	0.536

续表

	项目组间相关性					项目—总分相关性
	A_4-1	A_4-2	A_4-3	A_4-4	A_4-5	
A_4-4	0.337	0.387	0.453	1.000	0.145	0.438
A_4-5	0.116	0.085	0.219	0.145	1.000	0.189

资料来源：根据本书统计分析数据整理。

表 4-19　问题解决项目组间和项目—总分相关性

	项目组间相关性					项目—总分相关性
	B_1-1	B_1-2	B_1-3	B_1-4	B_1-5	
B_1-1	1.000	0.525	0.382	0.511	0.003	0.453
B_1-2	0.525	1.000	0.551	0.450	-0.039	0.478
B_1-3	0.382	0.551	1.000	0.437	0.014	0.433
B_1-4	0.511	0.450	0.437	1.000	-0.014	0.438
B_1-5	0.003	-0.039	0.014	-0.014	1.000	-0.009

资料来源：根据本书统计分析数据整理。

表 4-20　成就导向项目组间和项目—总分相关性

	项目组间相关性					项目—总分相关性
	B_2-1	B_2-2	B_2-3	B_2-4	B_2-5	
B_2-1	1.000	0.494	0.094	0.251	0.224	0.361
B_2-2	0.494	1.000	0.162	0.318	0.336	0.479
B_2-3	0.094	0.162	1.000	0.056	0.099	0.149
B_2-4	0.251	0.318	0.056	1.000	0.179	0.260
B_2-5	0.224	0.336	0.099	0.179	1.000	0.284

资料来源：根据本书统计分析数据整理。

表 4-21　战略思考项目组间和项目—总分相关性

	项目组间相关性					项目—总分相关性
	C_1-1	C_1-2	C_1-3	C_1-4	C_1-5	
C_1-1	1.000	0.593	0.368	0.480	0.163	0.517
C_1-2	0.593	1.000	0.461	0.376	0.227	0.554
C_1-3	0.368	0.461	1.000	0.442	0.110	0.420

续表

项目组间相关性						项目—总分相关性
	C_1-1	C_1-2	C_1-3	C_1-4	C_1-5	
C_1-4	0.480	0.376	0.442	1.000	0.113	0.436
C_1-5	0.163	0.227	0.110	0.113	1.000	0.202

资料来源：根据本书统计分析数据整理。

表 4-22　持续学习项目组间和项目—总分相关性

项目组间相关性						项目—总分相关性
	C_2-1	C_2-2	C_2-3	C_2-4	C_2-5	
C_2-1	1.000	0.543	0.431	0.339	0.068	0.430
C_2-2	0.543	1.000	0.552	0.382	0.120	0.513
C_2-3	0.431	0.552	1.000	0.487	0.127	0.522
C_2-4	0.339	0.382	0.487	1.000	0.085	0.403
C_2-5	0.068	0.120	0.127	0.085	1.000	0.131

资料来源：根据本书统计分析数据整理。

表 4-23　强烈的自我概念项目组间和项目—总分相关性

项目组间相关性						项目—总分相关性
	C_3-1	C_3-2	C_3-3	C_3-4	C_3-5	
C_3-1	1.000	0.511	0.443	0.457	0.425	0.579
C_3-2	0.511	1.000	0.561	0.424	0.429	0.615
C_3-3	0.443	0.561	1.000	0.592	0.431	0.652
C_3-4	0.457	0.424	0.592	1.000	0.589	0.665
C_3-5	0.425	0.429	0.431	0.589	1.000	0.590

资料来源：根据本书统计分析数据整理。

表 4-24　坚持不懈项目组间和项目—总分相关性

项目组间相关性						项目—总分相关性
	C_4-1	C_4-2	C_4-3	C_4-4	C_4-5	
C_4-1	1.000	0.557	0.427	0.466	0.071	0.476
C_4-2	0.557	1.000	0.542	0.480	0.041	0.506
C_4-3	0.427	0.542	1.000	0.519	0.028	0.464

续表

项目组间相关性						项目—总分相关性
	C_4-1	C_4-2	C_4-3	C_4-4	C_4-5	
C_4-4	0.466	0.480	0.519	1.000	0.075	0.487
C_4-5	0.071	0.041	0.028	0.075	1.000	0.069

资料来源：根据本书统计分析数据整理。

表 4-25　人际沟通项目组间和项目—总分相关性

项目组间相关性						项目—总分相关性
	D_1-1	D_1-2	D_1-3	D_1-4	D_1-5	
D_1-1	1.000	0.422	0.356	0.359	0.392	0.479
D_1-2	0.422	1.000	0.572	0.483	0.467	0.635
D_1-3	0.356	0.572	1.000	0.578	0.417	0.625
D_1-4	0.359	0.483	0.578	1.000	0.587	0.662
D_1-5	0.392	0.467	0.417	0.587	1.000	0.602

资料来源：根据本书统计分析数据整理。

表 4-26　团队协作项目组间和项目—总分相关性

项目组间相关性						项目—总分相关性
	D_2-1	D_2-2	D_2-3	D_2-4	D_2-5	
D_2-1	1.000	0.521	0.422	0.452	0.167	0.495
D_2-2	0.521	1.000	0.520	0.458	0.242	0.581
D_2-3	0.422	0.520	1.000	0.659	0.140	0.543
D_2-4	0.452	0.458	0.659	1.000	0.119	0.523
D_2-5	0.167	0.242	0.140	0.119	1.000	0.212

资料来源：根据本书统计分析数据整理。

4.2.2　探索性因子分析

1. 专业能力量表的探索性因子分析

对该分量表的 19 个项目进行探索性因子分析，结构效度检验的原则为因子载荷不低于 0.5 和跨因子载荷不超过 0.4。根据上述检验原则，删除不符合

此项要求的项目 A_1-1、A_1-5、A_2-4、A_3-1、A_3-5、A_4-3、A_4-5。然后对所有项目按照特征值大于 1 的原则和 Direct Oblimin 斜交旋转法抽取因素，进行二次探索性因素分析（结果见表 4-27）。KMO 值达到 0.905，Bartlett 球形检验的近似卡方值也在 0.001 水平下显著，检验结果表明，样本可以进行因素分析。根据因子分析旋转成分矩阵结果将 A_1 和 A_3 两个子维度合并为一个子维度。累积方差解释度达到 53.17%，各因素的载荷量 0.50 以上，表明量表具有良好的结构效度。

表 4-27 专业能力量表的选择成分矩阵

项目	成分		
	1	2	3
A_1-2	0.698		
A_1-3	0.751		
A_1-4	0.622		
A_{3-}2	0.638		
A_{3-}3	0.422		
A_2-1		0.763	
A_{2-}2		0.709	
A_{2-}3		0.629	
A_4-1			0.748
A_4-2			0.705
A_4-4			0.521
特征值	6.260	1.174	1.073
方差百分比	18.163	18.053	16.950
因子命名	专业技能与创新	市场敏感度	问题解决

注：省略了 0.4 以下的因子载荷。

资料来源：根据本书统计分析数据整理。

2. 追求卓越分量表的探索性因子分析

对该分量表的 10 个项目进行探索性因子分析，结构效度检验的原则为因子载荷不低于 0.5 和跨因子载荷不超过 0.4。根据上述检验原则，删除 B_1-5、B_2-3。然后对所有项目按照特征值大于 1 的原则和 Direct Oblimin 斜交旋转法抽取因素，进行二次探索性因素分析（结果见表 4-28）。旋转矩阵反映出 B_1 和 B_2 可以合为一个维度。KMO 值达到 0.863，Bartlett 球形检验的近似卡方值也在 0.001 水平下显著，检验结果表明，样本可以进行因素分析。累积方差解释度达到 44.99%，各因素的载荷量 0.50 以上，表明量表具有良好的结构效度。

表 4-28　追求卓越量表的选择成分矩阵

项目	成分
B_1-1	0.743
B_1-2	0.759
B_1-3	0.679
B_1-4	0.730
B_2-1	0.596
B_2-2	0.745
B_2-4	0.507
B_2-5	0.557
特征值	3.599
方差百分比	44.990
因子命名	追求卓越

注：省略了 0.4 以下的因子载荷。
资料来源：根据本书统计分析数据整理。

3. 个人特质分量表的探索性因子分析

对该分量表余下的 20 个项目进行探索性因子分析，结构效度检验的原则为因子载荷不低于 0.5 和跨因子载荷不超过 0.4。根据上述检验原则，删除不符合此项要求的项目 C_1-5、C_2-5、C_3-1、C_4-5。然后对所有项目按照特征值大于 1 的原则和 Direct Oblimin 斜交旋转法抽取因素，进行二次探索性因素分析（结果见表 4-29）。KMO 值达到 0.901，Bartlett 球形检验的近似卡方值也在0.001水平下显著，检验结果表明，样本可以进行因素分析。根据因子分析旋转成分矩阵结果将C_1和C_2两个子维度合并为一个子维度，将C_3和C_4合并为一个子维度。由表中可见，累积方差解释度达到51.48%，各因素的载荷量0.50以上，表明量表具有良好的结构效度。

表4-29　个人特质量表的选择成分矩阵

项目	成分	
	1	2
C_1-1	0.658	
C_1-2	0.681	
C_1-3	0.640	
C_1-4	0.655	
C_2-1	0.603	
C_2-2	0.632	
C_2-3	0.672	
C_2-4	0.621	
C_3-2		0.560
C_3-3		0.709
C_3-4		0.722
C_3-5		0.709
C_4-1		0.647
C_4-2		0.702
C_4-3		0.651
C_4-4		0.714
特征值	7.506	1.245
方差百分比	26.667	24.814
因子命名	战略思维和学习性	自我意识和持久力

注：省略了0.4以下的因子载荷。

资料来源：根据本书统计分析数据整理。

4. 团队精神分量表的探索性因子分析

对该分量表余下的 10 个项目进行探索性因子分析，结构效度检验的原则为因子载荷不低于 0.5 和跨因子载荷不超过 0.4。根据上述检验原则，删除不符合此项要求的项目 D_2-5。然后对所有项目按照特征值大于 1 的原则和 Direct Oblimin 斜交旋转法抽取因素，进行二次探索性因素分析（结果见表 4-30）。根据因子分析旋转成分矩阵结果将 D_1和 D_2两个子维度合并为一个维度。KMO 值达到 0.888，Bartlett 球形检验的近似卡方值也在 0.001 水平下显著，检验结果表明，样本可以进行因素分析。累积方差解释度达到 52.76%，各因素的载荷量 0.50 以上，表明量表具有良好的结构效度。

表 4-30 团队精神量表的选择成分矩阵

项目	成分
	1
D_1-1	0.633
D_1-2	0.741
D_1-3	0.736
D_1-4	0.749
D_1-5	0.724
D_2-1	0.753
D_2-2	0.730
D_2-3	0.714
D_2-4	0.749
特征值	4.748
方差百分比	52.758
因子命名	团队精神

注：省略了 0.4 以下的因子载荷。
资料来源：根据本书统计分析数据整理。

4.2.3 可靠性分析

对以上 59 个项目进行可靠性分析以检验量表信度。根据信度检验没有需要删除的项目，量表总体信度达到了 0.96，具体维度的信度值如表 4-31 的 Cronbach'α 值所示。结果显示二级维度信度值在 0.70~0.87，一级维度的信度值在 0.83~0.90，均达到了 0.70 的临界值，表明量表整体信度良好。

表 4-31 量表的信度检验

一级维度	二级维度	Cronbach'α 值
专业能力（0.86）	专业技能与创新	0.77
	市场敏感度	0.75
	问题解决	0.70
追求卓越（0.81）	追求卓越	0.81
个人特质（0.91）	战略思考和学习性	0.85
	自我意识和持久力	0.88
团队精神（0.89）	团队精神	0.89

注：各分量表的信度值见括号中的数值。
资料来源：根据本书统计分析数据整理。

4.2.4 验证性因子分析

利用 AMOS 21 软件对再试问卷进行验证性因子分析。图 4-1 为生物农业企业技术创新人员胜任力结构模型的参数估计值的完全标准化解。由图 4-1 可见，7 个二阶因子对 4 个一阶因子的负荷介于 0.70~0.91，观测变量对相应的二阶因子的负荷多数在 0.5 以上，说明每个二阶因子对相应的一阶因子的解释度较大，观测变量对相应的二阶因子的解释度较大。

表 4-32 验证性因子分析的拟合度指数

χ^2	df	χ^2/df	CFI	TLI	IFI	RMSEA
1907.1	892	2.138	0.863	0.854	0.864	0.057

资料来源：根据本书统计分析数据整理。

验证性因子分析的拟合度指数如表 4-32 所示。各指数的判别标准如下：χ_2/df 小于 3 表明模型拟合较好，CFI、TLI、IFI 的值大于 0.8 表明模型拟合较好，RMSEA 的值在 0.08 以下表明模型拟合较好。从表 4-32 的数据来看，χ_2/df 值为 2.138，RMSEA 值为 0.057，CFI、TLI、IFI 三者的值均大于 0.8，各种拟合度指数均表明模型拟合效果较好。

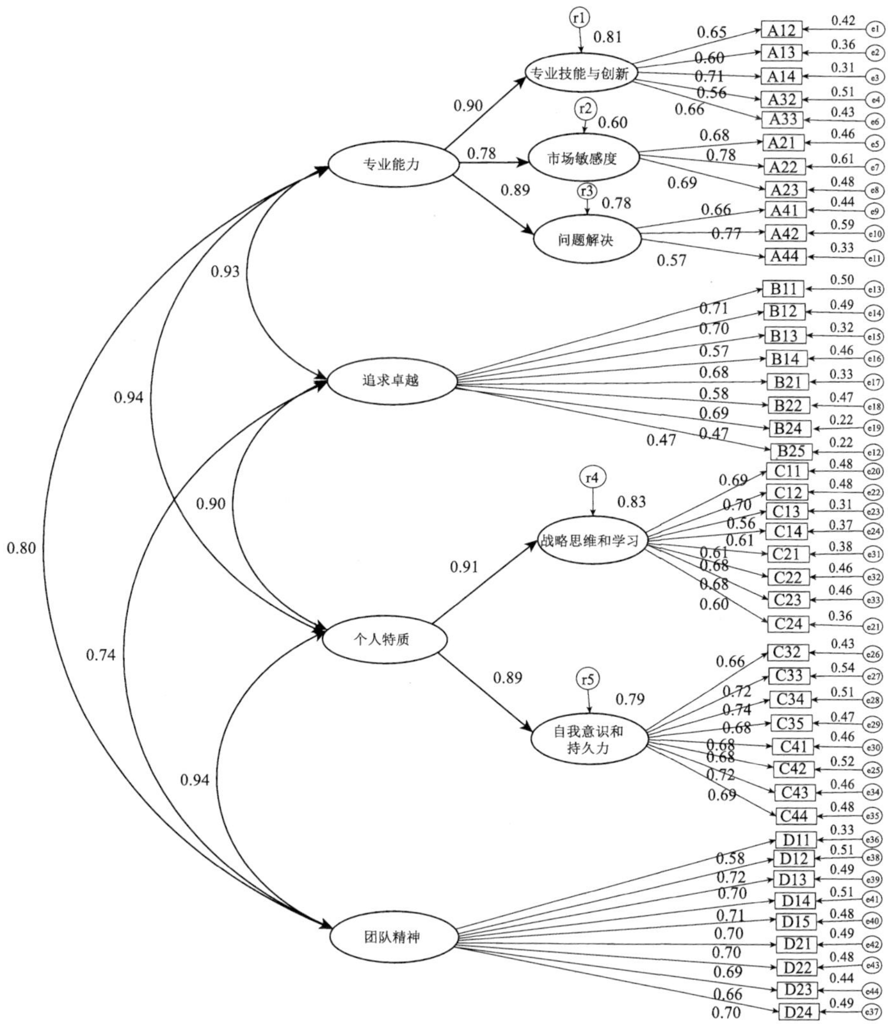

图 4-1　验证性因子分析模型路径图

4.2.5 相关性分析

表 4-33 显示了各变量二级维度要素的均值与相关系数，均值与标准差无异常情况。从变量相关性上看，专业技能与创新、市场敏感度、问题解决、追求卓越、战略思考和学习性、自我意识和持久力、团队精神均与创新绩效均在 0.01 水平上显著相关。

表 4-34 反映了各变量与创新绩效的关系。从相关系数来看，专业能力、追求卓越、个人特质和团队精神均与创新绩效在 0.01 水平上显著相关。

4.2.6 回归分析

表 4-35 显示了各变量二级要素与创新绩效的回归分析，表 4-36 显示了各变量对创新绩效的回归分析。模型 1 至模型 14 的 VIF 值均小于临界值 10，D-W值在 0.05 水平上显著，说明模型不存在严重共线性问题，模型分析结果可以接受。从表 4-36 各模型上来看，专业能力、追求卓越、个人特质、团队精神均与创新绩效均在 0.001 水平上显著相关。

表 4-33　变量二级维度的均值、标准差、Pearson 相关系数

	均值	标准差	1	2	3	4	5	6	7	8	9	10	11	12
1. 性别	1.45	0.498												
2. 年限	2.18	0.776	-0.127*											
3. 学历	2.89	0.598	-0.161**	0.416**										
4. 职称	2.39	0.510	-0.178**	0.418**	0.501**									
5. 工作层级	2.45	0.683	0.106	-0.409**	-0.433**	-0.437**								
6. 专业技能与创新	4.32	0.292	-0.059	0.224**	0.219**	0.267**	-0.259**							
7. 市场敏感度	4.35	0.302	-0.091	0.067	0.101	0.081	-0.089	0.338**						
8. 问题解决	4.32	0.287	0.020	0.121*	0.171**	0.170**	-0.101	0.403**	0.287**					
9. 追求卓越	4.33	0.219	-0.077	0.087	0.166**	0.153**	-0.063	0.387**	0.377**	0.556**				
10. 战略思维和学习性	4.31	0.191	-0.018	0.189**	0.243**	0.199**	-0.142*	0.513**	0.388**	0.516**	0.654**			
11. 自我意识和持久力	4.28	0.217	-0.005	0.065	0.129*	0.195**	-0.085	0.507**	0.456**	0.442**	0.542**	0.610**		
12. 团队精神	4.33	0.221	-0.007	0.115*	0.187**	0.184**	-0.094	0.441**	0.416**	0.539**	0.588**	0.680**	0.718**	
13. 创新绩效	4.33	0.226	-0.010	0.139*	0.129*	0.031	-0.043	0.212**	0.245**	0.414**	0.416**	0.389**	0.412**	0.447**

注：** 表示 Correlation is significant at the 0.01 level（2-tailed）；* 表示 Correlation is significant at the 0.05 level（2-tailed）。

资料来源：根据本研究统计分析数据整理。

表 4-34　变量的均值、标准差、Pearson 相关系数

	均值	标准差	1	2	3	4	5	6	7	8	9
1. 性别	1.45	0.498									
2. 年限	2.18	0.776	-0.127*								
3. 学历	2.89	0.598	-0.161**	0.416**							
4. 职称	2.40	0.510	-0.178**	0.418**	501**						
5. 工作层级	2.45	0.283	0.106	-0.409**	-0.433**	-0.437**					
6. 专业能力	4.33	0.224	-0.061	0.200**	0.227**	0.284**	-0.222*				
7. 追求卓越	4.31	0.219	-0.077	0.087	0.166**	0.153**	-0.063	0.563**			
8. 个人特质	4.32	0.183	-0.012	0.137*	0.203**	0.219**	-0.125*	0.697**	0.662**		
9. 团队精神	4.28	0.221	-0.007	0.115*	0.187**	0.184**	-0.094	0.604**	0.588**	0.708**	
10. 创新绩效	4.33	0.226	-0.010	0.139*	0.129*	0.031	-0.043	0.361**	0.416**	0.447**	0.474**

注：** 表示 Correlation is significant at the 0.01 level（2-tailed）；* 表示 Correlation is significant at the 0.05 level（2-tailed）。

资料来源：根据本研究统计分析数据整理。

表 4-35　变量二级维度效益检验

	创新绩效							
	模型 1	模型 2	模型 3	模型 4	模型 5	模型 6	模型 7	模型 8
常数	4.154	3.501	3.378	2.426	2.888	2.341	2.378	2.246
控制变量								
性别	0.011	0.011	0.028	0.029	-0.014	-0.002	-0.003	-0.006
年限	0.131	0.114	0.129	0.129	0.116	0.098	0.114*	0.121*
学历	0.126	0.115	0.112	0.074	0.080	0.060	0.102	0.064
职称	-0.071	-0.100	-0.074	-0.111	-0.116	-0.102	-0.150*	-0.130*
工作层级	0.033	0.062	0.044	0.016	0.031	0.033	0.031	0.022
自变量								
专业技能与创新		0.205***						
市场敏感度			0.238***					
追求卓越				0.413***				
问题解决					0.409***			
战略思维和学习性						0.381***		
自我意识和持久力							0.421***	
团队精神								0.474***
R^2	0.031	0.068	0.086	0.195	0.191	0.165	0.201	0.245
Adjusted R^2	0.014	0.049	0.067	0.178	0.174	0.148	0.184	0.229
F 检验	1.832	3.22**	4.537***	11.604***	11.333***	9.484***	12.038***	15.566***
ΔR^2	0.031	0.038	0.056	0.164	0.160	0.134	0.170	0.214
F 更改	1.832	11.636**	17.540***	58.637***	57.062***	46.308***	61.163***	81.681***

资料来源：根据本书统计分析数据整理。

注：（1）* $p<0.05$；** $p<0.01$；*** $p<0.001$。

（2）R^2：决定系数；Adjusted R^2：调整后的决定系数；F 检验：方差齐性检验值；R^2：决定系数增加量；F 更改：模型更改后的方差齐性检验值。

表 4-36　变量总体效益检验

	创新绩效					
	模型 9	模型 10	模型 11	模型 12	模型 13	模型 14
常数	4.154	2.635	2.426	1.908	2.246	1.681
控制变量						
性别	0.011	0.013	0.029	-0.006	-0.006	0.004
年限	0.131	0.107	0.129	0.119	0.121*	0.119*
学历	0.126	0.093	0.074	0.071	0.064	0.052
职称	-0.071	-0.118	-0.111	-0.140*	-0.130*	-0.142*
工作层级	0.033	0.069	0.016	0.032	0.022	0.022
自变量						
专业能力		0.346***				0.030
追求卓越			0.413***			0.172*
个人特质				0.451***		0.098
团队精神					0.474***	0.283***
R^2	0.031	0.152	0.195	0.221	0.245	0.278
Adjusted R^2	0.014	0.134	0.178	0.205	0.229	0.256
F 检验	1.832	8.583***	11.604***	13.643***	15.566***	12.212***
ΔR^2	0.031	0.121	0.164	0.191	0.214	0.248
F 更改	1.832	41.066***	58.637***	70.495***	81.681***	24.445***

资料来源：根据本书统计分析数据整理。

注：(1) * $p<0.05$；** $p<0.01$；*** $p<0.001$。

(2) R^2：决定系数；Adjusted R^2：调整后的决定系数；F 检验：方差齐性检验值；ΔR^2：决定系数增加量；F 更改：模型更改后的方差齐性检验值。

4.3　结果讨论及胜任力模型描述

4.3.1　结果讨论

通过上述对调查问卷的检验，对胜任力要素进行了适当合并调整。“专业技能”与“创新性”合并为“专业技能与创新”，“市场敏感度”与“客户服务”合并为“市场敏感度”。“成就导向”改为“追求卓越”。“战略思考”与“持续学习”合并为“战略思维与学习”，“强烈的自我概念”和“坚持不懈”合并为“自我意识与持久”。“人际沟通”与“团队协作”合并为“团队精神”。经整合后，生物农业企业技术创新人才胜任力模型包括四个维度、7项胜任特征要素，具体为专业能力——专业技能与创新、市场敏感度、问题解决；追求卓越——追求卓越；个人特质——战略思维与学习、自我意识与持久；团队精神——团队精神。胜任力模型及具体操作性定义见表4-37。

表4-37 胜任力模型及具体操作性定义

维度	要素名称	操作性定义
专业能力	专业技能与创新	具有足够的农业生物技术创新相关的专业知识、技能和实践经验，以及专业的科研方法、研究程序及具体处理技巧，并善于转换、使用和传播知识技巧。不受以往经验方法束缚，以新形势发展要求为标准，对新观点、新思路和变革持开放态度，持续性改进工作方法、解决各种技术问题
	市场敏感度	具有强烈的好奇心与渴望，不满足于接受现有的内容，想了解更多的农业生物技术创新议题，而主动进行信息的收集。以满足市场需求为核心，主动替消费者着想，创造行动满足消费者需求，提升消费者对产品和服务的信任度、支持度
	问题解决	能够积极主动搜集相关信息，发现与技术创新相关的问题，及时找出问题背后的原因和症结所在，并有针对性地设计出解决问题的方案，按照方案有效地加以推进执行
追求卓越	追求卓越	个人具有出色完成工作任务和追求优秀绩效标准的愿望，经常给自己设定较高技术创新目标，喜欢完成具有挑战性的工作任务
个人特质	战略思维与学习	了解掌握市场发展趋势，分析自己的技术创新所具备的优势和所面临的机会与挑战，并主动做出回应。能够实时进行自我评价，不断设定具有挑战性的任务目标，主动改善、提升自己
	自我意识和持久	面对技术创新的挑战和挫折，对完成任务或采取的方法程序或解决问题表现出充足的信念。能接受各种挑战，面对任何的挫败与打击，持续追求改善，朝既定目标前进，不达目的不中止
团队精神	团队精神	能够通过彼此相互信任，在工作中相互合作、支持、帮助、协调，共同努力解决工作中发生的问题和完成任务目标，以达到“1+1>2”的效果

4.3.2 胜任力模型描述

生物农业企业技术创新人才胜任力要素可按照“代表行为展现”和“负面表现”描述；每一项胜任特征可以分为四项能力层级：一级“尚需提高”、二级“满足需求”、三级“表现优异”和四级“出类拔萃”。关于一级、二级、三级、四级水平划分见表4-38。各胜任特征要素的“代表行为展现”和“负面表现”描述如表4-39所示。

表4-38 生物农业企业技术创新人才胜任特征要素分级

层级划分	各层级行为指标意义
四级 （出类拔萃）	·行为人在此层级的行为表现被公认为突出优势 ·成为公司内其他人员提升或发展该项行为的典型参照
三级 （表现优异）	·行为人在此层级的行为指标明显超出企业对此项能力的标准要求 ·行为人能够清晰、持续、稳定地展现此项能力的所有元素 ·此项能力的展现成为帮助任职者获取持续高绩效的素质强项
二级 （满足需求）	·行为人在此层级的行为指标达到公司对此项能力的标准要求 ·行为人在此方面具有一定的示范作用，展现出期望绩效
一级 （尚需提高）	·行为人具备与此项能力相符的元素 ·行为人在此层级的行为指标尚未达到公司对此项能力的标准要求 ·需要通过有针对性的培养计划来提高此项能力达到标准要求

表4-39 生物农业企业技术创新人才胜任特征要素描述

要素分级	一级（尚需提高）·二级（满足需求）·三级（表现优异）·四级（出类拔萃）	
	代表行为展现	负面表现
1. 专业技能与创新	·成为组织内技术创新骨干力量，技术或专业能力水平在组织内得到广泛认同 ·负责管理领导一个小型技术研发项目团队（大于3人） ·积极主动地在组织内传播知识经验技巧，对他人有较强影响力 ·整合农业生物行业内的技术创新成果并创造出新的产品 ·勇于承担风险，具备良好的心理素质和抗压能力 ·善于思考新的解决方案以提升技术创新效率效益	·不掌握农业生物方面专业知识，不能成为组织内骨干力量 ·对于上级布置的各项工作，教条式、死板地执行 ·因循守旧，对任何新事物都抱着敌视的态度

续表

要素分级	一级（尚需提高）·二级（满足需求）·三级（表现优异）·四级（出类拔萃）	
	代表行为展现	负面表现
2. 市场敏感度	·经常通过深入田间试验现场观察掌握第一手信息 ·积极搜寻总结生物农业产业内技术创新和消费者需求相关信息 ·紧密跟踪生物农业产业技术研发创新的前沿动向 ·善于将消费者需求解码为研发项目的技术要求 ·掌握技术发展对消费者需求的影响 ·付出很长时间和精力帮助消费者解决问题 ·能发现消费者潜在需求及对未来产品或服务需求的发展趋势	·市场意识淡薄，很少关注市场情况 ·对市场的变化能做出反应，但缺乏积极的应对措施 ·以自己的主观臆测作为工作的方向标，市场洞察力差，对影响市场各要素理解不深
3. 问题解决	·能准确定义出问题所在和核心要义 ·能及时分析评估和诊断问题，确定问题的关键环节和信息 ·对项目持续追踪，诊断潜在的问题，评估解决问题的效果	·很少发现问题，或认为不重要自行忽略 ·对于发现的问题很少主动思考和解决 ·对于职责范围内问题的出现经常需要他人的指导、支持和帮助
4. 追求卓越	·能设定更具挑战性研发目标、绩效水准，努力取得研发成果 ·希望出色地完成企业和团队布置的任务，在工作中积极达到某种标准，愿意承担重要的且具有挑战性的任务，努力不懈地追求事业上的进步 ·在系统上或工作方法上做出改变，持续改善绩效 ·渴望成功，不满足于现状，喜欢迎接挑战，不断追求卓越	·倾向于容忍平凡的绩效，并且满足于自己工作中缺乏技能或能力的状态 ·几乎从不挑战自我，也不因此考虑采用新的、不同的方法或者深刻反思绩效的不足 ·自我实现意识不强烈，效用的满足主要来源于外在的荣誉与报酬，而非事业本身
5. 战略思维与学习	·准确把握并积极响应国家农业安全和发展的战略需求 ·善于把握消费者消费倾向改变和产业发展趋势 ·坚持把质疑作为发现、提出、解决问题的前奏和起点 ·分析自身技术创新的优势和不足，形成自己的研发策略和方法 ·深入了解行业内最新的知识和技术，并能预知它们在行业内的运用趋势	·对生物农业产业发展前沿和趋势不太关注 ·对生物农业产业行业系统了解不够 ·积极总结研发规律、推进创新不够

续表

要素分级	一级（尚需提高）·二级（满足需求）·三级（表现优异）·四级（出类拔萃）	
	代表行为展现	负面表现
5. 战略思维与学习	·设立系统性的学习计划和方向，在持续学习中不断发展自己 ·善于总结研究行业内的经验教训，形成自己的研发经验方法 ·善于整合行业内的技术创新成果，进行协同创新、合成创新	·对生物农业产业发展前沿和趋势不太关注 ·对生物农业产业行业系统了解不够 ·积极总结研发规律、推进创新不够
6. 自我意识与持久	·对自己的技术创新能力和判断力有信心 ·善于从分析错误中总结经验教训 ·勇于承担失败责任，采取行动改正 ·从错误中学习，以改善未来绩效 ·面对技术创新工作的挫折与不顺，能快速调适心情和情绪 ·能以学习的态度勇于接受批评 ·即使遇到不顺与挫折，仍能经常克服困难、达到预期的目标 ·不怕挫折，克服困难，表现出不断超越之前的勇气的状态	·欠缺完成任务的勇气与信念，没有勇气接受挑战性任务 ·对与自己相左的意见不敢提出质疑与反对，被动接受 ·畏惧和懈怠，害怕困难，不肯付出辛勤的努力，知难而退，虎头蛇尾 ·顽固执拗，不灵活，违背客观规律，一意孤行，一味坚持，固执己见
7. 团队精神	·能了解其他同事持续的感受、行动和情绪 ·向他人准确地表达意见和观点 ·具有建立相互信任、尊重、互惠关系的能力 ·善于倾听他人的意见和观点，并进行良好的互动交流 ·对他人提出的或自己观察发现的问题主动提供帮助 ·在团队中主动建立和维持与其他同事的良好关系 ·与其他人员定期交流，清楚彼此的工作进展和资源需求 ·能在整个部门（大于 10 人）与他人有效配合 ·积极促成团队其他成员合作	·缺乏沟通方法与技巧，不能妥善处理上下级左右工作关系 ·不能充分发挥各方面的积极性 ·不能凝聚各方面的力量协同动作和相互配合

第 5 章　基于胜任力模型的开发机制与应用实验

本书研究团队构建并实证研究了新一代信息技术产业技术创新主体胜任力模型，构建并实证检验了生物农业产业技术创新主体胜任力模型。

根据前期构建的胜任力模型，对创新主体的开发应用机制进行了初步探讨，比较细致地对胜任力模型在“新一代信息技术产业”和“生物农业产业”中的应用进行了设计。

5.1　战略性新兴产业创新主体胜任力开发机制概要

基于胜任力模型开发目标群体，或者加强目标人力资源的能力建设，已经有成熟的理论和实践。本书第 2 章对于“胜任力开发与开发机制”有比较清晰的界定，对本书确定战略性新兴产业创新主体有所思考。

5.1.1　基于胜任力模型的人才开发机制研究概述

笔者认为，“胜任力模型”是对成就组织中成员卓越绩效的可评估与开发的内在和外在要素的选项、内涵和结构直观而本质的描述。什么是“开发”？常用的含义是对荒地、矿山、森林、水力等自然资源投入劳动，达到可利用性转变的目的，即把自然态的“资源”转变成可利用的“资本”，可以作为要素投入生产过程中，创造使用价值和剩余价值。对资源的“开发”可分为“物力资源开发”和“人力资源开发”两类，而“人力资源开发”，即“人才资源开发”，界定为通过教育、培训活动，对人的知识、技能、能力、动机和智慧等进行传授、训练、激发和利用的活动，以提高开发对象的认知能力、劳动水平和工作效率。可以将“胜任力开发”理解为针对“组织中绩效卓越成员所具备的内在和外在要素”进行的“传授、训练、激发和利用的活动”，使被开发者的“技术能力、知识结构、职业精神、价值观念、性格特征和心理动机”发生正面、向上和积极的改变，以获得有效承担一定岗位职责的能力，即“胜任力”。至于“胜任力开发机制”，是指开发胜任力这一复杂工作系统中各部分或各子系统之间相互作用的过程和方式。①

本章针对创新主体胜任力的开发，是一种针对特别类型人才的开发。有专家认为，人才开发可以分为多种类型，包括配置性开发、提高性开发、利用性开发、流动性开发、整合性开发、储备性开发和自我开发。在表 5-1“人才开发的类型”中，分别对这几种人才开发做了说明。②

表 5-1　人才开发的类型

类　型	内　容
配置性开发	择优选择、录用或聘用合格的人才资源，并配置到合适的岗位上去
提高性开发	指培训和教育人才资源，提高其素质和能力
利用性开发	合理使用现有的人才资源，充分利用有关人力资源开发的“思想库”或“脑外”资源
流动性开发	充分利用劳动力市场和人才市场的功能，使人才资源流向最有利于其施展才能的单位或岗位
整合性开发	优化人才资源的群体结构，使人才资源的群体功能大于其个体功能的简单相加，即“1+1>2”
储备性开发	适当地储备各种类型的人才资源，以随时满足企业可持续发展的基本需求
自我开发	人才资源应主动地进行自我开发，不断提高自身素质，以适应社会经济发展的需要，为社会创造财富

① 参见本书第 2 章中“胜任力开发与开发机制”的论述。

② 杨河清．人才开发概论［M］．北京：中国人事出版社，中国劳动社会保障出版社，2014.

根据本书确定的研究对象的特点，基于胜任力的开发主要可以归类为提高性开发、利用性开发和整合性开发，也包括为满足未来战略需求和市场挑战的储备性开发。

5.1.2 基于胜任力模型的产业创新主体开发机制要点

根据构建的胜任力模型——“新一代信息技术产业创新主体（个人和团队）胜任力模型”，“生物农业产业技术创新主体胜任力模型”和“战略性新兴产业商业模式创新主体胜任力理论模型”，讨论战略性新兴产业创新主体的胜任力开发机制，有三点重要的认识。

第一，战略性新兴产业创新主体的胜任力开发是复杂的系统工程。在开发过程中，首先需要明确谁开发（投资）、开发谁、开发什么等基本问题。既需要国家和各级政府部门制定规划，又需要落实到市场微观主体企业组织；企业是开发需求的主体，也是主要的投资主体。政府应从国家和地方产业发展规划角度对战略性新兴产业人才的开发予以支持——财政性或非财政性。但是，作为产业发展而言应该坚持以企业为主，了解和服务企业需要，按照市场经济规律办事。认识到这一系统工程的复杂性、经济性和有效性，界定总系统和各层级、各类型子系统的活动主体、客体和边界，以及系统和环境之间物质与非物质资源的投入与产出，具有重要意义。

第二，基于胜任力模型的产业创新主体开发需要评估适用性和有效性。构建的三类胜任力模型，其中两类可能主要对相应产业领域的企业有效，对其他产业领域的企业仅具有借鉴意义。新一代信息技术产业创新主体（个人和团队）胜任力模型和生物农业产业技术创新主体胜任力模型，主要应用于相关的这两类产业中的组织，对新一代信息技术产业和生物农业产业之外的产业组织有一定参考价值。应该意识到研究者和研究方法的差异性，对相同或相似产业创新主体胜任力模型的研究结果往往有较大的不同。管理学研究通常会受到主观视角和客观情景的影响，使研究结论难以取得一致的形式和内容。因此，在成果的应用中，应该高度注意成果的适用性和有效性，简单地推而广之有可能事倍功半。

第三，基于胜任力模型的产业创新主体开发需要专业设计和有效组织。应用时，需要把胜任力模型中的各项要素转化为知识、技能和能力点，设计到课程里，以一定的方式作用于开发对象，使其转化为被培训者的人力资本，或者使其人力资源能力得到强化，运用于实践中产出更大的绩效。因此，将胜任力模型设计为开发项目和实际工作内容，需要专业人员的参与，相关企业的人力资源专家需要和岗位所在部门密切配合。对于规模较小的高科技企业，可以采用外包方式，寻求外部的人力资源专业技术支持。

5.2 新一代信息技术产业创新主体胜任力开发应用实验①

考虑到新一代信息技术产业的实际情况和研究者开展工作的便利性及认识水平，基于胜任力模型的技术创新主体人力资源开发应用实例，主要包括产业创新人才的招聘选拔、技术创新团队人才匹配和技术创新主体培训与发展三个方面。

需要说明的是本部分的研究者，本职工作的主要内容就是新一代信息技术产业技术创新人才的管理工作，所以应用实验的重点在于根据工作中的实际需要提出创新建议和实施方案。

5.2.1 基于胜任力模型的技术创新人才招聘选拔

基于胜任力模型的人才招聘能够考察应聘者的潜在特征，通过测评中心技术，综合运用多种测评手段，提高招聘的成功率，实现让合适的人做合适的事的目标。主要特点：一是将胜任力模型作为招聘的依据和标准之一；二是胜任力模型与招聘中应聘人员的行为表现具有一致性；三是胜任力模型具有较强的操作性和可控性。

设计基于胜任力模型的技术创新人才招聘流程的主要步骤为：一是以通用的招聘管理流程为基础，参考构建的胜任力模型，加入胜任力要素评价环

① 本节“新一代信息技术产业创新主体胜任力开发应用实例”由王欢博士完成。（王欢．新一代信息技术产业技术创新主体胜任力研究［D］．北京：北京师范大学，2015.）

节，初步形成基于胜任力模型的技术创新人才招聘流程；二是组织召开专家小组会议，请新一代信息技术产业较有代表性领域单位的 5 名招聘管理人员，就初步的招聘流程进行研讨和修正，从而得出以下的基于胜任力模型的技术创新人才招聘流程，具体如下。

首先，对于构建的新一代信息技术产业技术创新人才胜任力模型，将模型中的各个胜任力要素分为 5 个等级，并对每个等级赋予一定的分值（见表 5-2）。

表 5-2　技术创新人才胜任力要素等级

胜任力要素	评价等级				
	A5	A4	A3	A2	A1
学习能力	100～80	80～60	60～40	40～20	20～0
创新能力	100～80	80～60	60～40	40～20	20～0
专业技术水平	100～80	80～60	60～40	40～20	20～0
全局把控与统筹能力	100～80	80～60	60～40	40～20	20～0
目标导向	100～80	80～60	60～40	40～20	20～0
执行力	100～80	80～60	60～40	40～20	20～0
时间管理	100～80	80～60	60～40	40～20	20～0
客户导向	100～80	80～60	60～40	40～20	20～0
沟通能力	100～80	80～60	60～40	40～20	20～0
团队精神	100～80	80～60	60～40	40～20	20～0
合作共赢	100～80	80～60	60～40	40～20	20～0

其次，以“新一代信息技术产业技术创新人才胜任力构成要素”中对各个胜任力要素的定义，以及“预试修订后的技术创新人才胜任力构成要素测量指标体系”中对各个胜任力要素的测量指标，结合表 5-2 中的胜任力要素等级，形成各评价等级的行为锚定量表。以时间管理为例，其胜任力要素的行为锚定量见表 5-3。

表 5-3　时间管理胜任力要素等级

等级	行为参照效标
A1	能够设定工作目标、拟定每周行程，但经常变换工作次序，导致时间浪费
A2	能够安排每日行程，按部就班地完成工作，并为工作排定先后次序
A3	能够确实掌握责任范围内的工作进度，并且时时检查时间的安排运用是否恰当
A4	在掌握责任范围内工作进度的基础上，检讨时间的浪费情况，思考节省时间的方法
A5	思考提高工作效率的方法，以及如何将任务做最有效率分派

再次，根据技术创新人才岗位胜任要求，采用德尔菲法、层次分析法，得出技术创新人才各个胜任力要素的权重（见表 5-4）。在这一过程中，参考了技术创新人才胜任力编码过程中各胜任力要素的集中程度（见表 5-5），这一程度反映了被访谈或被调研对象对各个胜任力要素的重要性的一致性认识。

表 5-4　技术创新人才胜任力构成要素权重

胜任力要素	学习能力	创新能力	专业技术水平	全局把控与统筹能力	目标导向	执行力	时间管理	客户导向	沟通能力	团队精神	合作共赢
权重	12%	10%	9%	7%	7%	14%	7%	7%	14%	7%	6%

表 5-5　技术创新人才胜任力要素集中程度①

维度	构成要素	集中程度
思维能力（A）	学习能力（A_1）	78%
	创新能力（A_2）	68%
	专业技术水平（A_3）	61%
	全局把控与统筹能力（A_4）	46%

① 集中程度主要衡量了 59 份行为事件访谈及开放式问卷中，胜任力构成要素出现的频次。例如，某胜任力要素在 1 份样本中出现多次，则只计 1 次。具体公式如下：集中程度 =（某胜任力要素出现的次数÷59）×100%。

续表

维度	构成要素	集中程度
行动能力（B）	目标导向（B_1）	42%
	执行力（B_2）	81%
	时间管理（B_3）	46%
	客户导向（B_4）	39%
人际关系（C）	沟通能力（C_1）	81%
	团队精神（C_2）	44%
	合作共赢（C_3）	32%

最后，进行胜任力要素测评。考虑到测评工具的特点及操作成本等方面的原因，采取不同的测评工具相结合。① 结合企业中普遍采用的招聘步骤，引入胜任力研究成果，具体流程为：简历筛选（包含基于胜任力要素的申请表审核）、笔试、心理测评、面试（基于行为事件面试技术进行结构化面试、无领导小组讨论等）、背景审核、招聘录用决策等，具体如图 5-1 所示。

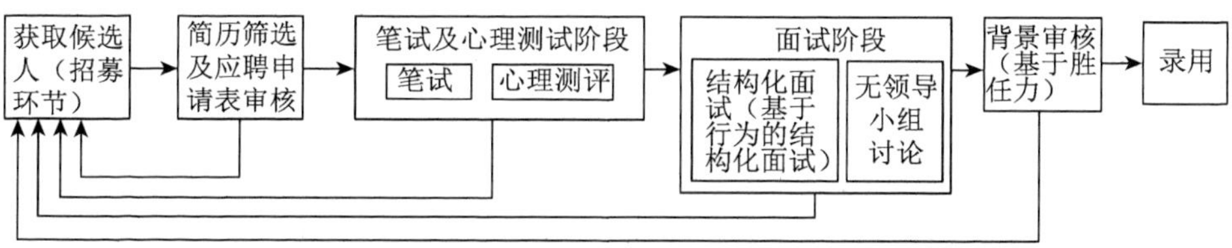

图 5-1　基于岗位胜任力技术创新人才甄选流程图

在应聘申请表的设计及审核环节，设计基于胜任力的应聘申请表，主要有两方面的考虑：一是通过申请表能够对候选人的总体胜任力状况进行初步的判断；二是可以将部分胜任力要素的指标放到申请表中进行初步的评估。申请表的设计主要参考基于胜任力要素撰写的工作说明书，包含了胜任力模型中需考察的胜任力要素，并给每项胜任力要素足够的空间，让候选人做出有针对性的回答，如表 5-6 所示。

① 张庆．基于胜任力的人力资源招聘选拔［J］．工业技术经济，2009（9）：107-112.

表 5-6　基于胜任力的技术创新人才岗位核心要素说明（节录）

岗位胜任力要素部分
您需要证明自己具备应聘岗位所要求的下列胜任力构成要素，如果通过了初步筛选，我们将会在笔试、面试和其他测评过程中，请您就您所表述的内容做进一步说明。 · 学习能力 · 创新能力 · 专业技术水平 · 全局把控与统筹能力 · 目标导向 · 执行力 · 时间管理 · 客户导向 · 沟通能力 · 团队精神 · 合作共赢 从你最近三年的工作中，举 1~2 个例子。在回答问题时，请注意： · 举的例子应为你本人实际经历过的例子，不要举你知道但没参与过的例子； · 在举的例子中，请明确说明你所做的贡献； · 回答要简洁，勿提及不必要的细节，每题回答字数控制在 500 字以内。 您所提供的信息，将作为我们判断您是否进行下一阶段招聘程序的参考。 我们将以您所提供的信息为基础，判断您是否适合进入下一阶段的甄选程序。请在下面各项胜任力要素下按要求回答（部分胜任力要素）
· 目标导向 请举例说明您曾完成过的比较困难的事件。说明的内容包括目的、过程中遇到的障碍、如何克服、如何看待那些障碍及结果如何，是否达到了初始确定的目标
· 客户导向 请举例说明您与客户打交道的经历。说明的内容包括您是如何理解客户的感受与需求的，在产品开发或者方案设计等过程中，是如何考虑客户的需求的，如果客户需求发生变化，您是怎么处理的，结果如何
· 团队精神 请举例说明您的团队工作经历。请对团队及其工作目标做出简要描述，您在该团队中的角色，团队发生问题时，您是如何与团队成员共同完成任务的
其他事项
您是否有其他能够说明符合该岗位要求的信息，如有，请说明

应聘申请表的审核环节可以作为人才甄选的第一步，进行初步的筛选，对通过初筛的人选，再进行笔试、心理测评、面试等。考虑到招聘的成本，可以将笔试与心理测评放在一个环节组织，在这一环节，先进行笔试，再进行心理测评，如果这一环节也考虑筛选的因素，可以综合考虑应聘人这两项

评价的得分，其后，将结构化面试与无领导小组讨论放在一个环节组织，进入这一环节人员的最终得分，由四部分组成，包括笔试、心理测评、结构化面试、无领导小组讨论。

在结构化面试的设计上，要基于行为面试技术来设计，全面分析岗位信息，在试题的设计上，采用与胜任力模型构建互逆的方式，根据之前从行为事件访谈提取胜任力要素的思路找到原本的行为事件，依据其进行情景模拟，设计出应聘者所能理解的工作情境，并根据行为事件访谈，被访谈人员所提出的成功解决问题的策略，设计出情景模拟中的观察要素。①

综合考虑各种测评方法的特点，对技术创新人才各个胜任力要素测评的方法及所占权重如表 5-7 所示。

表 5-7　技术创新人才测评方法及所占权重

胜任力要素	人才测评方法及所占权重			
	笔试	心理测评	结构化面试	无领导小组讨论
学习能力	20%	10%	50%	20%
创新能力	20%	—	40%	40%
专业技术水平	40%	—	60%	—
全局把控与统筹能力	20%	10%	30%	40%
目标导向	—	20%	40%	40%
执行力	—	20%	40%	40%
时间管理	20%	10%	20%	40%
客户导向	—	20%	30%	50%
沟通能力	—	20%	30%	50%
团队精神	—	20%	30%	50%
合作共赢	—	20%	30%	50%

假设有 n 名候选人通过了简历筛选及基于胜任力的应聘申请表审核，进入笔试及心理测评阶段，经过一定比例的筛选后，m 名候选人进入面试阶段，

① 丁秀玲．基于胜任力的人才招聘与选拔［J］．南开学报（哲学社会科学版），2008（2）：134-140.

进行基于行为面试技术的结构化面试及无领导小组讨论，可以得出 m 名候选人每人的得分，假设某候选人的得分用 X 表示，X_i 为该候选人某一项胜任力要素的得分，a_i 为该项胜任力要素的权重，X 为各胜任力要素的加权求和，用公式表示如下：

$$X = \sum_{j=1}^{11} a_i X_i = a_1 X_1 + a_2 X_2 + \cdots + a_{11} X_{11}$$

其中，在具体胜任力要素评分方面，Y_j 为该候选人在某种人才测评方法下胜任力要素的得分，b_j 为某项人才测评方法所占的权重，X_i 为通过各种人才测评方法评价的胜任力要素得分的加权求和，用公式表示如下：

$$X_i = \sum_{j=1}^{4} b_j Y_j = b_1 Y_1 + b_2 Y_2 + b_3 Y_3 + b_4 X_4$$

运用以上计算方法，可以得出每名候选人的胜任力总分值，以及每个胜任力要素的分值。针对总分相差较小的候选人，可以将候选人的数据输入计算机，在 Excel 上生成测试结果雷达图；针对团队在人员配置上对不同胜任力要素的要求，形成建议录取人选；经过基于胜任力的背景调查，确认和证实已获得信息，追踪和调查尚未完全弄清楚的重要问题后，提交录用决策，确定最终录用人选。

5.2.2 基于胜任力模型的技术创新团队人才匹配

可以将基于胜任力模型的技术创新人才招聘流程应用于通用性的筛选，形成个人胜任力水平基本胜任的人选，在具体的选拔过程中，考虑不同的人才测评方法对个人胜任力衡量的侧重点，在团队负责人的选拔方面，着重测评其在全局把控与统筹、目标导向、合作共赢方面的能力；在团队成员的招聘方面，着重测评其目标导向、执行力、专业技术水平、创新能力、客户导向的水平。

在个人与团队的匹配和动态调整中，注重补充胜任力要素有利于促进个人胜任向团队胜任转化的人员，避免引入不利于个人胜任向团队胜任转化的人员。在匹配和动态调整中，可以考虑采用内部选拔性评估的方式，对现有人才的职位、职级调整进行评估，在职位、职级方面向有利于促进个人胜任向团队胜任转化人员倾斜，促进这些人员在团队中发挥更重要的作用。另外，针对企业定期调整职位、职级的情况，可以通过选拔性评估，建立相应的后备人才队伍，形成相应的人才发展计划。选拔性评估的流程见图 5-2。

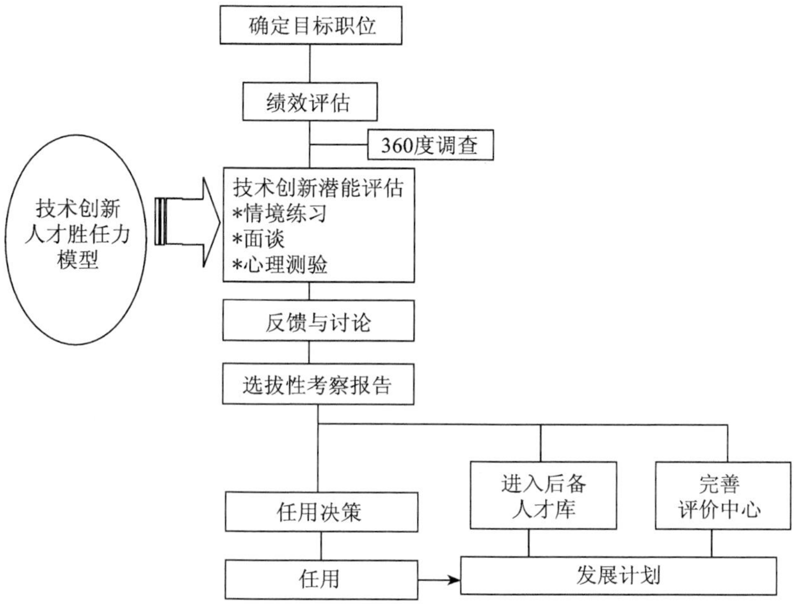

图 5-2　基于胜任力模型的技术创新人才选拔性评估过程

5.2.3　基于胜任力模型的技术创新主体培训与发展

通过对现有从事技术创新工作人员、团队胜任力进行评估，能够发现能力的相对优势和弱项，以及与胜任力模型要求的差距，从而找到能力短板，明确人才、团队层面不同的培训需求，制订能力培养发展计划，实施相应的培训计划与项目。① 同时，根据新一代信息技术产业技术创新人才胜任力模型，开发培训课程体系，设定不同职业发展阶段所需要的职业技能培训与专业培训，提升培训课程开发的针对性和系统性。

① 李淑敏，时勘．基于胜任特征的培训需求分析［J］．中国人力资源开发，2009（3）：49-51.

1. 建立基于胜任力的培训全流程管理与评估体系

为进一步实现新一代信息技术产业技术创新主体培训组织与实施的标准化和专业化，提升培训管理质量，保证培训项目实效，将胜任力嵌入培训管理流程中，建立基于胜任力的技术创新主体培训全流程管理与评估体系（见图 5-3），从培训的需求分析、计划制订、培训组织实施和培训效果评估四个环节进行过程管理，确保培训的科学性和实用性。

与以往的培训流程管理与评估体系相比，基于胜任力的培训全流程管理与评估体系，在培训需求制定环节，充分考虑了技术创新主体，包括技术创新人才、技术创新团队两类主体胜任力模型的应用，有针对性地找出能力提升的重点；在培训实施环节，采取多种方式相结合，有针对性地提升人才、团队的不同能力；在培训效果评估环节，结合培训实施阶段所采取的主要方式进行评估，对知识层面的培训采用考试、汇报展示等方式，对于能力素质方面的培训主要采取“四度评估”方法、能力习得评估的方式。

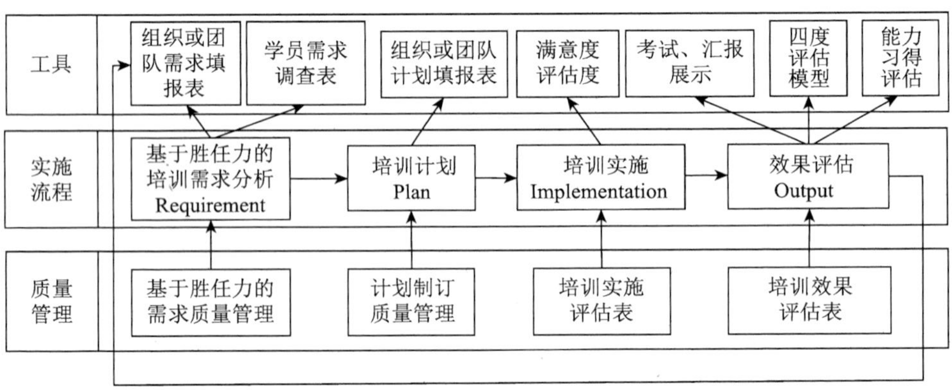

图 5-3　基于胜任力的技术创新主体培训全流程管理与评估体系

2. 胜任力模型在培训需求分析中的应用

基于胜任力的技术创新主体培训需求分析，主要是对能力提升的培训需求分析，分为组织分析、任务分析、人员分析三个层面。这里的培训需求分析主要聚焦在组织分析、人员分析两个层面，并在这两个层面的分析中，同时考虑工作任务层面的要求。鉴于新一代信息技术产业团队技术创新的普遍性，这里组织分析与以往研究中着眼于企业核心竞争力的识别不同，主要是着眼于团队胜任力的识别，应用构建的人才、团队胜任力模型，了解人才、团队能力水平现状，找出能力现状与胜任力模型中对能力要求的差距，从而找到培训需求。这类培训需求分析与传统的培训需求分析相比具有以下几个特点：一是能够比较科学地判断个人、团队能力水平现状；二是更偏重于战略性、发展性分析；三是充分考虑了组织长期发展、提升团队、个人胜任力的要求。

基于胜任力的技术创新主体能力提升培训需求分析主要分为以下步骤：

第一，应用新一代信息技术产业技术创新团队胜任力模型，编制团队能力评价问卷，由团队负责人、团队上一级领导人力，对技术创新团队的胜任力进行评价，结合企业的发展战略和主要工作任务，找出团队能力的差距，即团队培训能力提升需求。

第二，应用新一代信息技术产业技术创新人才胜任力模型，编制个人能力评价问卷，采取团队负责人评价与人才自评相结合的方式，结合团队工作目标，以及团队能力需要提升的方面，找出个人能力的差距，即个人培训能力提升需求。

第三，结合第 5 章提出的基于胜任力的个人、团队影响机制，形成个人层面、团队层面的能力提升需求。

在具体培训需求的提出上，首先，由各个业务单元，从支撑企业战略落地、促进业务发展的角度，分专业线条，梳理出个人、团队的培训主题；其次，在考虑上述个人层面、团队层面能力提升需求的基础上，使用培训需求分析矩阵，面向培训对象调研重要且紧迫的培训主题需求，以形成最终的技术创新主体培训计划。

3. 培训实施中学习方式的选择

随着近年来移动互联网的迅速发展和培训领域的积极探索，培训方式呈现多样化的发展趋势，主要的培训方式包括课程讲授、在线学习、混合式学习、案例分析教学、行动学习、跨界学习、角色扮演、情景模拟、拓展训练、小组讨论等，不同的培训方式具有不同的特点和使用环境，对提升个人、团队胜任力的各项能力而言，适用性有所不同。综合分析目前应用较为普遍的培训方式的特点、使用环境，对适用于提升个人胜任力、团队胜任力不同胜任力要素的培训方式进行梳理（见表5-8），在实际管理工作中，可以依据个人胜任力、团队胜任力能力提升的不同需要，选取相应的培训方式。

表5-8　培训方式的特点及适用性

序号	培训方法	主要特点	使用环境	适用于提升的个人胜任力	适用于提升的团队胜任力
1	课程讲授	适合于学习新的、复杂程度较高的知识，在学习过程中可以传递大量的信息	适于在学员数量多、知识复杂程度高的情景下使用	学习能力、专业技术水平	知识传承
2	案例分析教学	在学习过程中创建仿真的业务环境，通过讨论和决策促进学员掌握工作技能，避免实际工作中可能发生的错误	适于提升学员判断分析关键工作问题的技巧，培训学员解决工作关键问题的能力	全局把握与统筹能力、目标导向、执行力、时间管理	组织能力、团队学习
3	拓展训练	通过野外训练、实际操作的方式，促使学员认识团队协作的重要价值，掌握团队协作和沟通技巧	拓展训练是理论学习的有益补充，有助于增强员工认识，改善员工工作态度	沟通能力、团队精神、合作共赢	共同愿景、沟通协作
4	业务流程手册	业务流程手册的学习方式不受时间、空间的限制，具有较大的灵活性	建议在学习新的业务流程、基础的业务流程时使用	学习能力、执行力	知识传承
5	行动学习	当学员通过课程讲授或者教材学习，掌握了相关的知识后，通过在课堂创造真实的工作环境，促使学员使用所掌握的知识技能解决实际工作问题，以不断巩固学员所掌握的知识技能	在实际工作中，可以通过学员小组做项目、解决实际工作问题的方式开展培训，适于培养各个专业领域的专家型人才	学习能力、目标导向、执行力、时间管理	组织能力、团队学习

续表

序号	培训方法	主要特点	使用环境	适用于提升的个人胜任力	适用于提升的团队胜任力
6	跨界学习	学员参观标杆企业，学习标杆企业先进的工作经验，认识和了解自身工作存在的差距，通过树标杆、找差距和学先进经验等方式提升工作能力	由于跨界学习的成本较高，因此跨界学习多用于培养管理人员和各个专业领域的高层专家型人才	学习能力、创新能力	团队学习
7	角色扮演	学员扮演不同工作岗位的角色，深刻理解自身工作及其与相关岗位的关联，并了解整个业务流程之间的联系。角色扮演对学员实际解决问题能力的提升较大	角色扮演课程的设计难度大，培训成本高，可以与课程讲授方式混合使用，在课程讲授中，将部分环节采取角色扮演力	目标导向、执行力、时间管理、沟通能力、客户导向	客户导向、组织能力、沟通协作
8	情景模拟	模拟实际的工作环境，设计模拟情景，使学员在完全仿真的环境下，进行讨论、行动和决策。在培训过程中，可以进一步观察学员的能力表现，找到学员能力的差距和不足，帮助学员提升能力	在实施新业务流程之前，可以进行情景模拟，避免在实际工作中由于失误造成损失。情景模拟的设计和开发较为困难，适于在提升高级管理人员和领域专家胜任力时使用	全局把控与统筹能力、目标导向、执行力、时间管理、客户导向	共同愿景、客户导向、组织能力、沟通协作
9	小组讨论	由学员对工作中出现的新问题，新的工作流程如何落地、新的组织战略如何更好地实施等问题协同进行讨论，以解决特定问题或分享相关信息	当组织中出现了新的问题，尤其是那些需要组织的内部专家和管理人员通过讨论、分析和沟通达成共识的问题，可以使用该种方式学习。适于在解决内部新问题、复杂问题时使用	目标导向、执行力、时间管理、沟通能力、客户导向	共同愿景、客户导向、组织能力、团队学习、沟通协作、集体创新

续表

序号	培训方法	主要特点	使用环境	适用于提升的个人胜任力	适用于提升的团队胜任力
10	在线学习	在线学习不受时间、空间的限制，具有较大的灵活性	建议在学习常用专业知识、基础理论知识、新技术新知识的时候使用，也可以用于培养员工常见的社会技能和常用的工作技能	学习能力、专业技术水平	知识传承

4. 培训效果评估

为了实现对企业发展战略的支撑作用，培训应关注与企业发展战略相关的内容，与重点业务发展相关的内容，促进战略落地实施，围绕待提升的个人、团队的胜任力，提升参训者的关键能力。培训效果评估过程中，可以采用“四度”评估方法（见图 5-4）与能力习得分析相结合的方式。所谓“四度”评估方法，主要是在四个维度上对培训效果进行评估，包括战略相关度、业务紧迫度、工作指导度和知识前瞻度，使用“战略性相关度”和“业务紧迫度”的结果评估培训对企业战略落地的支撑，使用“工作指导度”和“知识前瞻度”的结果评估培训对个人、团队关键能力的支撑。

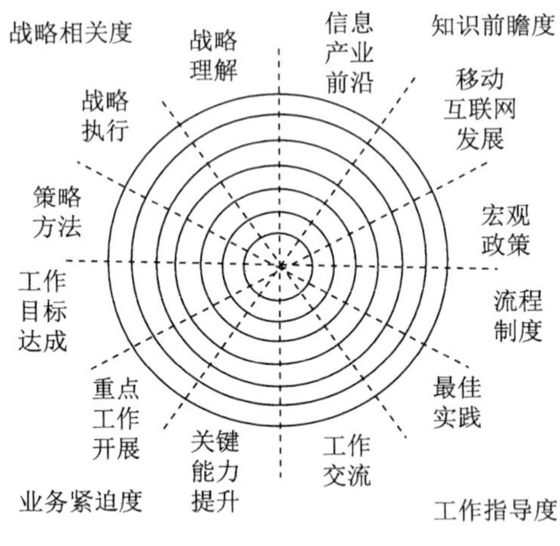

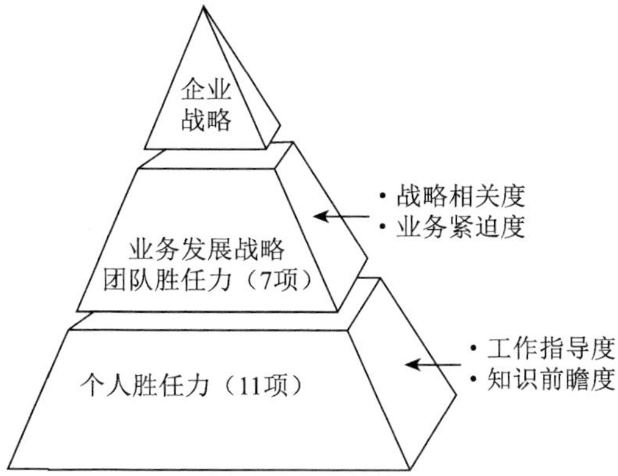

图 5-4 涵盖胜任力提升评价的培训效果“四度”评估理论框架

基于胜任力的能力提升培训需求分析，保证培训项目都有既定的培训目标，有明确的知识和能力掌握的要求。在培训中，参训者是否按照培训项目设计的要求掌握了相关的知识和能力，在培训前、培训后的学员对知识能力的掌握状况是否存在差异，是检验培训效果的重要依据之一。学员对培训内容重要程度的评价，也可进一步明确培训内容是否有助于工作开展。

能力习得评估即是按照上述方式分析评估培训项目的目标达成率及实效性。首先，根据培训项目目标和内容梳理出该项目参训学员需要掌握的重点知识和需要习得的重点能力，然后评价参训学员在培训前、培训后相关知识能力掌握状况，对这些知识能力的重要性进行评价。如培训后学员的知识技能掌握状况明显高于培训前，则可以认为培训的知识和能力掌握的目标达成，培训产生了良好的效果。如学员认为该重点知识和能力对其工作开展和能力提升非常重要，则认为培训内容具有实效性和针对性（见表 5-9）。

表 5-9 培训项目能力习得评估问卷（示例）

指导语：请根据您在此项培训和实际工作中的情况，对下面所列各项知识/能力，就培训前掌握程度、培训后掌握程度、对实际工作的价值分别打分，均采用 5 分制，用“1～5”数字表示，“5”表示最高程序，“1”表示最低程度。

重要知识/能力	培训前掌握程度					培训后掌握程度					对实际工作的价值				
重要知识点一	1	2	3	4	5	1	2	3	4	5	1	2	3	4	5

续表

指导语：请根据您在此项培训和实际工作中的情况，对下面所列各项知识/能力，就培训前掌握程度、培训后掌握程度、对实际工作的价值分别打分，均采用5分制，用“1~5”数字表示，“5”表示最高程序，“1”表示最低程度。															
重要知识/能力	培训前掌握程度					培训后掌握程度					对实际工作的价值				
重要知识点二															
重要知识点三															
重要能力点四															
重要能力点五															
重要能力点六															

5.3 生物农业产业创新主体胜任力开发应用实验①

生物农业产业创新主体胜任力模型的应用实例，在目标企业A公司具体设计和实施。主要应用包括招聘体系、培训体系和绩效考核体系的构建三个方面。

5.3.1 应用目标企业A公司概况②

A公司是北京中关村科技园区一家典型的农业生物高科技企业，创建于20世纪90年代。秉承“报国兴农，争创第一，共同发展”理念，致力于以科技创新推动我国生物农业产业发展。目前，A公司集团产业涵盖饲料、动物保健、疫苗、种猪、生物饲料、种业、植保等方向，拥有近3万名员工、1500余人的核心研发团队、100多家生产基地和180多家子公司，在全国建有1万多个基层科技推广服务网点。A公司在深圳证券交易所挂牌上市交易，是中国农牧行业上市公司中市值很高的农业高科技企业。

A公司高度重视农业生物技术创新，在动物营养、生物饲料、生物育种、

① 本节关于“生物农业产业创新主体胜任力开发应用实例”的研究，由杨木春博士完成。参见杨木春．农业生物企业技术创新人才胜任力模型构建与应用研究［D］．北京：北京师范大学，2015.

② 关于A公司的数据来源于该公司内部材料和网站公开信息。

动物保健及生物农药方面设有5个科研中心，现有科技创新人员1500余名，其中博士80余名，硕士250余名，引进国际领军人才6名，被认定为北京市“海聚工程”专家4人，中关村“高聚工程”专家1人。A公司一直十分重视研发经费的投入，近3年投入的研发经费分别为2.4亿元、3.4亿元和5.1亿元，均超过当年销售收入的3%。A公司的科研中心，由饲用微生物工程国家重点实验室、作物生物育种国家地方联合工程实验室、种猪产业育种基地、动保研发体系和生物农药研发中心组成。

A公司认为人是公司发展的最重要资源，鼓励员工多领域涉猎，坚持选人重于培训、培训重于奖惩、能力重于学历、绩效重于资历、品德重于能力、实干重于空谈的用人原则。A公司建立管理和专业人员双通道晋升机制，横向拓展与纵向发展相结合，力求培养全方位人才。总体来说，A公司人力资源管理比较规范，主要是以工作分析为人力资源管理实践的基础，这也是当前人力资源管理和实践中比较普遍的模式，与胜任力管理模式相比属于传统的人力资源管理模式。

在研究过程中，经过与A公司协商，拟选择少部分岗位，运用构建的胜任力模型进行招聘、培训、考核等人力资源管理工作，待对新的管理方式取得的实际成效进行评估，确认具有较好成效后，再决定是否推广运用以及在多大程度上推广运用基于胜任力的人力资源管理模式。

5.3.2 基于胜任力模型的招聘应用实例

A公司人力资源管理部门选择部分技术创新人才职位，通过运用本书构建的胜任力模型开展招聘工作，并共同进行了精心设计和策划。应用本书构建的胜任力模型，招聘了饲用微生物、生物作物育种4名技术创新业务骨干力量。招聘过程完全按照胜任力模型运用原则和流程来组织实施，坚持精心设置、多角度甄别、成本可控的原则，最终从258名应聘者中选录了4人。从招聘的4名技术创新人才使用情况来看，运用胜任力模型开展招聘工作取得了积极成效。

A公司传统的人力资源管理模式制定招聘流程，包括发布招聘信息、投递简历、简历筛选、初试、复试、沟通答疑、签订合同等。招聘信息发布主要对拟招聘的岗位职责、任职资格作说明，如招聘饲料动保技术研发岗位，岗位职责包括协助技术总监进行配方的设计和开发、产品质量跟踪、解决产品技术方面出现的紧急事件、调查市场、走访客户、技术培训、产品的包装、说明书、技术资料编写等，任职资格包括学历要求、专业要求以及较强的创新、服务、沟通协调能力。简历筛选主要根据应聘人员的自我介绍进行辨别，按 1∶8 的比例选择进入初试人员。初试一般按 1∶8 的比例安排，以面试问答的形式进行。复试一般按 1∶3 的比例，进行深入面谈，并初步达成录用意向。经沟通答疑后，签订聘用合同。从 A 公司的招聘流程看，主要以面试等主观判断的形式进行辨别，缺少客观判别形式。在招聘过程中，也体现出了人性化关怀，如安排了沟通答疑环节，进一步征求应聘人员意见和想法。

经与 A 公司人力资源管理部门一同讨论协商，对基于胜任力模型的招聘流程进行了设计，主要包含招聘需求分析、制订招聘计划、招聘实施、入职及试用期管理、转正决策、总结与评估等过程。在具体的招聘工作中，各环节是相互联系、相互促进的流程。主要包括：

第一，招聘需求分析：由人力资源部组织用人部门结合胜任力模型和特征，进行岗位分析，确定用人需求。

第二，制订招聘计划：人力资源部汇总各部门用人需求编制招聘计划，报总裁审批。

第三，招聘实施：人力资源管理工作人员根据招聘计划，拟订招聘实施方案，报上级审批后实施。过程包括：

①任职资格分析：根据需求岗位的职责确定任职资格及具体岗位胜任特征要求。

②招聘渠道选择与信息发布：本着适宜性、经济性、可行性的原则选择招聘渠道，发布招聘信息，公司内部如有合适人选优先内部招聘。

③收集整理应聘简历和填写工作申请表：人力资源管理工作人员收集应聘人员简历并进行分类、筛选，分送给相关部门，初步确认符合条件人员名

单；通知符合条件人员填写基于胜任力模型设计的工作申请表，进一步甄选人员。

④面试与测评：人力资源管理工作人员根据名单通知符合条件人员参加基于胜任力的结构化面试，并组织开展心理测评和职业兴趣测评。

⑤录用决策：用人部门主管结合人力资源部意见作出最终录用决策。

⑥录取：人力资源管理工作人员向拟录用人员发送录用通知书，向不予录用的人员发送感谢信。

第四，入职及试用期管理：新员工需按要求办理报到手续、签订合同、学习公司各项规章制度，参加岗前培训，人力资源部及用人部门负责试用期员工的跟踪考核。

第五，转正决策：试用期满，员工提出转正申请，部门主管、人力资源部进行审核，并报主管领导审批，通过后，办理转正手续。

第六，总结与评估：人力资源管理工作人员对基于胜任力模型招聘的质量、数量及费用进行总结分析，并以书面形式上交人力资源部经理或主管领导。

A 公司在确认技术创新人才胜任力模型及胜任特征水平要求的基础上，确立了基于胜任力的招聘流程。招聘组织实施包括填写工作申请表、知识技能测试、职业心理测试和结构化面试等环节。

1. 填写工作申请表

A 公司在招聘饲用微生物、生物作物育种 4 名技术创新人才时，发布招聘信息仍采用了“岗位职责+任职资格”的模式，如生物作物育种技术创新人员岗位职责和任职资格，具体见表 5-10。运用胜任力模型和胜任特征进行了工作分析，在此基础上制定岗位职责和任职资格条件要求。因考虑到招聘信息需要对社会公开发布，这个环节运用胜任力模型和胜任特征进行分析，但在表现形式上与传统的人力资源招聘信息发布形式没有显著差别。

表 5-10 生物作物育种技术创新人才招聘信息

岗位职责	任职资格
1. 开展科研调研，及时准确地收集科研育种信息，对科研育种趋势进行分析预测，尤其是对社会在试品种的动态有较充分的把握。 2. 安排试验，管理新组合的鉴定试验、品比试验等。 3. 采集、整理试验数据，统计分析品种数据，建立健全科研数据统计分析体系，从优良组合中选拔。 4. 建立、健全品种管理档案，为品种的培育、推广提供信息支持	1. 硕士以上学历（实践经验丰富可放宽至大学本科学历），国家正规农业院校农学、栽培、遗传育种等相关专业，相关工作经验 2 年以上。 2. 具备相对完备的专业知识和专业技能，在玉米栽培、耕作及试验管理方面具有一定的工作经验和能力。 3. 熟悉种业领域的研发动态和研发管理流程，能独立完成区域技术研发工作和解决各类问题。 4. 能吃苦耐劳，具备适应农田试验和室外作业的身体素质；具有较强的毅力，能完成具有挑战性的工作任务；追求较高的绩效；具有团队合作精神

资料来源：根据 A 公司有关招聘信息整理。

根据招聘信息，A 公司人力资源部根据背景资料、职业生涯发展趋势、履历的真实可信度、自我评价的适度性等，对应聘者进行了初步筛选，从 258 份应聘者简历中筛选出 80 份，作为初步符合资格条件的人选。在简历筛选过程中，尤其重视对职业生涯发展趋势、履历的真实可信度、自我评价的适度性三项内容的鉴别。职业生涯发展趋势是值得关注的一个重要问题，主要是预测求职者任职的稳定性，如求职者在一定时间内跳槽或转岗的频率。简历的真实可信度主要看求职者所填写的资料是否实事求是，如当时的情境是什么？任务是什么？采取了什么行动？结果如何？自我评价的适度性能够反映求职者的成熟度和自我认知的客观性，通过审阅求职者自我评价或描述，查找这些评价或描述与工作经历描述中是否有相矛盾或不符、不相称的地方。

根据胜任力模型和胜任特征，设计工作申请表，让 A 公司初步筛选出的 80 名求职者填写。工作申请表与简历，从形式和内容上看有重复的地方，但它们所起的作用有很大差别。简历属于求职者个人行为的范畴，属于求职者个人的主动展示，而工作申请表是组织为了主动了解求职者的信息，以便确定申请人是否符合基于胜任力所需的工作要求，帮助招聘者判断求职者是否具备胜任素质特征。① 工作申请表应该考虑有效性、可靠性和经济性，设计和使用要体现出效率与效果的统一。根据上述原则，A 公司设置了以下工作申请表（见表 5-11），并将工作申请表发给 80 名求职者填写。最终有 65 人按要求填写了工作申请表，A 公司对工作申请表进行了审核，确定 56 名求职者参加 4 个研发岗位的其他测试项目。

表 5-11　A 公司技术创新人才招聘工作申请表

问　题	具体事例（每个事例不超过 300 字）
1. 关于及时准确地收集科研育种信息，动态把握社会在试品种，分析预测育种趋势，请简要举一件比较成功的事例	
2. 关于有效安排试验，管理新组合的鉴定试验、品比试验，尤其是善于解决试验过程中遇到的复杂难题，请简要举一件比较成功的事例	
3. 关于在育种研发中，能较务实地设定具有挑战性的研发目标、绩效水准，并努力取得研发成果，请简要举一件比较成功的事例	
4. 关于在研发试验过程中，遇到一些挫折、困难或计划进展不顺利时，如何调适自我，以较积极的精神面貌重新投入研发工作中，请简要举一件比较成功的事例	
5. 关于在育种研发试验过程中，团队内出现不同意见和想法时，如何有效协调不同意见甚至冲突，及时调整科研计划和目标，请简要举一件比较成功的事例	

资料来源：A 公司人力资源部招聘工作中使用的表格。

2. 职业兴趣测试

A 公司人力资源部根据岗位胜任特征模型的要求，使用霍兰德职业兴趣测试来测量 56 名求职者的潜能和个性特点。应聘人员在计算机上回答一些客观性试题，工作人员对作答结果进行系统评价，并出具职业心理素质测评报

① 丁秀玲．基于胜任力的人才招聘与选拔［J］．南开学报（哲学社会科学版），2008（2）：134-140.

告。测评结果中，最高分数的类型即第一位是主要类型，排在后两位类型进行一定的推断与验证。如第一位是艺术型，第二位是社会型或研究型的职业兴趣也是可以考虑用来求职的，若是常规型，则说明兴趣类型方面有一定的冲突，需要其他的测评或指导。经过对 56 名求职者的测试，有 28 名求职者属于研究型，15 名求职者属于现实型，其他 13 名求职者属于其他类型。霍兰德职业兴趣测试作为录用决策参考。

3. 结构化面试

结构化面试一般包括内容结构化、程序结构化和评价结构化三个方面。①具体来说，是指对相同类型的求职应聘者，询问相同的问题，并且需要用大概同样的语气和措辞进行询问，评分标准也需要保持一致。考官根据应聘者回答问题的表现，评价其相关的能力素质及是否胜任岗位要求。从心理学专业的角度来看，企业在实际招聘员工时应遵循以下原则：一是确定合适的选拔标准，必须以对岗位申请者所需岗位胜任特征水平进行科学评估为基础；二是必须采取结构化、系统化方法手段，系统评价受测试人员在相关胜任特征上的行为表现水平，确保招聘工作的公平性和科学性。结构化面试方法较好地应用了上述两项心理学原则。

结构化面试具有以下特点：①根据工作分析的结果设计面试问题。这种面试方法需要对岗位所需胜任特征做细致的分析，以确定哪些事例体现良好的绩效，哪些事例反映了较差的绩效，并对这些具体事例进行评价，设计面试题目。如果不采取结构化面试的科学方法，考官仅仅询问一些与目标工作没有关系的问题，则不能客观、准确地评定求职者是否具有招聘岗位必需的知识、技能和能力的较高标准。②对所有的应聘者采取相同的测试流程。在结构化面试中，报考统一职位的应聘人员应采用相同的面试试题，而且在面试的时间安排、提问顺序等具体细节上也要作相同的安排，使应聘的人员在几乎相同的条件下进行面试，保证面试的公正公平。③采用系统化的评分程

① 蒋蓉华，金美兰. 结构化面试与层次分析法相结合在招聘中的应用［J］. 企业家天地，2005（12）：30-31.

序。评分标准的设定、评分程序的设置要做到标准化，确保评分的公平性和统一性。

A公司根据结构化面试的特点，根据构建的岗位胜任特征模型，设计了结构化面试实施步骤（见图5–5）。

步骤一，构建岗位胜任特征模型。岗位胜任特征模型的构建是结构化面试的基础。

步骤二，设计结构化面试提纲。由人力资源管理工作人员或岗位专家根据岗位胜任特征模型中的胜任特征设计问题。每项胜任特征一般设置1~3个问题，问题的设置以行为式问题和虚拟情境式问题为主，问题要保持开放性。通过开放性提问，应聘者可以进行有效的自我展示，招聘企业也可以深入了解应聘人员。

步骤三，制定评分标准及评分表。为胜任特征设计权重，为每个胜任特征制定等级定义并制定一个9分制答案评定量表：优秀（9~7分），尚可（6~4分），欠佳（3~1分）。

步骤四，培训面试考官。结构化面试对面试考官要求较高，考官素质高低、经验丰富与否直接影响着面试质量。考官培训包括以下主题：招聘岗位的岗位要求和胜任特征，面试题目及提问分工与顺序，提问与追问技巧，观察和记录表现的方法，评价标准与打分规则，避免评价偏差，确保平等竞赛，如何代表公司形象等。

步骤五，结构化面试及评分。结构化面试实施过程中也要求做到程序的结构化，即按照设计好的问题顺序发问。面试中考官根据应聘者对每一个问题的作答比照评价标准对其进行评价，并且要详细记录答题要点，以备进行深入的辨别比较。

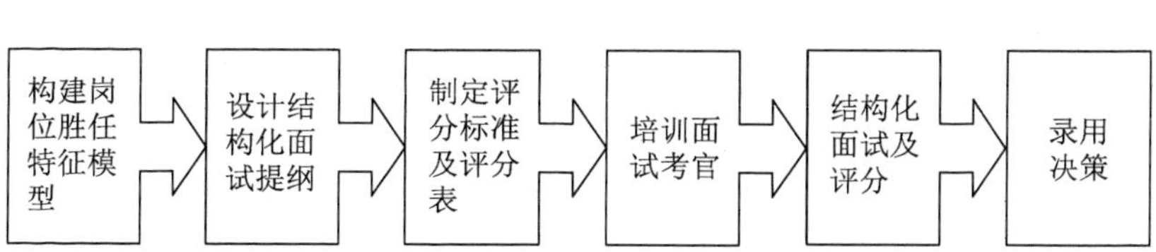

图5–5　A公司结构化面试实施步骤

步骤六，录用决策。根据应聘者得分情况，进行“人—岗位—组织”匹配的决策：首先，淘汰不具备关键胜任特征的候选人。其次，计算其余各候选人的考官加权平均分，按成绩进行排序、选拔。A 公司经过结构化面试，最终决定录用 4 名技术创新人员。

4. 招聘效果评估

A 公司根据胜任力模型和胜任力特征，采用与传统方法有区别的招聘方式，设置了招聘流程，组织实施了 4 名技术创新人才业务骨干的招聘工作。这次招聘与传统人力资源招聘相比，重点有以下三方面改进：一是设置了工作岗位申请表，以进一步甄选符合条件的人员，这道程序增加了招聘工作量和时间成本，但提高了鉴别的针对性；二是增加了职业兴趣心理测试内容，突出对求职者的潜在特征的了解把握；三是对面试进行了改进，组织了基于胜任力模型和特征的结构化面试，收到了较好效果。

从招聘实施的结果看，基于胜任力模型和特征的招聘，招聘成本会有适当增加，因为适当增加了对求职者的测试程序，但基本上成本可控（包括费用成本和时间成本），A 公司人力资源部能接受；从招聘的 4 名技术创新业务骨干来看，经过一段时间（6 个月）的检验，这 4 名技术创新人才的适应性、专业技能、工作绩效、团队合作等均表现较好，招聘质量短期看总体上比较令人满意，更长时间效果还有待进一步检验；从招聘程序设计和方法使用上看，基于胜任力模型和特征的招聘方法，相对来说还是比较成熟的，也比较易于为招聘方、求职者等多方所接受和认同。

5.3.3 基于胜任力模型的培训体系应用实例

在生物农业企业技术创新过程中，培训发展已成为这类组织持续获取和保持竞争优势的重要保障。传统的基于岗位分析的培训体系和基于胜任力特征的培训体系优缺点，已有许多文献对其进行了分析论证。

总体来看，基于岗位分析的组织培训体系存在培训内容缺乏针对性、培训设计和开发参与度不够、培训投入不足等问题;① 而基于胜任力的组织培训具有能体现组织的战略导向性，弥补传统培训中个性特征方面的空白，使培训成果及时转化为工作行为表现，提升参加培训员工的自我效能感等优势。② 目前，已有一些文献研究了基于胜任力的培训体系开发运用问题，并取得了一些积极成效。

本书运用构建的胜任力模型，应用于A公司技术创新人才的培训，同时借鉴培训需求评估模型、CIPP评价模型等已有的成果，对A公司技术创新人才培训需求分析、设计与实施、效果评估等进行探索，力争取得积极效果。

1. 基于胜任力的培训需求分析

传统的培训需求分析模式，经典的方法是OPT模型（Origanization-Task-Person Model）。OPT模型从组织分析、任务分析和人员分析三个方面对培训对象进行分析。另一种在企业管理中被广泛运用的是绩效分析模型（Performance Analysis Model），该模型通过分析组织预期目标与实际成效或绩效优秀员工与普通员工之间的差距，寻找产生差距的背后原因，据此有针对性地安排能缩短差距的培训。除此之外，还出现了培训前瞻性模型、集体培训模型等。

基于胜任力的培训需求分析与传统的培训需求分析模型相比，有四个特点：一是强调从组织背景角度出发进行职位与人员分析，注重以组织发展需要为统领和落脚点，充分体现组织发展的长远战略；二是从较多关注“绩效差距”和“缺口分析”等消极因素，向关注具有高绩效胜任特征的因素转变；三是强调绩效优秀者的胜任特征因素，具有较好的示范效应，被培训者易于接受和模仿学习；四是注重培训方法分析，提倡“内隐式学习”。③ 有研究认为，胜任力培训需求分析与传统培训需求分析不同，有比较显著的分析优势，但这并不意味着传统培训需求分析的方法手段就过时了，相关基于胜任力的

① 黄秀娟，黄勋敬．人力资源提升新理念——基于胜任力的培训体系设计研究［J］．科学管理研究，2007（6）：93-96.

② 王艳蓓，梁建春．基于胜任特征模型的员工培训与开发体系［J］．现代管理科学，2007（7）：86-87.

③ 何斌，孙笑飞．基于胜任力的培训需求分析及其应用［J］．企业经济，2004（1）：66-67.

培训需求分析仍然继承了传统培训需求分析的三层次结构以及一些定性、定量分析方法。①

本书探索将胜任力模型和胜任特征应用于A公司技术创新人员培训需求分析，突出培训需求分析既与A公司当前发展战略相一致，又与未来发展需求相适应，使培训需求分析具有更宽广的视角。经与A公司人力资源部讨论，确定按照以下步骤进行培训需求分析：

第一步，进一步明确本书前期构建分胜任力模型及胜任素质特征。

第二步，寻找存在的差距。通过构建的生物农业企业技术创新人才胜任力模型和胜任特征，对A公司技术创新人员的现实状况进行分析，找出存在的差距。A公司员工现实状况分析包括以下两个方面：一是技术创新人员目前的胜任力程度，即胜任力评估；二是技术创新人员现实（2013年度）的绩效，即绩效反馈（见表5-12）。结合A公司技术创新人员胜任力状况及实际绩效，初步分析得出技术创新人员总体上在专业技能与创新、问题解决、追求卓越、战略思维与学习、自我意识与持久等方面需要进一步提升。

表5-12　A公司针对技术创新人才寻找绩效差距提问表

序号	问　题	答案
1	需要改进的工作是什么	
2	对改进工作的具体期望是什么	
3	谁担任该项工作	
4	问题发生在哪里	
5	问题发生在什么时候	
6	问题影响如何	
7	问题发展情况如何	
8	该项工作最好的员工与最差的员工之间有什么差别	
9	该项工作可以向哪些人进一步获取信息	
10	应当给予什么培训或组织支持	

① 赵亚南．基于文献调研法的培训需求分析研究现状探析［J］．科协论坛，2012（11）：159-160.

第三步，确定解决方案。分析存在的差距原因后（见表5-13），需要进一步分析是否能通过培训方式、通过何种培训方式来提升技术创新人员胜任力，要统筹考虑培训成本、可行性、共性与个性需求、长期与短期需求等因素。

表5-13　A公司技术创新人才绩效问题原因分析表

绩效问题原因分析方向	可选择的解决方案
1. 个性特征存在缺陷	调整岗位或直接解聘
2. 缺少知识、技能	组织在岗培训或脱岗培训
3. 缺少领先设备、技术工具	更换或改进设备、工具，保证设备工具不落后
4. 工作设计和标准有缺陷	重新设计工作、修改标准
5. 沟通与了解不够	改善沟通、提供反馈渠道和必要的信息
6. 绩效评估方法	建立正规测量方法、修正与改进现有测量方法
7. 激励措施	建立良好的奖励制度、提高激励水平
8. 其他障碍	排除障碍

培训方案的确定，还需要综合考虑培训内容的重要性和可塑性。对于重要性和可塑性均比较低的内容，主要以自我培训为主，如市场敏感度胜任特征；对于重要性和可塑性均比较高的内容，要作为重点培养内容，集中力量进行培训，比如专业技能与创新、问题解决胜任特征；对于重要性高、可塑性低的内容，不宜开展培训，但需要作为重点考察内容，如战略思维与学习、自我意识与持久；对于重要性低、可塑性高的内容，可开展小规模的组织内训，如团队精神（见表5-14）。

表5-14　基于胜任特征重要性—可塑性确定培训内容类型

象限	特征	培训类型
Ⅰ	重要性低	以自我培训为主
	可塑性低	
Ⅱ	重要性高	因很难通过培训提高但又重要，故作为选拔的重点考察能力
	可塑性低	

续表

象限	特征	培训类型
Ⅲ	重要性低	作为重点培训能力，选取最好的师资和课程，进行大规模集中培训
	可塑性高	
Ⅳ	重要性低	在不耽误现有工作的前提下，开展小规模的组织内训
	可塑性高	

资料来源：黄秀娟，黄勋敬．人力资源提升新理念——基于胜任力的培训体系设计研究［J］．科学管理研究，2007（6）：93-96.

2. 基于胜任力的培训计划设计与实施管理

如何将胜任特征要素细化为具体的组织培训计划目标，是一件相对困难的事情。A 公司人力资源部根据胜任力模型和胜任特征要素，结合培训目标、培训什么、培训方法等进行了工作计划的设计，具体见表 5-15。

表 5-15　A 公司技术创新人才胜任力模型与培训计划设计表

胜任特征	培训目标	培训内容	培训方法
专业技能与创新	在组织内、同行业中具有较高的认同度和影响力	参加行业内各种前沿论坛、研讨类会议、专家讲座等	会议讨论 课程讲授
市场敏感度	客户忠诚度较高或投诉率较低	定期组织参观大型生产基地，与客户沟通交流信息，了解客户需求	参观学习 实地调研
问题解决	善于攻坚克难建立有效的程序方法和策略	实验室实习，或定向委托专项业务培训	师徒或助理制 角色扮演
追求卓越	完成具有挑战性目标任务情况及取得较好绩效	宣传和学习先进典型榜样，给予正向激励	视频观摩 工作模拟 案例分析
战略思维与学习	紧跟行业发展趋势，有效整合利用行业研发成果	组织研讨会 学习交流会 专家讲座	头脑风暴 无领导小组 课程讲授
自我意识与持久	自信心、判断力、适应性较强，坚韧不拔，认同组织价值观和文化	心理讲座 心理测试与辅导	讲座 心理咨询 文化教育
团队精神	善于沟通，合作成效较高	开展拓展培训活动 岗位实践 岗位轮换	游戏 小组活动 角色扮演

从A公司的培训实际来看，对“专业技能与创新”“战略思维与学习”的培训较多，技术创新人才有很多机会参加中国农业大学等高等院校、中国农业科学院等科研院所以及行业协会组织的交流等活动，对“显性知识”的培训力度较大，成效也较明显。对“问题解决”“追求卓越”等情境性培训目前较少，技术创新人才在这方面具有个性化需求的培训较少，组织实施起来难度也相对较大。另外，对“市场敏感度”“自我意识与持久”“团队精神”等“隐性特征”的培训安排得比较少，今后需加大培训力度。

A公司人力资源部根据胜任力模型，对技术创新人才的培训进行了系统计划设计。由于研究时间所限，对A公司按照胜任力模型设计的培训目标计划，具体实施如何，取得成效怎样，与组织发展战略需求、工作任务需求和技术创新人才个体需求匹配程度如何，还有待进一步跟踪观察，并在实践中检验。

3. 基于胜任力的培训效果评估

培训效果评估使用最广的是柯克帕特里克在1959年提出的KIPP评估模型。该模型把培训评估分为四个层次：①反应，主要考核学员对培训方案、培训内容、培训讲师等的看法；②学习，主要评估参加培训人员对培训内容的理解和掌握程度；③行为，主要评估参加培训人员在实际工作岗位上的行为变化情况，以判断培训所学知识、技能对工作的影响；④结果，主要是判断培训是否对组织发展和绩效具有直接的影响。①

KIPP评估模型四个层次培训评估，其中反应、学习层次评估所需时间相对较短，可以较直接地进行；但行为、结果层次评估所需时间更长、精力更多，而且评估难度更大。② 有学者在借鉴KIPP评估模型的基础上，结合胜任力模型运用，对评估模型进行了修正，形成了基于胜任力的培训效果评估模型。该模型将培训效果评价分为定性评价和定量评价两个方面，定性评价包括对反应层面、胜任力掌握情况、战略支持的评价；定量评价包括对绩效考

① Kipkpatrlck J., West M. A. Intergroup Behavior in Organizations [J]. Small Group Research, 1999, 30 (3): 361: 382.

② 宋夕平．浅析柯氏模型在培训效果评估中的运用［J］．科技管理研究，2007（2）：244-245.

核和投资回报率的评价。①

培训效果评估是一个十分复杂的问题，无论是 KIPP 模型，还是基于胜任力修正后的模型，只有对反应层面和学习层面的评估具有较直接的说服力，对行为层面是否具有直接影响很难直接下结论，对结果层面的影响更难以下结论，需要长期观察和搜集信息，才能建立培训与结果层面的联系。

鉴于本书实际时间所限，经与 A 公司人力资源部协商，开展了基于构建的胜任力模型培训需求分析、培训方案设计等工作，但一些培训内容和方法的实施还处于探索阶段，未开始大规模组织实施，有关基于胜任力的培训绩效评估工作也还处于研究论证阶段，这方面的工作需要有一个较长的时间周期去实践探索和总结评估，这方面有待今后持续跟踪和深入研索。

5.3.4 基于胜任力模型的绩效考核应用实例

生物农业企业技术创新竞争日趋激烈的背景下，技术创新人才越来越成为企业创新发展的重要法宝，而构建一套客观公正、科学合理、体现业绩贡献的绩效考核体系，不仅可以有效考核技术创新人员，还可以吸引和留住技术创新人才，提升企业的技术创新能力，有利于保障企业发展战略目标的实现。根据有关理论研究和实践调查发现，技术创新人员绩效考核存在考核目的单一、导向不合理、指标体系简单粗放、考核方法片面僵化等缺点。②

本书探索如何把构建的胜任力模型，应用于生物农业企业技术创新人员绩效考核管理。基于胜任力模型构建绩效评价系统，有利于保证在完成任务和怎样完成之间保持平衡，有利于重点评价行为表现，有利于促进和发展未来绩效的改进与提高。③ 经与 A 公司人力资源部讨论，选择 A 公司动物医学研究中心作为基于胜任力的绩效考核试点，对该中心的技术创新人员绩效进

① 程炜，李曦．基于胜任力的培训效果评价模型研究［J］．中国商贸，2011（2）：66-67.

② 胡利利，许刚全．研发人员绩效考评［J］．企业管理，2005（3）：65-66.

③ 于建军．以胜任力模型完善研发技术人员的绩效评价系统［J］．煤炭经济研究，2005（12）：65-67.

行考评。做好绩效考评最关键的是绩效指标设计和评价方法设计，这两方面对员工具有正面的导向作用，也体现出公司的价值导向作用。

1. 绩效考核指标设计

A公司动物医学中心已拥有专利20多项，在国内外期刊发表文章50余篇，由中心自主研发的“某某疫苗”于2011年获得国家级《新兽药注册证书》，并作为“重要动物病毒病防控关键技术研究与应用”项目重要成果之一荣获国家科学技术进步一等奖。与其他单位联合研发的“某某疫苗”于2012年获农业部核发新兽药注册证书。2013年实现科研成果转让1.56亿元，名列行业前茅。

对A公司动物医学中心技术创新人员进行基于胜任力的绩效考核，设置科学合理的绩效考核指标是关键。绩效评价指标的制定是绩效考核的关键环节。绩效评价指标是指由绩效管理人员根据被考核人员的工作说明书和工作特征，最终提取的可以定量的或定性描述的各个评价项目或者评价因子，绩效评价体系可描述现状，预测趋势。①

本书根据胜任力模型和胜任特征，进一步细化技术创新人才绩效考核指标体系。员工绩效考核分为特质类、行为类和结果类三种。根据有关研究结果显示，单独使用特质类、行为类、结果类三种绩效考核方法中的一种，都不太合适，工作绩效应该是员工特质、行为、结果的统一体。② 本书的设计指标体系总的思路是，突出结果导向，兼顾员工特质和行为导向。结果导向注重对技术创新人才的业绩考核，所占比重相对要大些；行为导向着重对技术创新人才的行为特征进行评估，具有较好的工作态度和行为表现，也可以获得较好的绩效评价；特质导向着重对员工的工作能力素质的评价。

经与A公司人力资源部多次研究，我们设计了以下绩效考核指标（见表5-16），并赋予相应的分值权重。分值权重的依据主要根据考核指标对该动物

① 行金玲，闫文艳．功效系数法与模糊评价法相结合的研发人员绩效考核研究［J］．科技管理研究，2012（18）：377-378.

② 王炳成，丁浩．员工绩效考核方法对组织绩效的影响程度研究［J］．人力资源，2012（3）：98-101.

医学中心完成A公司下达目标任务的重要性确定，其中对结果导向的考核占40%，对行为和特质的考核占60%。结果和行为、特质考核比（4∶6）对技术创新人员来说是比较有效的比例，但对项目负责人、中心负责人考核更多倾向于结果考核，突出领导负责制。

“专业技能与创新”占20%，主要考虑该动物医学中心技术创新人才工作任务是科技研发、专业能力和创新性在科技研发活动中具有十分重要的作用。经多次讨论，最后决定将专业影响力、尝试新方法作为具体考核指标。专业影响力主要考核技术创新人员在项目组或动物医学中心专业素质、被认可度以及对他人的专业影响力，占10%。尝试新方法主要考核技术创新人员在科技研发工作中及时总结研发工作规律、探索新的研发试验方法程度，占10%。

“市场敏感度”占8%，主要考虑该胜任特征具有重要性，但技术创新人员直接面向客户的概率相对较低，重要程度也不那么高。开发新产品意识主要考核技术创新人员面向市场推出新产品、避免同行业之间产品高度同质化竞争的情况，占4%。满足客户需求主要考核技术创新人员对销售部门需求的重视和满足程度、对直接服务客户的耐心细致程度，占4%。

“问题解决”占10%，主要考虑该胜任特征对完成具体研发试验任务具有较现实的意义。及时发现评估问题主要考核技术创新人员对研发试验进程的把握和及时发现问题的能力，占5%分；建立有效的程序方法主要考核技术创新人员解决研发中问题的能力和效率，占5%。

“追求卓越”占40%，主要考虑技术创新人员更多要体现工作业绩，对组织具有直接的贡献程度，也能在一定程度上突出业绩导向。新药证书获得是指研究实验取得成果、经过临床试验并获得国家监管部门授予的药品证书。该指标直接体现为该中心的最终成果，并决定着A公司能否生产并向市场推广产品，非常重要，赋予20%的权重。成果转让获利情况是指科研成果转让授权使用并获得经济效益，能为中心直接带来利润，占10%。专利数、论文数量和质量各占5%。

“战略思维与学习”占6%，主要考虑该胜任特征对技术创新人员能力和工作成效具有基础性和长远性影响。把握研究方向主要考核技术创新人员对满足行业和市场需求、准确定位新产品的把握情况，占 3%。学习新知识、新方法主要考核技术创新人员学习态度、意识和行为，占 3%。

“自我意识与持久”占 6%，主要考虑该胜任特征体现了技术创新人员个体心理素质，这对研发实验活动具有一定影响。勇于克服困难挑战主要考核技术创新人员的坚韧性和抗压能力，占 3%。项目进展程度把握主要考核技术创新人员统筹协调能力，占 3%。

“团队精神”占 10%，主要考虑该胜任特征突出了项目研发试验活动的相互合作配合和整体性，这对完成复杂重大任务尤为重要。善于合作主要考核技术创新人员合作意识和主动配合，占 3%。人际沟通主要考核技术创新人员的人际影响力，占 3%。纪律性主要考核技术创新人员遵守研发实验制度、规则和流程情况，占 4%。

表 5-16　A 公司动物医学中心技术创新人才绩效考核指标体系

胜任特征要素	比重	具体考核指标	考核指标说明
专业技能与创新 X_1	20%	专业影响力 X_{11}	专业素质、被认可度及影响力
		尝试新方法 X_{13}	总结规律、探索新的研发试验方法
市场敏感度 X_2	8%	开发新产品意识 X_{21}	推出新产品、避免产品同质化
		满足客户需求 X_{22}	满意度、耐心细致程度
问题解决 X_3	10%	及时发现评估问题 X_{31}	发现并准确把握问题
		建立有效的程序方法 X_{32}	解决问题的效率
追求卓越 X_4	40%	新药证书获得情况 X_{41}	新药证书数量和质量
		成果转让获利情况 X_{42}	成果转让获得利润数量
		专利数 X_{43}	专利数
		发表论文数量和质量 X_{44}	论文数量和质量
战略思维与学习 X_5	6%	把握研究发展方向 X_{51}	准确把握市场定位
		学习新知识、新方法 X_{52}	学习态度、意识和行为
自我意识与持久 X_6	6%	勇于面对困难挑战 X_{61}	坚韧性和抗压能力
		项目进展程度把握 X_{62}	统筹协调效率

续表

胜任特征要素	比重	具体考核指标	考核指标说明
团队精神 X_7	10%	善于合作 X_{71}	合作意识和主动配合
		人际沟通 X_{72}	人际影响力
		纪律性 X_{73}	遵守研发实验制度、规则和流程

2. 绩效考核方法

关于绩效考核的方法，国内外学者已做了大量研究。有一些绩效考核方法，如行为评价法、目标管理法、360 度考核法、平衡计分法等考核方法，并广泛运用于企业管理实践中，取得了积极成效。①

本书主要采用目标管理评价法和 360 度考核法，根据基于胜任力模型设计的考核指标体系，对 A 公司动物医学中心 36 名技术创新人员进行了考核评价。目标管理评价法通过关注评价实现企业目标的关键指标，将考核过程和管理过程有机结合起来。360 度考核法主要由技术创新人员的上级、同事和有关管理机构进行多层次、多维度评价。表 5-17 所示为 A 公司动物医学中心技术创新人才绩效考核打分表。

表 5-17 A 公司动物医学中心技术创新人才绩效考核打分表

考核内容	具体考核指标	所占权重	考核方法	打分范围（百分制）				
				卓越 100~90	优秀 89~80	一般 79~70	较差 69~60	很差 59~0
追求卓越 X_4	新药证书获得情况 X_{41}	15%	目标管理评价法（注册管理部填写）					
	成果转让获利情况 X_{42}	15%						
	专利数 X_{43}	5%						
	发表论文数量和质量 X_{44}	5%						

① 徐向真，陈振凤，董大海. 现代企业绩效考核方法述评［J］. 华东经济管理，2008（10）：129-132.

续表

考核内容	具体考核指标	所占权重	考核方法	打分范围（百分制）				
				卓越 100~90	优秀 89~80	一般 79~70	较差 69~60	很差 59~0
专业技能与创新 X_1	专业影响力 X_{11}	10%	360 度考评（上评下、一线人员互评和注册管理部评价）					
	尝试新方法 X_{13}	10%						
市场敏感度 X_2	开发新产品意识 X_{21}	4%						
	满足客户需求 X_{22}	4%						
问题解决 X_3	及时发现评估问题 X_{31}	5%						
	建立有效的程序方法 X_{32}	5%						
战略思维与学习 X_5	把握研究发展方向 X_{51}	3%						
	学习新知识、新方法 X_{52}	3%						
自我意识与持久 X_6	勇于面对困难挑战 X_{61}	3%						
	项目进展程度把握 X_{62}	3%						
团队精神 X_7	善于合作 X_{71}	3%						
	人际沟通 X_{72}	3%						
	纪律性 X_{73}	4%						

3. 绩效考核结果

上述绩效考核指标和考核方法设计，经过多次征求该中心技术创新人员的意见和建议，再通过该中心领导班子集体讨论，决定用基于胜任力的绩效考核方法对 36 名技术创新人员 2014 年业绩表现进行绩效考核。关于目标管理评价，由该中心注册管理部对每一名技术创新人员的新药证书获得情况、成果转让获利情况、专利数、发表论文数量和质量进行统计评估，赋予相应的分值。关于 360 度考评，该中心上评下占 40%，一线人员互评占 30%，注册管理部评价占 30%，进行了全方位打分评价，并根据不同权重统计出打分结果。有关计分公式如下：

技术创新人才绩效考核成绩 $= (X_{41} + X_{42} + X_{43} + X_{44}) \times$ 所占权重 $+ \sum$ 具

体考核指标得分$(X_{11}+X_{12}+\cdots+X_{32}+X_{51}+\cdots+X_{73})$×所占权重×打分权重÷相应打分人数

从上述绩效考核指标、考核方法设计和考核结果统计情况看，36名技术创新人员的考核结果总体上良好，与以前以该中心领导认可评价模式相比，比较突出的优势主要表现在以下三方面：一是通过客观结果评价与主观行为评价相结合，该中心领导和一线研发人员对考核指标和考核方法的整体认同度较高。二是通过多角度、多层次绩效考评，程序公正透明，一线技术创新人员满意度高，同时也减轻了该中心领导和各部门负责人对一线研发人员业绩评价的压力，有利于进一步营造客观公正平等氛围和增强领导层的领导力。三是能较好地区别出绩效优秀者和普通者，通过实施奖优罚劣，进一步树立了一线技术创新人员的业绩导向，有利于促进技术创新人员围绕组织战略目标努力工作。

通过实施基于胜任力的绩效考核，考核结果与A公司动物医学中心技术创新人员的实际表现总体上相符。对于运用胜任力模型进行绩效考核的实际效果如何，客观公正程度如何，在多大程度上能体现技术创新人才的工作业绩和实际贡献，是否与组织的发展战略相适应，这些还需要经过几次考核、较长时间实践检验、进一步总结基于胜任力的绩效考核规律，才能更好地辨别和评价胜任力模型运用于技术创新人才绩效考核的实际效果。

5.3.5 研究小结

本书以A公司为例，通过案例分析的方式探索将构建的胜任力模型应用于人力资源管理实践。从实施情况来看，用于招聘工作比较易于操作，实际成效也相对很明显，但招聘工作的成本相对要高些，更适宜运用于核心业务骨干、项目经理、部门总监等技术创新人才的招聘甄别工作，对一般的技术实验人员可适当简化程序、控制招聘成本和提高效率。

将胜任力模型运用于培训需求分析、方案设计和培训效果评估，也进行了探索，结合A公司实践进行了研究论证和设计，但由于时间所限，还未来得及真正实施，有关效果的评估还需要较长周期。

对基于胜任力的绩效考核来说，实施进展顺利，也取得了较好成效，可进一步总结实践探索规律，在今后工作中不断加以完善。由于篇幅和研究精力所限，本书对胜任力模型在多大程度上能应用于选拔晋升、薪酬等人力资源管理实践，未展开研究讨论。

第 6 章　胜任力模型构建与应用实验研究比较

本书研究团队分别构建并实证检验了新一代信息技术产业和生物农业产业这两类战略性新兴产业技术创新主体的胜任力模型，分别进行了基于胜任力模型的实验研究，取得了一定的胜任力应用研究经验。

本章从研究方法与技术路线、数据采集与理论模型提出、实证检验与目标模型，以及基于胜任力模型的应用实验几个维度，对这两类产业技术创新主体胜任力模型和应用进行研究，以期深化认识并获得具有通用性的战略性新兴产业技术创新主体胜任力构成要素、要素之间的逻辑关系和基本结构，归纳胜任模型应用中的相关经验和注意事项等问题。

6.1　研究方法与技术路线比较

针对新一代信息技术产业和生物农业产业技术创新主体胜任力的研究，均在对产业发展概况和技术创新变化以及产业发展对创新人才需求等问题细致梳理的基础上展开。研究工作独立开展，但采用的研究方法和技术路线具有一致性或相似性特点。

6.1.1　研究方法

新一代信息技术产业和生物农业产业技术创新主体胜任力的研究，都采用了管理学中的实证研究方法。基本思路是在回顾和梳理现有文献的基础上，从对现实问题的观察与思考出发，依据一定理论框架和认识基础，提出理论性或概念性层面的模型，然后选编量表，检验并修正理论模型，完成目标模型的构建。

本书2.6节，述评了新一代信息技术产业及其在中国的发展概况、新一代信息技术产业技术创新模型与创新案例，以及中国新一代信息技术产业人才需求与供给状况。本书2.7节，概述了对一般学者和公众相对陌生的生物农业产业发展与技术创新情况，讨论了这一产业对人才特别是技术创新人才的需求问题。通过这两节的文献述评，有助于加深对本书实例研究的两类战略性新兴产业技术创新主体问题的了解，为模型构建的实证研究奠定了良好基础。

6.1.2 技术路线

在技术路线方面，即研究的技术方法、实施步骤和关键性问题的解决方法等，新一代信息技术产业技术创新主体的研究和生物农业产业技术创新主体的研究，有相同或相似之处，也有一定的差异性。

针对新一代信息技术产业技术创新主体的研究，由四个步骤组成：①技术创新主体胜任力构成要素探索性研究；②技术创新主体胜任力理论模型提出；③量表选编；④实证检验。在本书第3章中介绍的“探索性研究”中，主要是访谈法和开放式问卷调查。选取了信息技术产业不同领域6家企业的研发机构或技术部门负责人作为访谈对象，“其中3人绩效优秀，另外3人绩效一般，每人访谈时间为1.5小时”；访谈内容包括三个方面。这大体上符合“行为事件访谈法”的要求。此外，还针对这6家企业研发机构或技术创新部门成员开放式问卷调查，现场发放纸质问卷56份，回收有效问卷问卷53份。然后，研究者参照编码词典对“59份行为事件访谈及开放式问卷，近10万字的信息进行编码”。通过一级编码提取出109项要素，二级编码归纳为13项要素，再由“专家小组会议”进一步讨论和筛选。关键的模型构成要素获取过程符合规范，有科学性和合理性。

生物农业产业技术创新主体胜任力问题研究的技术路线，与新一代信息技术产业技术创新主体胜任力研究基本相同或相似。基本步骤是：以文献研究为基础，通过行为事件访谈和问卷调查进一步获取数据；提出理论模型；

选编和修正量表，进行科学测量和检验；最后确定目标模型。这一部分的研究，在文献梳理环节比较充分，以国内专业技术人员（科技人员）、研发人员、项目经理人员等技术创新主体为关键词，归纳和分析现有成果，初步归纳出符合期望的20项胜任力构成要素。根据本书第4章的介绍，研究者按照“三个标准”选择了20家企业的相关人员20名进行行为事件访谈，访谈之前根据STAR工具编写了访谈提纲（见表4-5）。对5万余字访谈报告进行了系统的编码归类和分析研究，从中提取胜任力要素96项，再经过合并整理得到了22项胜任力素质（见表4-6）。研究中比较了通过文献、访谈和问卷调查获得的胜任力构成要素，并通过比较严格的德尔菲法进行了筛选。同样地，在这一产业关键的胜任力模型构成要素的数据获取过程中，研究者采用的方法恰当，技术熟练，取得了具有有效性赫尔科学性的结果。

6.2 数据采集与理论模型比较

分别独立设计、实施的新一代信息技术产业技术创新主体和生物农业产业技术创新主体胜任力研究，采取了相同或相似的研究方法和技术路线。通过既定的步骤采集了数据，构建了理论模型。相较而言，针对这两类产业的研究各有特点。

6.2.1 数据采集

本书第3章对新一代信息技术产业技术创新主体胜任力构成要素“探索性研究”的介绍比较简洁。在说明访谈、问卷调查和专家小组会议采集数据的方式后，报告了分析结果，即通过比较充分的调查和分析，可以认为新一代信息技术产业技术创新主体胜任力的构成要素，主要包括12项：学习能力、创新能力、系统思考、专业技术水平、全局把控与统筹能力、目标导向、执行力、时间管理、客户导向、沟通能力、团队精神和合作共赢。再进一步将12项要素归类为思维能力、行动能力和人际关成三大维度。在表3-3中，研究者列举了访谈对象对典型创新主体特征的描述，对通过编码方法提取构成要素的思路和依据做出说明。

相比新一代信息技术产业技术创新主体胜任力构成要素数据采集，生物农业产业技术创新主体胜任力构成要素研究者，对数据采集过程的描述更加具体和细致。基于 36 篇文献的分析，在表 4-4 中汇总了 17 位作者的研究成果，包括 18 个维度（见表 4-5）。又对文献分析的要素进行了归类，参照胜任力词典对归类结果进行了要素“提炼”（见表 4-8）。研究者又详细介绍了如何通过调查获取技术创新主体胜任力要素信息。表 4-6 汇总了“关键行为事件访谈和开放式问卷调查获得胜任力特征”，表 4-7 比较了行为事件访谈和文献分析获取胜任力要素结果。

值得注意的是生物农业产业技术创新主体研究者，细致地记录了在筛选胜任力构成要素过程中如何采用德尔菲法。如 4. 1. 3 介绍，采用德尔菲专家评价法对收集获取的 29 项生物农业企业技术创新主体胜任力要素进行了评价。编制专家咨询问卷，分为“非常熟悉”“熟悉”“一般”“不熟悉”“很不熟悉”5 个等级，100%、80%、60%、40%和 20%五个权重比例；对胜任力一级、二级要素按“非常重要”“重要”“一般”“不重要”“很不重要”5 个等级，分别赋予 5 分、4 分、3 分、2 分和 1 分的分值设置。按照符合规范的方式咨询专家，比较完整地汇总了德尔菲法咨询评估第一轮和第二轮打分统计结果（见表 4-9 和表 4-10）。详细记录德尔菲法研究过程，有助于体现研究的可靠性和科学性。

6. 2. 2 理论模型提出

两类产业技术创新主体胜任力的研究，均在比较充分采集和分析数据基础之上提出了胜任力理论模型。

新一代信息技术产业技术创新主体胜任力研究，取得初步结果，即胜任力由三个维度 12 项要素构成。研究者再借鉴麦克莱兰胜任力词典、哈佛大学胜任力词典，以及国内关于技术人才、研发人才胜任力的研究成果，结合行为事件访谈、关键事件访谈的开放式问卷反馈内容，给出了 12 项技术创新主体胜任力构成要素的定义。

模型显示，思维能力（A）维度包括学习能力（A_1）、创新能力（A_2）、系统思考（A_3）、专业技术水平（A_4）和全局把控与统筹能力（A_5）五项要素；行动能力（B）维度包括目标导向（B_1）、执行力（B_2）、时间管理（B_3）和客户导向（B_4）四项能力；人际关系（C）维度包括沟通能力（C_1）、团队精神（C_2）和合作共赢（C_3）三项。对每一项要素的内涵，均参考胜任力词典给出了定义。

生物农业产业技术创新主体胜任力构成要素研究，经过两轮德尔菲法评估，得到了结果。第一轮专家咨询后，对每一项胜任力要素平均分值排序、筛选，剔除分值低于4.00分的8个二级胜任力要素；第二轮专家咨询后，剔除打分均值低于4.00分的5个二级胜任力要素。此外，还根据几位专家的建议，对要素的分类进行了适当调整。最后的结果如表4-11所示。按照胜任力研究方法的程序和规范，如表4-11所示即为“生物农业产业技术创新主体胜任力理论模型”，由四个一级要素和12项二级素构成，其中，“专业能力”一级要素包括专业技能、市场敏感度、创新性和问题解决4项二级要素；“追求卓越”包括客户服务、成就导向两项；“个人特质”包括战略思考、持续学习、强烈的自我意识和坚持不懈4项要素；“团队精神”包括人际沟通、团队协作2项要素。研究者按照一级和二级维度法分类12项要素，没有对各项要素的内涵进行定义，但在4.1.4中对技术创新主体胜任力构成要素进行了分析。

针对两类产业的研究独立进行，得出的理论模型各有特点，既有相似之处，也有一定的差异性，如表6-1所示。

表6-1　两类产业技术创新主体胜任力理论模型比较

新一代信息产业技术创新主体		生物农业产业技术创新主体	
维度	构成要素	一级要素	二级要素
思维能力（A）	学习能力（A_1）	专业能力	专业技能
	创新能力（A_2）		市场敏感度
	系统思考（A_3）		创新性

续表

<table>
<tr><th colspan="2">新一代信息产业技术创新主体</th><th colspan="2">生物农业产业技术创新主体</th></tr>
<tr><td rowspan="2">思维能力（A）</td><td>专业技术水平（A_4）</td><td>专业能力</td><td>问题解决</td></tr>
<tr><td>全局把控与统筹能力（A_5）</td><td rowspan="2">追求卓越</td><td>客户服务</td></tr>
<tr><td rowspan="4">行动能力（B）</td><td>目标导向（B_1）</td><td>成就导向</td></tr>
<tr><td>执行力（B_2）</td><td rowspan="4">个人特质</td><td>战略思考</td></tr>
<tr><td>时间管理（B_3）</td><td>持续学习</td></tr>
<tr><td>客户导向（B_4）</td><td>强烈的自我意识</td></tr>
<tr><td rowspan="3">人际关系（C）</td><td>沟通能力（C_1）</td><td>坚持不懈</td></tr>
<tr><td>团队精神（C_2）</td><td rowspan="2">团队精神</td><td>人际沟通</td></tr>
<tr><td>合作共赢（C_3）</td><td>团队协作</td></tr>
</table>

从管理学实证研究角度来看，上述两类产业技术创新主体的理论模型的结构和要素，是具有客观性和现实性的结果。但是，实际上在每个环节都难以避免地反映出研究者的认识水平和判断能力。对这样的结果，不同的观察者和评论者，同样基于认识和判断方面的差异性会得出不一样的评价。

站在第三方立场比较这两个理论模型，有三点评论：第一，就这两个理论模型而言，对要素大类的划分，分别采用“维度、构成要素”和“一级要素、二级要素”，实际上含义相同。前者用“维度”来界定构成要素的类型，更为常见和合理。第二，两个模型中相同或高度相似的要素比例高。比如，都有“创新”方面的要素（创新能力、创新性），都有“专业”能力（专业技术水平、专业技能、执行力、坚持不懈）、“学习”能力、“沟通”和“合作”能力（沟通能力、人际沟通；团队精神、团队协作、合作共赢）等。第三，技术创新主体胜任力构成要素可以归为8类。归类如下：

①创新能力（创新能力、创新性）；

②专业能力（专业技术水平、专业技能、执行力、坚持不懈）；

③客户意识（客户导向、市场敏感度、问题解决）；

④学习能力（学习能力、持续学习）；

⑤战略思维（全局把控与统筹能力、战略思考、系统思考）；

⑥目标明确（目标导向、成就导向、时间管理、强烈的自我意识）；

⑦沟通能力（沟通能力、人际沟通）；

⑧团队合作（团队精神、团队协作、合作共赢）。

6.3 量表选编与实证检验比较

选编量表检验理论模型，是管理学实证研究的关键环节，决定研究质量，具有挑战性。对新一代信息技术产业和生物农业产业技术创新主体胜任力研究，遵循基本一致的技术路线和学术规范，完成了量表选编和模型检验工作，实现了预期目标。

6.3.1 量表选编

在量表选编过程中，两类实例产业独立研究团队，可参阅的文献库相同，因此参照的胜任力词典也基本一致，包括斯潘塞胜任力词典、麦克莱兰胜任力词典和哈佛大学胜任力词典等。

新一代信息技术产业技术创新研究者，结合前期行为事件访谈记录和开放式问卷调查结果在内容分析基础上提取陈述句，对照胜任力词典选编针对理论模型中12项胜任力构成要素的测量指标，共获取89条陈述句。然后再次召开专家小组会议，讨论、删选陈述句；删除了不合理的、不恰当的29条，保留60条陈述句，平均每个胜任力构成要素的测量指标为5个，基本符合李克特五点量表对测量指标题目个数的要求。选编的量表如表3-3所示。研究者认为，新一代信息技术产业技术创新主体胜任力，体现绩效优秀技术创新人员胜任岗位的能力，为此在效标关联的题目上，选择创新成果，包括方法创新、创意，以及创新的应用及价值作衡量标准，具体测量内容如表3-4所示“新一代信息技术产业技术创新人才效标测量指标体系”。至此，新一代信息技术产业技术创新胜任力研究，完成了对理论模型检验工具量表的选编。

类似地，生物农业产业技术创新主体胜任力理论模型检验量表的选编，一是从文献中选择已经得到验证的量表条目；二是再次通过访谈、问卷调查和德尔菲法方式，获取目前国内外相关量表项目中并不包括胜任特征要素。经过细致研究，形成了生物农业企业技术创新人才胜任力量表，共有测量题项共 59 项（详见附录五）。对创新绩效的测量，根据已有比较成熟的研究，选择创意产生、推广和实现三个要素测量。

6.3.2 实证检验

新一代信息技术产业技术创新主体胜任力研究对理论模型的检验，借鉴了国内学者常用的方法，主要有项目分析、探索性因子分析、可靠性分析、验证性因子分析、相关性分析和回归分析。首先对选编的 60 个项目进行预试，通过“问卷星网站”，向“信息技术产业核心技术创新人员”发放了 450 份问卷，回收 428 份有效问卷。从通俗性、区分度和相关性三方面对量表进行了项目分析。通俗性分析表明各项目可以接受；区分度分析主要使用独立样本 T 检验进行检验，结论是所有项目均符合条件；项目相关性分析主要采用是的项目组间相关和项目—总分相关两种相关分析法，检验发现 8 个项目与总分的相关系数低于 0.3，不符合要求，予以删除该项（见表 3-7 至表 3-18）。

从思维能力、行动能力和人际关系三个维度进行探索性因子分析，删除了若干个不符合要求的项目。可靠性分析表明，未删除项目的具有良好的整体信度。利用 AMOS 19 软件对再试问卷数据进行验证性因子分析，观测了相关因子的解释力和拟合效果。进行相关性分析之后，删除预试中的 17 个项目，对部分未通过检验的项目进行了补充调查和专家小组会议讨论。最后确定了涵盖三个维度、11 个指标由 43 个条目组成的正式量表（见表 3-23）。表 3-26 显示了各变量与创新绩效的回归分析结果；模型 1～模型 5 的 VIF 值均小于临界值 10，D-W 值在 0.05 水平上显著，表明了该模型不存在严重的共线性问题，模型分析结果可以接受。

同样地，对生物农业技术创新主体胜任力理论模型的实证检验，进行了项目通俗性、区分度、相关性分析，探索性因子分析、可靠性分析、验证性因子分析，以及相关性分析，并对二级维度要素与创新绩效进行了回归分析。

针对设计的 59 个项目，在 20 家目标企业向“生物农业企业技术创新人才”发放调查问卷（附录五）；发出 400 份，回收有效问卷 357 份。对回收的有效问卷，运用 SPSS 11.5 软件从通俗性、区分度和相关性进行项目分析。结果表明大部分项目的通俗性分值可以接受；项目区分度分析采用独立样本 T 检验方法，结果显示所有项目均满足显著性差异的条件，具有较好的区分度（见表 4-11）；项目相关性分析显示，10 个项目与总分的相关系数均低于 0.3，不符合要求，予以删除。

研究者对专业能力、追求卓越、个人特质和团队精神四个分量表进行探索性因子分析，结果显示，量表总体上具有良好的“结构效度”。对 59 个项目进行可靠性分析，结果表明量表整体信度较好（检验结果见表 4-31）。利用 AMOS 21 软件对再试问卷进行验证性因子分析，结果说明二阶因子对相应一阶因子的解释度以及观测变量对相应的二阶因子的解释度较大，模型拟合较好。相关性分析表明，专业技能与创新、市场敏感度等要素与创新绩效显著相关，专业能力、追求卓越、个人特质和团队精神等要素与创新绩效显著相关。各变量二级要素与创新绩效的回归分析结果（见表 4-35），各变量对创新绩效的回归分析结果（见表 4-36）。分析表明模型不存在严重共线性问题，结果可以接受，专业能力、追求卓越、个人特质、团队精神均与创新绩效显著相关。

总之，经过一系列符合规范的检验过程，这两类产业技术创新主体胜任力研究者，均修正和确定了正式量表，证明了所构建的技术创新主体胜任力模型有不同程度的合理性和有效性。

6.4 目标模型比较

理论模型经过实证检验、修订，确定了正式模型。两组研究者独立研究了两类战略性新兴产业技术创新主体的胜任力，殊途同归，构建了既有各自产业特点又有共同点的模型。

6.4.1 正式模型对理论模型的修正

经过检验，得出新一代信息技术产业技术创新主体的胜任力模型。正式模型由三个维度 11 项要素构成，即思维能力维度（学习能力、创新能力、专业技术水平、全局把控与统筹能力）；行动能力维度（目标导向、执行力、时间管理、客户导向）；人际关系维度（沟通能力、团队精神、合作共赢）。正式模型与表 3-7 所示的理论模型相比较，剔除了“思维能力维度”的“系统思考（A3）”一项要素，即由 12 项要素变为 11 项，其余要素均通过实证检验得出成立。这说明前期的数据采集、编码分析和专家小组筛选工作质量比较高，客观性、现实性和实用性程度高，在严格的实证检验中得到证实。

生物农业技术创新主体胜任力研究，根据实证检验结果，进一步讨论，对胜任力二级要素进行了适当合并调整。相比 4 个一级要素和 12 项二级要素的理论模型，检验和调整后的正式模型是 4 个维度、7 项胜任特征要素：专业能力维度——专业技能与创新、市场敏感度、问题解决；追求卓越维度——追求卓越；个人特质维度——战略思维与学习、自我意识与持久；团队精神维度——团队精神，如表 4-37 所示“胜任力模型及具体操作性定义”。对照理论模型，可以看到实证检验之后，对理论模型的修正较大。一是将理论模型的“一级要素”改称为“维度”，二是将理论模型的 12 项“二级要素”，合并调整为 7 项要素；减少了 5 项，占理论模型 12 项二级要素的 42%。这一变化说明，在数据采集和理论模型提出过程中，对客观性和现实性反映不足，因而在检验中发现的问题较多，需要修正和进一步调整。从正式模型来看，“追求卓越”和“团队精神”两个维度仅由一项同名要素构成，分类的合理性有待讨论。表 6-2 所示为两类产业理论模型与正式模型比较。

表 6-2 两类产业技术创新主体胜任力理论模型与正式模型比较

产业	理论模型	正式模型
新一代信息技术产业	思维能力维度（A）： 学习能力（A_1） 创新能力（A_2） 系统思考（A_3） 专业技术水平（A_4） 全局把控与统筹能力（A_5） 行动能力维度（B）： 目标导向（B_1） 执行力（B_2） 时间管理（B_3） 客户导向（B_4） 人际关系维度（C）： 沟通能力（C_1） 团队精神（C_2） 合作共赢（C_3）	思维能力维度（A）： 学习能力（A_1） 创新能力（A_2） 专业技术水平（A_4） 全局把控与统筹能力（A_5） 行动能力维度（B）： 目标导向（B_1） 执行力（B_2） 时间管理（B_3） 客户导向（B_4） 人际关系维度（C）： 沟通能力（C_1） 团队精神（C_2） 合作共赢（C_3）
生物农业技术产业	专业能力一级要素： 专业技能 市场敏感度 创新性 问题解决 追求卓越一级要素： 客户服务 成就导向 个人特质一级要素： 战略思考 持续学习 强烈的自我意识 坚持不懈 团队精神一级： 人际沟通 团队协作	专业能力维度： 专业技能与创新 市场敏感度 问题解决 追求卓越维度： 追求卓越 个人特质维度： 战略思维与学习 自我意识与持久 团队精神维度： 团队精神

6.4.2 正式模型的共同点与差异之处

研究团队期望的目标模型已经建立。按照设计，正式的模型意味着新一代信息技术产业和生物农业产业这两类产业的技术创新主体，只有将模型中呈现的各要素汇聚成合力，才能够胜任创新创造目标客体的工作，实现技术改进、新技术发明和新产品开发，进而推动产业发展。表6-3所示为两类实例产业技术创新主体胜任力模型。从理论上讲，模型的要素和结构都是“科学地”实证研究出来的结果，具有客观性和可行性。

相较而言，这两个通过独立研究获得的模型，既有相同点，也有不同之处。相同点包括三个方面：第一，包含相同要素。比如，专业技术能力、创新能力、面对市场解决问题的能力（客户导向、目标导向；市场敏感度、问题解决）、团队合作共赢、战略管理能力、任务的执行力和学习能力等。第二，具有类似结构。两类产业的技术创新主体胜任力模型，都由多个要素构成，归并为三个或四个维度。前者由11项要素形成胜任目标任务的合力，后者由7项要素形成胜任合力。第三，具有产业实用性。构建胜任力模型的目的在于应用。两类产业的模型源于实践调查和理性逻辑的演绎，也必将在实际工作中发挥作用。事实上，两组独立的研究者已经将构建的模型用于本产业具体工作，进行了“落地”实验，并取得了一定的成果和经验。

表6-3　两类产业技术创新主体胜任力模型比较

新一代信息技术产业	生物农业技术产业
思维能力维度（A）： 1. 学习能力（A_1） 2. 创新能力（A_2） 3. 专业技术水平（A_4） 4. 全局把控与统筹能力（A_5） 行动能力维度（B）： 5. 目标导向（B_1） 6. 执行力（B_2） 7. 时间管理（B_3） 8. 客户导向（B_4） 人际关系维度（C）： 9. 沟通能力（C_1） 10. 团队精神（C_2） 11. 合作共赢（C_3）	专业能力维度： 1. 专业技能与创新 2. 市场敏感度 3. 问题解决 追求卓越维度： 4. 追求卓越 个人特质维度： 5. 战略思维与学习 6. 自我意识与持久 团队精神维度： 7. 团队精神

从另一个角度观察，这两个模型有一定差异性，主要表现在三点：一

是构成要素的定义有所不同。比如，新一代信息技术产业研究者在表 3-3 “新一代信息技术产业技术创新人才胜任力构成要素测量指标体系”中，参考“哈佛大学胜任力词典”和“温柏坚”成果将“专业技术水平”定义为：“具备信息技术产业专业技术知识，能够把握信息技术产业技术发展趋势，对新技术具有深刻理解，具有推动技术革新的能力，注重保持技术领先优势。”而生物农业技术产业研究者，在“胜任力模型及具体操作性定义”中将“专业技能”与“创新”合并，给出“专业技能与创新”的“操作性”定义：“具有足够的农业生物技术创新相关的专业知识、技能和实践经验，以及专业的科研方法、研究程序及具体处理技巧，并善于转换、使用和传播知识技巧。不受以往经验方法束缚，以新形势发展要求为标准，对新观点、新思路和变革持开放态度，持续性改进工作方法、解决各种技术问题。”定义中都有对本产业专向性知识和技能掌握的表述，但程度界定不同，后者有“足够”拥有要求，还有具体的可持续改进工作方法和解决技术问题的内涵。一样名称的要素“团队精神”，两组研究者的定义侧重点不尽相同。新一代信息技术产业创新主体的定义：“团队成员具有共同的目标，在工作中彼此相互信任、相互合作，通过一起努力，解决工作中发生的问题，共同完成工作任务”。而针对生物农业技术产业创新主体的定义是“能够通过彼此相互信任，在工作中相互合作、支持、帮助、协调，共同努力解决工作中发生的问题和完成任务目标，以达到‘1+1>2’的效果”。前者强调共同目标的合作基础，后者明确“1+1>2”的绩效目标实现。二是构成胜任合力的要素数量不同。新一代信息技术产业技术创新主体 11 项，生物农业产业技术创新主体 7 项。构成要素的数量不同，是“实证”演绎的结果；而要素概念的内涵和外延的界定质量如何，对实际的应用也有影响。三是对构成胜任合力要素的维度划分有区别。新一代信息技术产业技术创新主体区分为思维能力（A）、行动能力（B）和人际关系（C）三个维度，生物农业产业技术创新主体分为专业能力、追求卓越、个人特质和团队精神四个维度。要素维度的划分，理论角度是客观性的，但同时也反映研究者的认识基础和目标追求。

总之，这两类产业技术创新主体胜任力模型，既有共同点，也有差异之处。既反映相同方法和相似技术路线得出的现实性、客观性和科学性结果的必然性，又在一定程度上反映研究者的认知基础和主观偏好。这意味着在实证研究的客观性中，不可避免地会印上研究者的主观性的“烙印”。

6.5 基于胜任力模型的应用实验比较

这两类产业的研究者在完成实证研究得到技术创新主体胜任力模型之后，分别进行了实验研究，“落地”应用在实际工作中。根据产业情况和研究者选择应用单位的便利，新一代信息技术产业实验，主要包括创新人才的招聘选拔、培训与发展以及技术创新团队人才匹配三个方面；生物农业产业实验研究，选择A公司设计和实施，主要涉及招聘体系、培训体系和绩效考核体系三个方面。在此，对相关实验研究情况进行比较和审视，以期获得有价值的经验。

6.5.1 在招聘与选拔中的实验

新一代信息技术产业研究者，系统地思考、规划和实验了基于所构建的胜任力模型，开展招聘和选拔技术创新人才的活动（详见5.2.1）。值得肯定和推广的做法有四点：第一，将构建的新一代信息技术产业技术创新主体胜任力模型中的胜任力构成要素分为5个等级，每一等级赋予20分，合计100分；第二，对每一个要素的不同等级，设计“行为锚定量表”；第三，根据岗位要求，采用德尔菲法、层次分析法等，对技术创新主体各个胜任力要素确定权重（见表5-4）；第四，进行多环节、多形式测评和筛选候选人。研究者本身从事这个领域的人力资源管理工作，结合多年实践中发现的问题、得到的体会和获得的作业经验，将胜任力模型转化为可量化评价应聘者的管理工具，设计了具有可行性的工作流程（见图5-1），提出了计算应聘者胜任力各项构成要素的加权求和公式和胜任力总分值计算公式，有利于提高招聘和选拔环节的客观性、合理性和有效性。在实验研究和之后的应用中得到了证明。

生物农业技术产业研究者在北京中关村科技园区一家典型的农业生物高科技企业 A 公司，进行了基于胜任力模型的招聘选拔实验研究。招聘过程按照胜任力模型运用原则和流程组织实施，坚持“精心设置、多角度甄别、成本可控”原则，从 258 名应聘者中选录了 4 人。根据录用后工作一段时间的反馈信息，初步表明运用胜任力模型开展招聘工作绩效显著。

研究者与 A 公司人力资源管理部门协商，改变传统流程，对基于胜任力模型的招聘流程进行了重新设计。利用新设计的胜任力模型工作申请表，让 A 公司从 258 名投递简历者中筛选出来的 80 名求职者填写，其中 65 人按要求提交了工作申请表。之后又进行了职业兴趣测试和结构化面试等多项多轮测试，最终为空缺岗位选拔到了“合适”的人。研究者体会到，基于胜任力模型的招聘与选拔，招聘管理成本会有适当增加，但 A 公司人力资源部能接受。招聘的 4 名技术创新业务骨干经过 6 个月试用检验，初步认为这 4 名技术创新人才的岗位“适应性、专业技能、工作绩效、团队合作”等表现较好，短期看招聘管理质量比较令人满意，长期还有待观察。

新一代信息技术产业研究者的系统设计和实施，生物农业产业研究者在 A 公司的具体实验，都初步证实了基于胜任力模型进行招聘和选拔管理的有效性和应用价值，为进一步研究和实践贡献了一定经验。

6.5.2 在培训与发展中的实验

新一代信息技术产业和生物农业产业技术创新主体胜任力研究者，分别进行了基于所构建胜任力模型在培训与发展中的实验研究，同样对胜任力模型的实用价值和在本产业的适用性进行了“落地”检验，得到了有一定意义的经验。

新一代信息技术产业创新主体研究者，如同在招聘和选拔中的应用实验一样，在培训与开发的应用中也进行了系统、全流程和有高度的思考与设计。根据所构建的胜任力模型，开发培训课程体系，设定了不同职业发展阶段所需要的能力要求。如图 5-3 所示，直观显示了“基于胜任力的技术创新主体培训全流程管理与评估体系”流程。在培训与开发管理中，需求评估是关键环节。研究者将基于胜任力模型的技术创新主体能力提升培训需求分析，归纳为三个步骤，重点是根据胜任力要素编制能力评价问卷。培训实施中“学习方式”选择高度关联管理绩效，研究者结合本职工作实际进行了分析和设计。培训与开发活动后评估是实现高质量组织管理的必然选择，研究者根据“四度”评估方法——战略相关度、业务紧迫度、工作指导度和知识前瞻度，提出了涵盖胜任力提升评价的培训效果“四度”评估理论框架（见图5-4），举例说明了如何设计“培训项目能力习得评估问卷”（见表5-9）。研究者结合工作实际，初步设计和实验了基于所构建胜任力模型的培训与开发活动，得到实验实施单位人力资源管理人员的肯定和好评，更多的体会和经验有待从未来新的实践中获得。

生物农业产业技术创新主体研究者，在A公司进行的基于胜任力模型的培训实验研究具体而有现实性，积累的经验推广性更高。研究者从所构建的胜任力模型角度出发，借鉴已有的培训需求评估模型，对A公司技术创新人才培训活动管理进行了方案设计和实施。要点讨论了基于胜任力的培训需求分析不同于传统的培训需求分析模型的四个特点，在与A公司人力资源部充分沟通的基础上，确定了需求分析步骤，设计了有可操作性的评估问卷（见表5-12）和可能绩效差距原因分析表（见表5-13）。如表5-15所示，是研究者针对“胜任特征”对A公司技术创新人才培训目标、内容和方法的设计。研究者讨论基于胜任力模型的培训实施后的培训绩效评估问题，认识到了培训效果评估的复杂性和长期性等问题。

受时间和实验对象选择困难等因素的限制，这两类产业创新主体研究者都意识到了这次培训与开发实验研究的局限性，体会和经验有待进一步积累。

6.5.3 在绩效考核及团队人才匹配中的实验

生物农业产业创新主体研究者探索了基于胜任力模型的绩效考核问题，而新一代信息技术产业创新主体研究者考查了基于胜任力模型的技术创新团队人才匹配问题。这两项研究皆是独立进行，互不相关，不可比较，这里仅作简要评述。

生物农业产业创新主体研究者选择 A 公司的动物医学研究中心作为基于胜任力的绩效考核试点，对该中心的技术创新人员进行了绩效考评实验。最值得总结的是研究者根据构建的胜任力模型，重新设计了技术创新人才绩效考核指标体系，“突出结果导向，兼顾员工特质和行为导向”。研究者经过与 A 公司人力资源部多次讨论，提出了如表 5-16 所示“A 公司动物医学中心技术创新人才绩效考核指标体系”。针对胜任力模型的 7 项要素分别赋予权重：专业技能与创新 20%，市场敏感度 8%，问题解决 10%，追求卓越 40%，战略思维与学习 6%，自我意识与持久 6%，团队精神 10%。

对胜任力要素赋予权重是一个复杂问题，从量化研究者角度来看，合理性和准确性需要高度重视。本次实验的研究者，在确定权重分值时的主要依据是“动物医学中心完成 A 公司下达目标任务的重要性”程度——对结果导向的考核占 40%，对行为和特质的考核占 60%。研究者对赋值权重的理由分别予以说明。需要指出的是，在应用实验研究中，合理性和有效性占主导地位，而科学性是基础和不断趋近的目标。从一次的实验情况来看，得到相关人员的肯定评价，有较好成效。但显而易见，这一做法的可靠性和有效性有待进一步实践检验，需在实践中不断调整和完善。

新一代信息技术产业技术创新主体研究者，基于构建的个体胜任力模型和在另一项研究中构建的团队胜任力模型，以及对从个体胜任力向团队胜任力转化的问题的思考，探讨了技术创新团队中各成员的“匹配”和“动态调整”问题，提出了选拔性评估的流程（见图 5-2）。这一点很有现实意义。在技术创新越来越依赖于团队作战的今天，实现团队成员之间能力互补、行为协同、合力最大化，具有必要性和必然性。

6.6 对通用技术创新主体胜任力模型的思考

6.6.1 三项具体研究成果中的通用性

在本书中，报告了两项战略性新兴产业技术创新主体胜任力研究工作，即王欢博士对“新一代信息技术产业技术创新主体胜任力模型”的研究，杨木春博士对“生物农业产业技术创新主体胜任力模型”的研究。在北京师范大学战略人才研究中心，还有一位成员徐东北博士研究了“战略性新兴产业科技创新人才胜任力模型”。三位博士的独立研究成果“胜任力模型”，如表6-4所示。

徐东北博士在其2017年12月通过答辩的管理学博士学位论文中，构建了“战略性新兴产业科技创新人才胜任力模型”。研究的技术路线主要包括多渠道获取数据、理论模型构建、模型的“初步检验”和“大样本实证检验”等步骤，最后确定了由三个维度22项要素构成的“三动力”胜任力模型：“创新启动力”维度——保持激情、善于思考、好奇敏感、兴趣驱动、成就动机；“创新助动力”维度——开放包容、积极主动、尽职尽责、影响感召、勤勉敬业、沟通协作、客户导向、时间观念、精益求精、坚忍执着；“创新行动力”维度——追踪前沿、探索钻研、应变把控、规划设计、实践操作、开拓突破、组织管理。①

徐东北博士构建的“战略性新兴产业科技创新人才胜任力模型”，从题目定位来看，是针对“战略性新兴产业”整个产业的“科技创新人才”胜任创新工作岗位的能力的研究。同样是体现客观性、科学性的管理学“实证研究”，但与王欢博士和杨木春对同类选题的“实证研究”相比，所构建的胜任力模型在维度结构和构成要素方面有较大差别。从预期目标来说，徐东北博士构建的模型更具有应用的“通用性”。

不过，尽管王欢博士和杨木春博士的研究是针对具体的一个产业进行的，其所构建的胜任力模型除了对目标产业具有应用价值，对其他产业也有借鉴意义。虽然研究的对象具体创新创造的内容不同，但所从事工作的创新性和创造性对创新者的素质、能力和行动的要求高度一致，因此也具有“通用性”，可供其他产业研究者和实践者参考。

---

① 徐东北．战略性新兴产业科技创新人才胜任力模型与开发模式研究［D］．北京：北京师范大学，2017.

表 6-4　三项战略性新兴产业技术创新主体胜任力模型研究成果

研究一	研究二	研究三
新一代信息技术产业技术创新主体胜任力模型	生物农业产业技术创新主体胜任力模型	战略性新兴产业科技创新人才胜任力模型
三个维度 11 项要素	四个维度 7 项要素	三个维度 22 项胜任力要素的“三动力”模型
· 思维能力维度（A）： 1. 学习能力（A_1） 2. 创新能力（A_2） 3. 专业技术水平（A_4） 4. 全局把控与统筹能力（A_5） · 行动能力维度（B）： 5. 目标导向（B_1） 6. 执行力（B_2） 7. 时间管理（B_3） 8. 客户导向（B_4） · 人际关系维度（C）： 9. 沟通能力（C_1） 10. 团队精神（C_2） 11. 合作共赢（C_3）	· 专业能力维度： 1. 专业技能与创新 2. 市场敏感度 3. 问题解决 · 追求卓越维度： 4. 追求卓越 · 个人特质维度： 5. 战略思维与学习 6. 自我意识与持久 · 团队精神维度： 7. 团队精神	· 创新启动力 ①保持激情；②善于思考；③好奇敏感；④兴趣驱动；⑤成就动机 · 创新助动力 ⑥开放包容；⑦积极主动；⑧尽职尽责；⑨影响感召；⑩勤勉敬业；⑪沟通协作；⑫客户导向；⑬时间观念；⑭精益求精；⑮坚忍执着 · 创新行动力 ⑯追踪前沿；⑰探索钻研；⑱应变把控；⑲规划设计；⑳实践操作；㉑开拓突破；㉒组织管理

6.6.2　关于通用模型的维度与要素

在基本相同的学术环境中进行的客观性和科学性实证研究，得出的模型在结构和要素方面却有较大差别。这说明管理学的科学性和艺术性的二元性，决定了在科学性的客观追求中，无法脱离艺术性的主观性。意味着研究者信奉的价值观、认识论和具备的知识基础与技术能力，无不在客观的成果上留下深刻的烙印。可以肯定，管理学研究的艺术性性特征具有必然性和必要性，同样具有学术价值和实践意义。

基于这一观点，拟在此艺术性地将三项针对战略性新兴产业技术创新主体胜任力的独立研究成果，主观地整合在一起，尝试提出一个体现三者要素的通用性模型。在没有完成科学的技术步骤和实证检验之前，只可称为理论模型或概念模型。在本章 6.2.2 理论模型提出，曾经比较和综合了“新一代信息技术产业”和“生物农业产业”技术创新主体胜任力理论模型。将产业技术创新主体的胜任力构成要素初步归纳为：创新能力、专业能力、客户意识、学习能力、战略思维、目标明确、沟通能力和团队合作 8 项。这两个理论模型经过检验后有所变化。

综合考虑如表 6-4 所示三项战略性新兴产业技术创新主体胜任力模型研究成果，基于团队的讨论和认识，可以把“三个维度 11 项要素模型”“四个维度 7 项要素模型”和“三个维度 22 项要素的‘三动力’模型”，整合为一个由三维度 8 项要素构成的通用概念模型。

通用概念模型的三个维度和 8 项要素包括：维度一，创新素质是指创新主体个人具备的专业知识基础、技术开发能力和业务发展水平，构成要素有专业水平和学习能力；维度二，创新意识是指在思维和认知层面是否具备创新技术、创造产品的动机和动力，由战略高度、创新创造和服务市场 3 项要素构成；维度三，创新行动是指具备一定知识基础和技术水平的创新主体，把创新设计和新产品方案变成现实的技术进步和领先产品的能力，有目标明确、团队合作和沟通协调 3 项要素。关于通用概念模型构成维度和要素的初步思考见表 6-5，右边一栏中是三个模型中相应的要素。

表 6-5 战略性新兴产业技术创新主体胜任力通用概念模型

维度	构成要素	三个模型中的相应要素
创新素质	专业水平	专业技术水平，专业技能，实践操作
	学习能力	学习能力，持续学习，自我意识与持久，追踪前沿，探索钻研，保持激情，善于思考，好奇敏感，兴趣驱动，开放包容，积极主动，尽职尽责，勤勉敬业，时间观念，精益求精，坚忍执着
创新意识	战略高度	全局把控与统筹能力，战略思维与学习，应变把控，规划设计
	创新创造	创新能力，创新性，开拓突破
	服务市场	客户导向，市场敏感度，问题解决
创新行动	目标明确	目标导向，成就动机，成就导向，执行力，时间管理
	团队合作	团队精神，团队协作，合作共赢，影响感召，组织管理
	沟通协调	沟通能力，沟通协作

第 7 章　结论与应用建议

本书研究团队经过数年努力完成了既定的研究任务，以新一代信息技术产业和生物农业产业为实例，分别实证研究了技术创新主体的胜任力模型，并在实际工作中进行了初步的实验研究。研究工作取得了一定的成果，对于认识我国战略性新兴产业技术创新高层次研究人员的胜任力要素和构成，优化人力资源管理，具有重要的现实意义和应用价值。

7.1　研究结论

如本书第 3 章、第 4 章所述，由王欢博士主持的新一代信息技术产业技术创新主体胜任力研究，由杨木春博士主持的生物农业产业技术创新主体胜任力研究，严格按照管理学实证研究方法和技术路线，构建和检验了胜任力模型。如第 5 章所述，王欢构建的新一代信息技术产业胜任力模型，分别在招聘选拔、新团队人才匹配和培训与发展实践中进行实验研究；杨木春构建的生物农业产业技术创新主体胜任力模型，在目标企业 A 公司进行了招聘、培训和绩效考核管理三方面的实验研究。

本书第 6 章比较了两项实例研究的成果，回顾和简要评论了胜任力模型的构建、检验以及应用实验研究，这里再次简要总结本书研究成果。

第一，构建并实证检验了新一代信息技术产业技术创新主体胜任力模型。实证研究发现，新一代信息技术产业技术创新主体的胜任力，由思维能力、行动能力和人际关系三个维度 11 项要素构成：①思维能力维度——学习能力、创新能力、专业技术水平、全局把控与统筹能力；②行动能力维度——

目标导向、执行力、时间管理、客户导向；③人际关系维度——沟通能力、团队精神、合作共赢。

第二，构建并实证检验了生物农业企业技术创新主体胜任力模型。研究表明，模型由四个维度、7 项胜任特征要素构成，如表 6-4 所示：①专业能力维度——专业技能与创新、市场敏感度、问题解决；②追求卓越维度——追求卓越；③个人特质维度——战略思维与学习、自我意识与持久；④团队精神维度——团队精神。

第三，实验研究了基于胜任力模型的创新主体管理问题。根据研究者所构建的新一代信息技术产业技术创新主体胜任力模型，讨论了产业创新人才的招聘选拔、技术创新团队人才匹配和技术创新主体培训与发展三个方面的管理问题。根据研究者所构建的生物农业产业创新主体胜任力模型，在目标企业 A 公司进行了应用设计和实施，包括招聘体系、培训体系和绩效考核体系的构建三个方面。

第四，提出了战略性新兴产业技术创新主体胜任力通用概念模型。本书研究者在 6.2 节，综合考虑了两项实例产业研究成果和另一项相关研究结论，对具有通用性的战略性新兴产业技术创新主体的胜任力提出了概念模型（见表 6-5）。本书研究者认为，通用性的概念模型应该由三个维度、8 项要素构成：维度一是创新素质——专业水平和学习能力 2 项要素；维度二为创新意识——战略高度、创新创造和服务市场 3 项要素；维度三为创新行动——目标明确、团队合作和沟通协调 3 项要素。

总之，本书有助于认识国家战略性新兴产业技术创新主体的胜任力，以及基于胜任力模型，提高服务创新人才的人力资源管理活动的质量和水平。对胜任力的研究，以两个产业为实例，遵循管理学科学性原则，在理论上取得客观性的成果；对所构建的胜任力模型进行了落地的实验研究，获得了一定的经验；构建技术创新主体胜任力模型并进行应用实验，在我国战略性新兴产业研究和实践领域具有创新意义和实用价值。

但是，从高更的学术要求和应用推广目标来看，本书的研究成果在三个方面有待进一步提高：一是战略性新兴产业技术创新主体胜任力模型的通用性可能不够充分。因为胜任力模型的研究针对新一代信息技术产业和生物农业产业两类产业，所以得出的结论可能特殊性有余而一般性不足，对于实现一般意义的全产业技术创新主体胜任国家战略性创新工作客体的目标而言，有待进一步深化和完善。二是新一代信息技术产业技术创新主体和生物农业产业技术创新主体两类主体胜任力模型的构建和检验，由于数据采集和模型检验的复杂性和技术难度，使实证研究的信度和效度存在出现偏差的可能性，认识的客观性和科学性难免受到研究者主观性的影响。三是对实例产业基于胜任力模型的应用实验研究，因为受到寻求合作机构困难、实验时间短、无重复周期等因素的制约，在应用实验数据的收集和实际经验的积累方面存在不足，有待通过落地实验的多周期持续进行得以弥补。

7.2　应用建议

实证研究技术创新主体的职位胜任力模型，有助于理解承担研究和开发任务的高层次专业人员应该具备的知识、技能和能力，也有助于优化高层次研究和开发专业人才的管理，如招聘与选拔、配置与激励、培训与发展等。结合本书的应用实验研究思考与经验，可以对相关产业开展基于胜任力模型的应用工作提出三点建议。

第一，选择合适的胜任力模型。如本书第 6 章对两个实例产业胜任力模型实证研究及其应用的实验研究比较所述，虽然胜任力模型的构建遵循了体现客观性的“科学方法”，采用了经过实际验证的“有效、合理”的技术路线，但是所得出的结论却有一定的差异性，体现了研究者的主观性判断与选择。本书研究者，综合王欢博士、杨木春博士和徐东北博士构建的相关胜任力模型提出的通用概念模型，可供应用者参考；① 由创新素质、创新意识和创新行动三个维度、8 项要素构成的通用概念模型，基本涵盖了三位博士所构建

① 王欢博士、杨木春博士和徐东北博士构建的相关胜任力模型，参见本书表 6-4“三项战略性新兴产业技术创新主体胜任力模型研究成果”；“通用概念模型”，见本书表 6-5“战略性新兴产业技术创新主体胜任力通用概念模型思考”。

模型的要素。显然，在实际应用中，精准的岗位胜任力模型的构建比较复杂，成本高，难度大，借鉴现有成果，明确构成要素的定义，对结构和要素加以适当调整，不失为一种具有可行性和经济性的选择。

第二，重视基于胜任力构成要素的应用设计。把胜任力模型所体现的价值转化到实际工作中，是最关键也是最困难的环节，需要引起应用目标实现者高度重视。职位或岗位胜任力模型，体现绩效良好的任职者应该具备的素质、态度和行为等要求，可以作为衡量岗位应聘者的标尺、考核在职人员绩效的依据以及判断员工培训与发展需求的标准。精确界定胜任力要素概念的内涵与外延，分解、细化为适合实际操作的可测指标或文字表述，并列入相关工作文件中。

第三，通过事后评估，不断完善胜任力模型应用设计。计划、组织、领导和控制是管理的四个重要环节，其中包括“事后评估”的“控制”环节对管理质量的保持和优化起决定性作用。管理工作既有科学性，也有艺术性。事前精心设计，事中有效作业，事后及时评估和反馈，有助于规避管理中的不确定性和无效性行为，优化下一个周期的管理活动。因此，在一项基于胜任力模型的人力资源管理应用活动结束之后，有必要及时评价和反思这一活动的每个步骤的得与失、成与败，总结经验，吸取教训，为下一个周期的管理活动的设计和实施提供依据。

参考文献

[1] [美] 彼德·德鲁克. 创新与企业家精神 [M]. 北京：企业管理出版社，1989.

[2] [美] 雷蒙德·A. 诺伊，约翰·A. 霍伦贝克，巴里·格哈特，等. 人力资源管理赢得竞争优势（第七版）[M]. 刘昕，译. 北京：中国人民大学出版社，2013.

[3] 白春礼. 科技发展新态势与面向2020年的战略选择 [M]. 北京：科学出版社，2013.

[4] [美] 彼德·德鲁克. 未来的管理：25位卓越管理大师关于管理的新思维与新技巧 [M]. 李小刚，译. 成都：四川人民出版社，2000.

[5] 曹虹剑，张剑英，刘丹. 模块化分工、协同与技术创新：基于战略性新兴产业的研究 [J]. 中国软科学，2015（7）：100-110.

[6] 曹健林. 国际科学技术发展报告·2013 [M]. 北京：科学技术文献出版社，2013.

[7] 曹茂兴，王端旭. 企业研发人员胜任特征研究 [J]. 技术经济与研究，2006（2）：38-40.

[8] 曹惺璧. 腾讯式的创新 [EB/OL]. [2015-03-20]. http：//www.eeo.com.cn/2014/0523/260903.shtml.

[9] 曹志勇，柳海梅. 企业科技领军人物胜任力模型 [J]. 当代经济，2011（1）：158-160.

[10] 曹志勇. 企业创新团队胜任力的内涵模型 [J]. 科技创业，2011（2）：114-116.

［11］曾海燕，黄慧玲．国内外科研团队的研究综述［J］．未来与发展，2013（3）：12-17.

［12］曾仕强．中国式管理［M］．北京：中国社会科学出版社，2005.

［13］陈春花，杨映珊．基于团队运作模式的科研管理研究［J］．科技进步管理，2002（4）：79-81.

［14］陈方．关于中国女性学学科建设的几点思考［J］．妇女研究论丛，2006（5）：35-41.

［15］陈建安，金晶，法何．创业胜任力研究前沿探析与未来展望［J］．外国经济与管理，2013（9）：2-14+24.

［16］陈乐，李晓强，王沛民．科技人力资源开发及其两个重要指数［J］．高等工程教育研究，2007（2）：14-18.

［17］陈明奇，洪学海，王伟，等．关于网络安全和信息技术发展态势的思考［J］．信息网络安全，2015（4）：1-4.

［18］陈士俊．技术创新主体的合理确定及其评价指标分析［J］．科学管理研究，2005（2）：23-26.

［19］陈伟．创新管理［M］．北京：科学出版社，1996.

［20］陈文胜．两型发展是中国农业发展方式转变的时代使命［N］．光明日报，2015-01-14（007）.

［21］陈晓红，王思颖，杨立．变革型领导行为对企业绩效的影响机制研究：基于我国中小企业领导人的问卷调查［J］．科学学与科学技术管理，2012（11）：160-171.

［22］陈晓萍，徐淑英，樊景立．组织与管理研究的实证方法［M］．北京：北京大学出版社，2012.

［23］程炜，李曦．基于胜任力的培训效果评价模型研究［J］．中国商贸，2011（2）：66-67.

［24］储成才．转基因生物技术育种：机遇还是挑战？［J］．植物学报，2013（48）：10-22.

［25］党莉莉，和炳全．企业技术创新人才管理与激励方式探讨［J］．科

技与管理，2008，10（6）：94-97.

［26］邓心安，等．生物经济与农业未来［M］．北京：商务印书馆，2006.

［27］丁秀玲．基于胜任力的人才招聘与选拔［J］．南开学报（哲学社会科学版），2008（2）：134-140.

［28］董树功．我国技术创新主体选择研究［J］．工业技术经济，2006，25（9）：4-7.

［29］段尔煜．“人才”定义辨析［J］．人事行政管理，1999（5）：41.

［30］段军芳，高长春．人力资源管理的传统模式与胜任力模式的比较研究［J］．当代经济管理，2008（4）：63-66.

［31］段君伟，李建华，封伟毅，等．技术创新对信息技术产业的影响研究［J］．情报科学，2014（11）：54-57.

［32］段莉．典型国家建设农业科技创新体系的经验借鉴［J］．科技管理研究，2010（4）：23-28.

［33］方文东．关于科研团队组建的一些认识［J］．科技管理研究，2002（4）：41-43.

［34］冯华，杜红．创业胜任力特征与创业绩效的关系分析［J］．技术经济与管理研究，2005（6）：2.

［35］傅家骥，等．技术创新学［M］．北京：清华大学出版社，1998.

［36］龚劲锋，王益宝．胜任力研究综述与展望［J］．经济论坛，2009（16）：98-101.

［37］顾琴轩，李剑，朱牧．转型期国有企业中层管理人员胜任力的研究［J］．东华大学学报（自然科学版），2001（5）：4-9.

［38］顾远东．组织创新氛围对员工创新行为的影响：创新自我效能感的中介作用［J］．南开管理评论，2010，13（1）：30-41.

［39］管建成，许兴林．技术创新的决策研究与新产品开发［J］．北京航空航天大学学报，1991（4）：91-96.

［40］郭力．谷歌公司的创新文化［J］．企业改革与管理，2013（5）：

52-53.

［41］郭远明，朱薇．提早应对物联网发展带来的信息安全等挑战［J］．中国人大，2010（7）：38.

［42］韩文玲，陈卓，韩洁．关于科技领军人才的概念、特征和培养措施研究［J］．科技管理研究，2011（22）：129-132.

［43］行金玲，文艳．功效系数法与模糊评价法相结合的研发人员绩效考核研究［J］．科技管理研究，2012（18）：54-58.

［44］郝英杰．高校辅导员胜任力建模研究［J］．国家教育行政学院学报，2007（6）：22-25+49.

［45］和征，陈菊红．企业创新团队理论研究综述［J］．科技管理研究，2011（24）：104-107.

［46］贺志荣．组建科研团队应考虑的因素［J］．科技管理研究，2010（11）：195-196.

［47］胡蓓，张文辉．职业胜任力测评［M］．武汉：华中科技大学出版社，2012.

［48］胡利利，许刚全．研发人员绩效考评［J］．企业管理，2005（3）：65-66.

［49］胡月星，等．基层党政干部胜任能力研究报告［J］．中国浦东干部学院学报，2009（1）：71-78.

［50］胡紫玲，沈振锋．从《莫里尔法案》到《史密斯—利弗法案》美国高等农业教育的发展路径、成功经验及启示［J］．高等农业教育，2007（9）：86-88.

［51］［美］加里·金，罗伯特·基欧汉，悉尼·维巴．社会科学中的研究设计［M］．陈硕，译．上海：格致出版社，2014.

［52］焦静，冯明．大学生就业胜任力模型的构建［J］．决策科学，2010（10）：59-67+87.

［53］［美］杰夫·戴尔，赫尔·葛瑞格-克莱顿·克里斯坦森．创新者的基因［M］．曾佳宁，译．北京：中信出版社，2013.

[54] 康乐，王海洋．我国生物技术育种现状与发展趋势［J］．中国农业科技导报，2014（16）：16-23.

[55] 柯江林，孙健敏，李永瑞．心理资本：本土量表的开发及中西比较［J］．心理学报，2009，41（9）：875-888.

[56] 柯江林，孙健敏，邱效威．企业慈善对员工态度与行为影响的跨案例研究［J］．管理案例研究与评论，2014（6）：436-448.

[57] 柯江林，孙健敏，石金涛，等．企业 R&D 团队之社会资本与团队效能关系的实证研究：以知识分享与知识整合为中介变量［J］．管理世界，2007（3）：89-101.

[58] 柯江林．企业研发团队的社会资本：测量、理论与实证［M］．北京：知识产权出版社，2010.

[59]［美］克里斯·哈里斯．构建创新团队：培养与整合高绩效创新团队的战略及方法［M］．陈兹勇，译．北京：经济管理出版社，2005.

[60] 孔晓东．科研项目负责人胜任力模型构建的实证研究［J］．科技进步与对策，2007（9）：64-67.

[61] 李红新，瞿群臻．农业科技创新人才的培养模式与机制研究［J］．安徽农业科学，2014（28）：40-42.

[62] 李进．迅速推广 TD-LTE-A 为全球信息消费服务的战略思考［J］．移动通信，2015（1）：12-16.

[63] 李强，韩一凡．现代生物技术综述［J］．世界林业研究，1998（3）：8.

[64] 李绍章．生物饲料技术内涵辨析［J］．饲料工业，2014（12）：1-5.

[65] 李淑敏，时勘．基于胜任特征的培训需求分析［J］．中国人力资源开发，2009（3）：49-51.

[66] 李志，李苑凌．专业技术人才胜任特征模型的实证研究［J］．中国科技论坛，2007（7）：131-134.

[67] 李忠民，等．知识型人力资本胜任力研究［M］．北京：科学出版社，2011.

［68］李忠云，等．农业科技人员胜任力实证分析：基于对 514 名农业科技人员的调查［J］．农业技术经济，2011（12）：53-60.

［69］刘波，马春艳．世界生物农业产业技术创新路径的比较与启示：基于美国、欧盟的考察［J］．生态经济，2010（10）：102-104+115.

［70］刘洪德，王路璐．高层次创造性人才的涵义及特征分析［J］．科技管理研究，2010（1）：170-173.

［71］刘静．IT 项目经理胜任力模型研究［J］．中国管理信息化，2013（10）：64-65.

［72］刘善仕，周子琛，肖祥伟．基于微创新能力下的人力资源实践研究：以腾讯为例［J］．中国人力资源开发，2015（12）：77-82.

［73］刘小禹，刘军．团队情绪氛围对团队创新绩效的影响机制［J］．心理学报，2012，44（4）：546-557.

［74］刘雪峰，张志学．模拟情境中工作团队成员互动过程的初步研究及其测量［J］．心理学报，2005，37（2）：253-259.

［75］刘志宏．科技创新人才多元化培养路径的战略研究［J］．电子科技大学学报（社会科学版），2008（6）：66-69.

［76］［美］罗伯特·普劳哈特，托马斯·莫兰特诺．人力资本的涌现：一个多层次模型［M］//蔡亚华，译．张志学，贾良定．《美国管理学会评论》优秀论文集萃．北京：北京大学出版社，2014：320-343.

［77］罗瑾琏，李鲜苗．高校科研团队知识传承路径的扎根研究［J］．科学学研究，2012（11）：1690-1697.

［78］罗仕伟，任国良，焦豪．动态能力、技术范式转变与创新战略：基于腾讯微信“整合”与“迭代”微创新的纵向案例分析［J］．管理世界，2014（10）：152-168.

［79］罗文标，赵俊晖，夏洪胜．论技术创新人才及企业培养模式［J］．经济师，2004（8）：131-133.

［80］马春艳，马强．我国生物农业产业技术创新能力评价研究［J］．生态经济，2010（1）：89-91.

[81] 马红民，李非．创业团队胜任力与创业绩效关系探讨［J］．现代管理科学，2008（12）：45-46+98.

[82] 马欢欢，周芸，等．IT 企业研发人员胜任特征与创新绩效关系研究［J］．科技管理研究，2010（3）：85-187.

[83] 马越峰，李建忠．基于胜任力的内蒙古煤炭企业集群专业技术人员评价研究［J］．开发研究，2012（3）：151-154.

[84] 马志强，张提，朱永跃．服务化转型背景下制造企业研发人员胜任力研究［J］．科技进步与对策，2013（22）：146-151.

[85] 苗青，王重鸣．基于企业竞争力的企业胜任力模型［J］．中国地质大学学报，2003（6）：19-20.

[86] 闵九康，贺焕亮，等．生物质在现代农业中的重要作用［M］．北京：化学工业出版社，2013.

[87] 闵素芹，李群．科技人力资源与新一代信息技术产业发展的关系研究［J］．统计与决策，2014（14）：180-182.

[88] 牛端．高校教师胜任特征模型研究［M］．广州：中山大学出版社，2009.

[89] 潘文安．IT 业项目经理人胜任力模型研究［J］．科技进步与对策，2005（2）：152-154.

[90] 彭长桂，张剑．国内胜任特征研究进展及评价［J］．科研管理，2006（6）：62-67.

[91] 蒲桂芸，田怡，张明亲．军工企业研发人员胜任特征要素研究［J］．科技管理研究，2011（7）：111-113+117.

[92] 戚振江，王端旭．研发团队效能管理［J］．科研管理，2003，24（2）：127-132.

[93] 邱玮，白长虹．基于扎根理论的旅游品牌内化研究：以一家五星级酒店为例［J］．旅游学刊，2012（10）：46-52.

[94] 曲洪建，拓中．协同创新模式研究综述与展望［J］．工业技术经济，2013（7）：132-142.

［95］饶惠霞．研发人员胜任力模型构建的实证研究：以中药研发人员为例［J］．企业经济，2012（6）：51-55.

［96］任荣，王晓燕．合作技术创新中虚拟研发团队成员的胜任力研究［J］．东岳论丛，2011（9）：178-182.

［97］任胜钢．企业网络能力结构的测评及其对企业创新绩效的影响机制研究［J］．南开管理评论，2010，13（1）：69-80.

［98］时勘，王继承，李超平．企业高层管理者胜任特征模型评价的研究［J］．心理学报，2002（3）：306-311.

［99］时勘．胜任特征模型理论和实践的探索［C］．第四届中国管理学年会：组织行为与人力资源管理分会场论文集，2009.

［100］宋培林．企业员工战略性培训与开发：基于胜任力提升的视角［M］．厦门：厦门大学出版社，2011.

［101］宋夕平．浅析柯氏模型在培训效果评估中的运用［J］．科技管理研究，2007（2）：244-245+209.

［102］隋杨，陈云云，王辉．创新氛围、创新效能感与团队创新：团队领导的调节作用［J］．心理学报，2012，14（2）：237-248.

［103］孙和福．电信企业研发人员胜任力模型研究［J］．哈尔滨师范大学社会科学学报，2012（2）：59-62.

［104］孙军．VIP 服务价值测评研究：模型构建与实证分析——以电信行业为例［D］．长春：吉林大学，2011.

［105］孙武．解除非正式组织“危险化”［J］．人力资源，2005（5）：50-52.

［106］万玺，雍玺东．核心技术人才胜任特征评价模型研究［J］．价值工程，2007（9）：125-127.

［107］汪华源．生物肥料研究进展及其文献研究［J］．农业图书情报学刊，2003（5）：127-130.

［108］王炳成，丁浩．员工绩效考核方法对组织绩效的影响程度研究［J］．人力资源，2012（3）：98-101.

[109] 王登峰，崔红．中国基层党政领导干部的胜任特征与跨文化比较[J]．北京大学学报（哲学社会科学版），2006（6）：138-140.

[110] 王欢．新一代信息技术产业战略人才发展研究［M］//王建民．2013 中国战略人才发展报告．北京：北京师范大学出版社，2014.

[111] 王佳．通信企业研发人员胜任特征模型研究：以 H 公司为例［J］．电子测试，2013（6）：259-260.

[112] 王建民，柯江林，徐东北．国际化战略中的中国企业高管团队胜任力实证研究［J］．东南大学学报（哲学社会科学版），2015（3）：52-63.

[113] 王建民，杨木春，郑红英．中国胜任力应用研究的回顾与展望（2001—2012）［J］．商场现代化，2013（26）：193-196.

[114] 王建民，杨木春．胜任力研究的历史演进与总体走向［J］．改革，2012（12）：138-144.

[115] 王建民．人力资本生产制度研究［M］．北京：经济科学出版社，2001.

[116] 王建民．战略管理学［M］．北京：北京大学出版社，2006.

[117] 王建民．战略人力资源管理学（第二版）［M］．北京：北京大学出版社，2013.

[118] 王建民．论人力资本产权的特殊性［J］．财经科学，2001（6）：8-12.

[119] 王建民．论中国人力资本生产制度市场化及其必然性［J］．北京师范大学学报（人文社会科学版），2001（4）：83-90.

[120] 王建明，贺爱忠．消费者低碳消费行为的心理归因和政策干预路径：一个基于扎根理论的探索性研究［J］．南开管理评论，2011（4）：80-89.

[121] 王丽娟．员工招聘与配置（第二版）［M］．上海：复旦大学出版社，2012.

[122] 王效南．我国商业银行专业技术人员胜任力模型［J］．经济研究导刊，2010（20）：82-83.

［123］王重鸣，陈民科．管理胜任力特征分析：结构方程模型检验［J］．心理科学，2002（5）：513-516+637.

［124］［美］威廉·庞德斯通．谁是谷歌想要的人才［M］．间佳，译．杭州：浙江人民出版社，2013.

［125］温柏坚，赵建之，范河山．技术人员胜任力模型构建［J］．科技管理研究，2011（3）：138-141.

［126］温亚震．基于胜任力模型的专业技术人员管理指南［M］．北京：中央编译出版社，2011.

［127］吴继霞，黄希庭．诚信结构初探［J］．心理学报，2012，44（3）：354-368.

［128］吴杨，李晓强，夏迪．沟通管理在科研团队知识创新过程中的反馈机制研究［J］．科技进步与对策，2012，29（1）：7-10.

［129］吴振东．项目管理团队胜任力模型及案例研究［J］．武汉理工大学学报（信息与管理工程版），2010（3）：511-514.

［130］武欣，张厚粲．创造力研究的新进展［J］．北京师范大学学报（社会科学版），1997（1）：13-18.

［131］夏海武，曹慧．农业生物技术［M］．北京：科学出版社，2012.

［132］萧鸣政．关于当前我国领导干部公选制问题的探讨［J］．北京大学学报（哲学社会科学版），2011（6）：92-99.

［133］萧鸣政，等．党政领导人才素质标准与开发战略［M］．北京：人民出版社，2010.

［134］萧鸣政．人员素质测评理论与方法［M］．北京：北京大学出版社，2011.

［135］谢丽威，梁兴．发达国家农业科技人才资源开发利用的特点及其启示［J］．四川行政学院学报，2012（3）：81-84.

［136］徐芳．研发团队胜任力模型的构建及其对团队绩效的影响［J］．探索，2003（2）：43-46.

［137］徐向真，陈振凤，董大海．现代企业绩效考核方法述评［J］．华

东经济管理，2008（10）：129-132.

［138］许玉林，王剑．人力资源吸引与招聘：基于战略思考与管理流程［M］．北京：清华大学出版社，2013.

［139］薛爱红，孙国庆，王友华．农业生物技术促进我国农业生物发展［J］．中国科技投资，2012（7）：23-25.

［140］薛亮，等．后金融危机时期中国农业科技发展若干问题的思考：掌握农业科技竞争主动权，迎接新一轮的世界科技革命［J］．中国农业科学，2013（13）：2808-2820.

［141］杨东奇．对技术创新概念的理解与研究［J］．哈尔滨工业大学学报（社会科学版），2000（6）：49-55.

［142］杨丰瑞，赵明．IT 企业研发人员胜任力模型的构建及其在招聘中的应用［J］．北京市经济管理干部学院学报，2008（2）：31-36.

［143］杨丽．企业科技人才技术创新激励研究［M］．北京：中国经济出版社，2009.

［144］杨志勇，倪军．美国和日本农业技术进步路线对中国的启示［J］．世界农业，2012（1）：12-14+19.

［145］姚翔，王垒，等．项目管理者胜任力模型［J］．心理科学，2004（6）：147-149.

［146］［日］野中郁次郎，竹内弘高．创造知识的企业：日美企业持续创新的动力［M］．李萌，译．北京：知识产权出版社，2012.

［147］叶茂，吕鹏辉，沈振兴，等．我国新一代信息技术及其材料的科技成果计量分析［J］．情报探索，2012（3）：45-48.

［148］于飞．科研型知识员工胜任力模型的构建：基于高新技术企业的研究［J］．中国管理信息化，2011（18）：82-86.

［149］于海波．员工招聘与素质测评［M］．北京：对外经济贸易大学出版社，2009.

［150］于建军．以胜任力模型完善研发技术人员的绩效评价系统［J］．人力资源，2005（12）：65-67.

[151] 张赤东，等. 关于企业技术创新主体的论证：基于文献述评的角度 [J]. 科技管理研究，2013 (20)：14-19.

[152] 张德远，吴方卫. 国外农业科研领域中公共部门与私人部门的合作 [J]. 农业经济问题，2004 (1)：72-76+80.

[153] 张方. 协同创新对企业竞争优势的影响：基于熵理论及耗散结构论 [J]. 社会科学家，2011 (8)：78-81.

[154] 张瑾，伊振中，张体勤. 高层次创新人才概念的界定：基于文献综述和聚类分析方法 [J]. 东岳论丛，2011 (10).

[155] 张兰霞，闵琳琳，方永瑞. 基于胜任力的人力资源管理模式 [J]. 东北大学学报（社会科学版），2006 (1)：16-19.

[156] 张丽华，曲建升，王勤花，等. 国外定性综合集成方法研究述评 [J]. 图书情报工作，2012 (1)：66-70.

[157] 张倩. 高层次创造性人才的界定与识别 [J]. 科技进步与对策，2010 (6)：149-151.

[158] 张庆. 基于胜任力的人力资源招聘选拔 [J]. 工业技术经济，2009 (9)：107-112.

[159] 张守营，徐晨曦. 创新之报告 中国科技创新效率亟待提高：来自《国家创新蓝皮书：中国创新发展报告（2014）》的数据 [J]. 中国战略新兴产业，2014 (10)：73-75.

[160] 张炜，王重鸣. 中小高技术企业创业者组合模式与胜任特征研究 [J]. 科学学与科学技术管理，2004 (3)：90-93+135.

[161] 张文勤，刘云. 研发团队反思的结构检验及其对团队效能与效率的影响 [J]. 南开管理评论，2011，14 (3)：26-33.

[162] 张文勤，石金涛，刘云. 团队成员创新行为的两层影响因素：个人目标取向与团队创新气氛 [J]. 南开管理评论，2010，13 (5)：22-30.

[163] 张西华. 发达国家的农业技术进步与中国农业技术进步 [J]. 经济师，2004 (5)：203-204.

[164] 张宪法. 改革开放 30 年：我国农业科技工作回顾与展望（二）：

成就与贡献、经验与启示［J］. 农业科技管理，2009，28（2）：5-8.

［165］张振华，刘文超．创业团队胜任能力测评量表开发与质量检验的实证研究［J］. 税务与经济，2013（1）：50-55.

［166］张振华．创业团队胜任力结构与创业绩效的关系研究［J］. 当代经济研究，2009（12）：22-25.

［167］张宗益，李雷霆．城乡统筹环境下的农业人才孵化机制研究［J］. 科技进步与对策，2011（4）：141-145.

［168］章惠娟，陈万明．高新技术企业专业技术人员胜任力模型研究［J］. 现代经济信息，2011（19）：13-14.

［169］章凯，肖莹．胜任力分析与人力资源管理创新［J］. 成人高教学刊，2004（2）：12-15.

［170］赵付春．企业微创新特性和能力提升策略研究［J］. 科学学研究，2012（10）：141-145.

［171］赵辉，乌晓礼．中国地方政府领导胜任力模型研究［J］. 内蒙古大学学报（人文社会科学版），2007（3）：34-36.

［172］赵克，朱新轩．论技术创新主体的转换［J］. 科技管理研究，1996（8）：5-9.

［173］赵曙明，杜娟．基于胜任力模型的人力资源管理研究［J］. 经济管理，2007（6）：16-22.

［174］赵曙明，杜鹃．企业经营者胜任力及测评理论研究［J］. 外国经济与管理，2007（1）：33-40.

［175］赵西萍，周密，李剑，等．软件工程师潜在胜任力特征实证研究［J］. 科研管理，2007（5）：110-114.

［176］赵阳华，尹晶．我国农业生物发展情况回顾和发展思路探讨［J］. 中国科技投资，2011（5）：42-44.

［177］赵自强．信息技术产业创新理论研究［J］. 中国商贸，2012（11）：209-211.

［178］仲理峰，时勘．胜任特征研究的新进展［J］. 南开管理评论，

2003 (2): 4-8.

[179] 仲理峰，时勘．家族企业高层管理者胜任特征模型 [J]. 心理学报，2004 (1): 110-115.

[180] BOYATZIS R E. The competent manager: a model for effective performance [M]. New York: Wiley- Interscience, 1982.

[181] CHANDLER G N. , A E J. Founders' self assessed competence and venture performance [J]. Journal of business venturing, 1992 (3): 223-236.

[182] CHANDLER G N, HANKS H S. Founder competence, the environment, and venture performance [J]. Eentrepreneurship theory and practice, 1994, 18 (3).

[183] CHARLES M. Team competencies [J]. Team performance management, 2001 (7): 117-122.

[184] DAVID C. McCLELLAND. Testing for competence rather than for "Intelligence" [J]. American psychologist, 1973 (1): 1-14.

[185] DREYFUS STUART E. , DREYFUS, HUBERT L. A five-stage model of the mental activities involved in directed skill acquisition [M]. Washington, DC: Storming Media, 1980.

[186] EISENHARDT K M. Building theories from case study research [J]. Academy of management review, 1989, 14 (4): 532-550.

[187] EISENHARDT K M. , GRAEBNER M E. Theory building from case: opportunities and challenges [J]. Academy of management journal , 2007, 50 (1): 25-32.

[188] ERIC SCHMIDT, JONATHAN ROSENBERG. How Google works [M]. London: Hodder Headline Group, 2014.

[189] Harvard University. Harvard University Competency Dictionar [EB/OL]. [2014-03-11]. http: //campusservices. harvard. edu/system/files/documents/1865/harvard_ competency_ dictionary_ complete. pdf.

[190] HUNT J M. Toward the development of a competency model for family

firm leadership [R]. Paper Presented to the 12th Annual National Conference, United States Association for Small Business and Entrepreneurship, Clearwater, FL, 1998 (1): 15-18.

[191] ISAAA. Global status of commercialized biotech/GM crops: 2007 [EB/OL]. http://www.isaaa.org/resources/publications/briefs/37/pptslides/Global-Status-Map-2007.pdf.

[192] JICK T D. Mixing qualitative and quantitative methods: triangulation in action [J]. Administrative science quarterly, 1979, 24 (4): 602-611.

[193] KIRKPATRICK J., WEST M A. Intergroup behavior in organizations [J]. Small group research, 1999, 30 (3).

[194] LEITCH C M., HARRISON R T. Entrepreneurial learning: researching the interface between learning and the entrepreneurial context [J]. Entrepreneurship theory and practice, 2005: 29.

[195] LESTER S W., MEGLINE B M., KORSGAARD M A. The Antecedents and consequences of group potency: a longitudinal investigation of newly formed work groups [J]. Academy of management journal, 2002, 45 (2): 352-368.

[196] LOVELACE K., SHAPRIO D L., WEINGART L R. Maximizing cross-functional new product teams' innovativeness and constraint adherence: a conflict communications perspective [J]. Academy of management journal, 2001 (44): 779-793.

[197] LYLE M. SPENCER, SIGNE M. SPENCER. Competence at work: models for superior performance [M]. New York: John Wiley & Sons, Inc., 1993.

[198] MAN T W Y., LAU T., CHAN K F. The competitiveness of small and medium enterprises: a conceptualization with focus on entrepreneurial competencies [J]. Journal of business venturing, 2002, 17 (2).

[199] PAULY D., CHRISTENSEN V. Primary production required to sustain global fisheries [J]. Nature, 1995, 374 (3): 255-257.

[200] RAPPA J. State bioscience economic development programs [EB/OL].

[2004-09-02]. http://www.cga.ct.gov/2004/rpt/2004-R-0619.htm.

[201] RITTER THOMAS, WILKINSON IAN F., JOHNSTON WESLEY J. Measuring network competence: some international evidence [J]. The journal of business & industrial marketing, 2002, 17 (2/3): 119-138.

[202] ROBERT E. PLOYHART, THOMAS P. MOLOTERNO. Emergence of the human capital resource: a multilevel model [J]. Academy of management review, 2011, 36 (1): 127-150.

[203] SPENCER L M., SPENCER S M. Competence at work: models for superior performance. [M]. New Jersey: John Wiley & Sons, Inc., 1993.

[204] STEWART G L., BARRICK M R. Team structure and performance: assessing the mediating role of intrateam process and the moderating role of task type [J]. Academy of management journal, 2000, 43 (2): 135-148.

[205] STOUT R., SALAS E., CARSON R. Individual task proficiency and team process behavior: What's important for team functioning? [J]. Military psychology, 1994, 6 (3): 177-192.

[206] SUNDSTROM ERIC, DE MEUSE P. KENNETH, FUTRELL DAVID. Work teams: applications and effectiveness [J]. American psychologist, 1990 (2): 120-133.

[207] THOMAS RITTER, HANS GEORG GEMUNDEN. Interorganizational relationships and networks: an overview [J]. Journal of business research, 2003 (56): 691-697.

[208] THOMAS W Y M., THERESA L., CHAN K F. The competitiveness of small and medium enterprise: a conceptualization with focus on entrepreneurial competencies [J]. Journal of business venturing, 2002 (17): 123-142.

[209] WEST G P. Collective cognition: when entrepreneurial teams, not individuals, make decisions [J]. Entrepreneurship: theory & practice, 2007, 31 (1): 77-102.

[210] Zhang Yunsheng, Zeng Deming, Zhang Lifei, LUCY YANG LU. R&D

team governance and R&D performance: empirical evidence from chinese software enterprises [J]. Journal of technology management of China, 2007, 2 (1): 71-83.

[211] ZIVNUSKA S., GUNDLACH M J. Review of collaborative entrepreneurship: how groups of networked firms use continuous innovation to creat economic wealth [J]. Academy of management review, 2005, 30 (3): 634-637.

附录一　新一代信息技术产业技术创新人才胜任力调查问卷

尊敬的先生/女士：

您好！非常感谢您在百忙之中配合本次问卷调查。通过您在本问卷中对下属的评价，将有助于我们了解新一代信息技术产业技术创新人才胜任力的现状，进而为技术创新人才识别、选拔、使用、培养等方面的研究提供借鉴与参考。我们郑重承诺：本问卷采用匿名方式，调查结果将仅作研究之用，选项无对错之分，分析结果不会反映您个人及您下属的任何信息。真诚地感谢您帮助完成此次问卷！

特别需要说明的是，团队中每个成员的评价各对应一张调查问卷的结果，因此，针对您的团队成员，还烦请您一一进行评价，再次感谢您的大力支持！

一、基本信息

1. 您所带领的团队的名称：____________

2. 您下属的个人信息：

（1）性别：□男　□女

（2）年龄：□20～29 岁　□30～39 岁　□40～49 岁　□50 岁及以上

（3）学历：□大学专科及以下　□大学本科　□硕士研究生　□博士研究生

（4）职称：□初级　□中级　□高级（含正高级、副高级）

二、胜任力要素评价

本问题题目的回答无对错之分，请根据您的下属在技术创新实践工作中的情况，从以下各个选项所表述的内容对其进行评价。请选择您认为最符合这名下属实际情况的选项。

请评价，在最符合您看法的数字上画“√”。 1=非常不符合；2=不符合；3=无所谓（不确定）；4=符合;5=非常符合	非常不符合	不符合	无所谓/不确定	符合	非常符合
A_1-1 他/她善于学习和利用成熟的经验和成果	1	2	3	4	5
A_1-2 他/她善于从工作中总结成功经验和失败教训	1	2	3	4	5
A_2-1 他/她具有创新精神并敢于打破传统经验和习惯	1	2	3	4	5
A_2-2 他/她敢于尝试新方法和采取新措施做出决策	1	2	3	4	5
提示：请评价，在最符合您看法的数字上画“√”。 1=非常不符合；2=不符合；3=无所谓（不确定）；4=符合;5=非常符合	非常不符合	不符合	无所谓/不确定	符合	非常符合
A_3-1 他/她对信息技术产业新技术的应用领域和技术整体架构有全面的认识	1	2	3	4	5
A_3-2 他/她能掌握最新专业知识和技术并能够预知其在产业中的应用	1	2	3	4	5
A_3-3 他/她对技术发展方向具有敏锐的判断	1	2	3	4	5
A_3-4 他/她能在推动技术革新过程中发挥作用	1	2	3	4	5
提示：请评价，在最符合您看法的数字上画“√” 1=非常不符合；2=不符合；3=无所谓（不确定）；4=符合；5=非常符合	非常不符合	不符合	无所谓/不确定	符合	非常符合
A_4-1 他/她能把握信息技术产业发展趋势	1	2	3	4	5
A_4-2 他/她总是从企业全局的角度思考问题	1	2	3	4	5
A_4-3 他/她做决策时能够从全局角度考虑问题	1	2	3	4	5
A_4-4 他/她知道所在单位的目标策略定位及未来走向	1	2	3	4	5
A_4-5 他/她了解所在单位未来可能面临的机会或威胁	1	2	3	4	5

续表

提示：请评价，在最符合您看法的数字上画“√”。 1=非常不符合；2=不符合；3=无所谓（不确定）； 4=符合；5=非常符合	非常不符合	不符合	无所谓/不确定	符合	非常符合
B_1-1 他/她总是能设立实际、明确的工作目标	1	2	3	4	5
B_1-2 他/她对工作目标有清晰的认识并能将目标达成作为工作驱动力	1	2	3	4	5
B_1-3 他/她一旦确立目标就不会随意更改	1	2	3	4	5
B_1-4 他/她如果没有达到目标是不会轻易放弃的	1	2	3	4	5
提示：请评价，在最符合您看法的数字上画“√”。 1=非常不符合；2=不符合；3=无所谓（不确定）； 4=符合；5=非常符合	非常不符合	不符合	无所谓/不确定	符合	非常符合
B_2-1 他/她能够合理分解任务并有效分工	1	2	3	4	5
B_2-2 他/她能够制订切实可行的工作计划以达成组织既定目标	1	2	3	4	5
B_2-3 他/她善于设置关键检查节点并及时发现和解决问题	1	2	3	4	5
B_2-4 他/她能协调和运用各种相关资源完成工作任务	1	2	3	4	5
提示：请评价，在最符合您看法的数字上画“√”。 1=非常不符合；2=不符合；3=无所谓（不确定）； 4=符合；5=非常符合	非常不符合	不符合	无所谓/不确定	符合	非常符合
B_3-1 他/她能够合理安排时间并分清工作轻重缓急	1	2	3	4	5
B_3-2 他/她能够确实掌握责任范围内的工作进度	1	2	3	4	5
B_3-3 他/她具有按时完成工作的习惯	1	2	3	4	5
B_3-4 他/她善于利用碎片时间进行工作和学习	1	2	3	4	5
提示：请评价，在最符合您看法的数字上画“√”。 1=非常不符合；2=不符合；3=无所谓（不确定）； 4=符合；5=非常符合	非常不符合	不符合	无所谓/不确定	符合	非常符合
B_4-1 他/她能快速回应客户提出的问题或需求	1	2	3	4	5
B_4-2 他/她能从客户视角思考问题	1	2	3	4	5
B_4-3 他/她对客户需求有准确的把握	1	2	3	4	5
B_4-4 他/她了解技术发展对客户需求的影响	1	2	3	4	5

续表

提示：请评价，在最符合您看法的数字上画"√"。1=非常不符合；2=不符合；3=无所谓（不确定）；4=符合；5=非常符合	非常不符合	不符合	无所谓/不确定	符合	非常符合
B_4-5 他/她经常思考能实现客户与组织双赢的解决方案	1	2	3	4	5
提示：请评价，在最符合您看法的数字上画"√"。1=非常不符合；2=不符合；3=无所谓（不确定）；4=符合；5=非常符合	非常不符合	不符合	无所谓/不确定	符合	非常符合
C_1-1 他/她总是能保持与工作任务相关各方沟通顺畅	1	2	3	4	5
C_1-2 他/她总是在交流沟通前做好准备工作	1	2	3	4	5
C_1-3 他/她能准确地向他人传达意见并能理解对方的想法	1	2	3	4	5
C_1-4 他/她有很强的沟通愿望和比较好的沟通方式	1	2	3	4	5
提示：请评价，在最符合您看法的数字上画"√"。1=非常不符合；2=不符合；3=无所谓（不确定）；4=符合；5=非常符合	非常不符合	不符合	无所谓/不确定	符合	非常符合
C_2-1 他/她能在所在团队内共享信息和工作成果	1	2	3	4	5
C_2-2 他/她能听取别人的意见并及时对工作任务和内容做出调整	1	2	3	4	5
C_2-3 他/她总是能和团队其他成员共同应对困难和挑战	1	2	3	4	5
C_2-4 他/她遵守团队所达成的一致意见并愿意付诸行动	1	2	3	4	5
C_2-5 他/她能通过合理的分工发挥团队成员不同的专业能力	1	2	3	4	5
提示：请评价，在最符合您看法的数字上画"√"。1=非常不符合；2=不符合；3=无所谓（不确定）；4=符合；5=非常符合	非常不符合	不符合	无所谓/不确定	符合	非常符合
C_3-1 他/她能建立、协调与不同组织之间长期的合作关系	1	2	3	4	5
C_3-2 他/她能协调各方资源为实现既定目标共同努力	1	2	3	4	5
C_3-3 他/她能与所在单位的同事形成休戚与共的意识	1	2	3	4	5
C_3-4 他/她总是创造合作的机会并能取得更多成果	1	2	3	4	5

三、技术创新绩效评价

本问题题目的回答无对错之分，请根据您的下属在技术创新实践工作中的情况，从以下各个选项所表述的内容对其进行评价。请选择您认为最符合这名下属实际情况的选项。

提示：请评价，在最符合您看法的数字上画“√”。 1=非常不符合；2=不符合；3=无所谓（不确定）；4=符合；5=非常符合	非常不符合	不符合	无所谓/不确定	符合	非常符合
D_1-1 他/她总是能产生新的想法来解决难题	1	2	3	4	5
D_1-2 他/她总是能找到新的工作方法	1	2	3	4	5
D_1-3 他/她对于各种问题，总是能自己想出解决办法	1	2	3	4	5
D_2-1 他/她能说服别人支持自己的创意	1	2	3	4	5
D_2-2 他/她的创意能够得到别人的同意	1	2	3	4	5
D_2-3 我和我的上级都对他/她的创新感兴趣	1	2	3	4	5
D_3-1 他/她能将创意系统化地引入所处的工作环境	1	2	3	4	5
D_3-2 他/她能将创意转化为有益或有效的实际应用	1	2	3	4	5
D_3-3 领导和我都对他/她的创意带来的效益给予很高的评价	1	2	3	4	5

附录二　生物农业产业技术创新主体行为事件访谈提纲

1. 自我介绍与解释

您好，我是北京师范大学管理学院博士生×××，首先感谢您接受我的访谈。我的博士论文选题是“对生物农业企业技术创新人才胜任力模型的构建和应用研究”。本次访谈，是为了解生物农业企业技术创新人才所应具备的胜任力素质，为构建胜任力模型提供依据。访谈结果仅用于学术研究。

为了记录的方便和详尽，我们需要对这次访谈进行录音，但我们承诺对访谈的所有内容予以保密（如果需要，可以签订访谈协议）。

2. 了解被访者的基本信息

3. 请受访者描述自己最重要的工作任务与职责

提问的内容包括：

（1）您负责的技术创新工作主要职责和任务是什么？

（2）您目前的工作直接对谁负责？

（3）您在工作中与哪些人接触最多？他们的岗位职责是什么？

可能的话，请他提供工作职责说明书或任职资格说明书，或组织架构图。

4. 行为事件访谈

提问的内容包括：

请您回顾一下，在过去一年技术创新活动中您认为最成功或最满意的工作事例，以及您认为最不满意的工作事例，请各列举 1 ~ 2 项，请先从成功的事件开始，您描述得越详细越好。

· 成功事件：您参与制订的技术创新工作计划得到了上级的批准同意，

对技术创新工作进程控制较好、按期或提前完成了工作任务，在完成工作任务过程中对研发方向的把握和情况的分析判断是基本正确的，采取的行动和措施是得当的，所遇到的困难和障碍都被逐一克服掉了，事件的最后结果是部分或全部完成了技术创新工作任务，或者对自己在工作中的表现感到满意。

·不成功事件或失败事件是指：技术创新工作计划实施进展不顺或未能按期完成相应的工作任务，对研发方向的把握和情况的分析判断存在偏差或失误，对遇到的技术创新难题所采取的有针对性行动措施效果不明显，事件最后的结果是未能全部或部分完成工作任务，或是对自己的工作表现不满意。

提问要点包括：

（1）什么事件？

（2）在什么情境下发生这件事，说明这件事发生的直接与间接原因。

（3）在这个情境中有谁参与？

（4）您面临的主要任务是什么？达到什么样的目标？这件事让您感到困难的是哪些方面？

（5）您当时的想法、感觉或想要采取的行动是怎么样的？是什么原因使您产生这样的想法或感觉？

重点关注：

·被访谈人如何看待其他人的技术创新活动（例如，肯定或否定）或情境（例如，问题分析与解决的思考）？

·被访谈人的感受是什么（例如，害怕、信心、兴奋）？

·被访谈人内心想要做什么？

（6）您当时采取了什么具体的措施或行动来应对这件事？

（7）您所采取的具体措施或行动对这件事产生了哪些影响？

（8）事件过程有什么波折？最后结果如何？您对这个结果的感受是怎样的？

（9）在这件事上，您认为自己存在哪些特点、优点或不足，对您的工作有什么影响？

5. 了解职位素质要求

建议提问：

（1）您认为在生物农业产业技术创新活动中要取得优秀绩效（成为优秀员工），需要具备哪些重要的素质特征？（例如知识、技能、能力与心理素质等）

（2）哪些素质对成为优秀的生物农业产业技术人员有促进作用，在技术创新活动中具体会有哪些表现？

（3）您认为，阻碍一个人成为优秀的生物农业产业技术创新主体的最大缺点是什么，在技术创新活动中有哪些体现，会带来哪些负面影响，具体原因是什么？

（4）您认为本职工作未来面临的最大挑战是什么？对任职者提出了哪些关键性的要求？（包括知识、技能、能力与素质）

（5）您还有其他补充吗？

6. 礼貌结束访谈。

附录三　生物农业产业技术创新主体关键能力开放式调查问卷

请根据您在生物农业企业中具体负责的岗位及职责，充分考虑鉴别与您相同或类似岗位上工作绩效优秀者和普通者之间的差异情况，简单列举取得优异绩效所需具备的3～5个关键能力特征，并在相应表格内简单列举工作事例的突出难点问题，克服困难挑战所采取的措施，以及对具体岗位业绩的影响程度。

与岗位绩效相关的关键能力特征	工作事例中的突出难点问题	克服困难挑战所采取的措施	对具体岗位业绩的影响程度
关键能力特征一			
关键能力特征二			
关键能力特征三			
关键能力特征四			
关键能力特征五			

附录四　生物农业企业技术创新人才胜任力要素专家咨询问卷

<table>
<tr><td colspan="8">您对咨询内容熟悉程度：非常熟悉（　）熟悉（　）一般（　）不熟悉（　）很不熟悉（　）</td></tr>
<tr><td rowspan="2">一级要素</td><td rowspan="2">二级要素</td><td colspan="6">专家意见</td></tr>
<tr><td>非常重要（5分）</td><td>重要（4分）</td><td>一般（3分）</td><td>不重要（2分）</td><td>很不重要（1分）</td><td>修改意见</td></tr>
<tr><td rowspan="9">A. 专业能力</td><td>A1 创新性</td><td></td><td></td><td></td><td></td><td></td><td></td></tr>
<tr><td>A2 信息搜集</td><td></td><td></td><td></td><td></td><td></td><td></td></tr>
<tr><td>A3 问题解决</td><td></td><td></td><td></td><td></td><td></td><td></td></tr>
<tr><td>A4 专业技能</td><td></td><td></td><td></td><td></td><td></td><td></td></tr>
<tr><td>A5 认同度</td><td></td><td></td><td></td><td></td><td></td><td></td></tr>
<tr><td>A6 持续学习</td><td></td><td></td><td></td><td></td><td></td><td></td></tr>
<tr><td>A7 影响力</td><td></td><td></td><td></td><td></td><td></td><td></td></tr>
<tr><td>A8 质量与精确性</td><td></td><td></td><td></td><td></td><td></td><td></td></tr>
<tr><td>A9 时间管理</td><td></td><td></td><td></td><td></td><td></td><td></td></tr>
<tr><td rowspan="4">B. 追求卓越</td><td>B1 成就导向</td><td></td><td></td><td></td><td></td><td></td><td></td></tr>
<tr><td>B2 客户服务</td><td></td><td></td><td></td><td></td><td></td><td></td></tr>
<tr><td>B3 市场敏感度</td><td></td><td></td><td></td><td></td><td></td><td></td></tr>
<tr><td>B4 关注细节</td><td></td><td></td><td></td><td></td><td></td><td></td></tr>
<tr><td rowspan="4">C. 个体特质</td><td>C1 坚持不懈</td><td></td><td></td><td></td><td></td><td></td><td></td></tr>
<tr><td>C2 强烈的自我概念</td><td></td><td></td><td></td><td></td><td></td><td></td></tr>
<tr><td>C3 战略思考</td><td></td><td></td><td></td><td></td><td></td><td></td></tr>
<tr><td>C4 前瞻性</td><td></td><td></td><td></td><td></td><td></td><td></td></tr>
</table>

续表

您对咨询内容熟悉程度：非常熟悉（ ）熟悉（ ）一般（ ）不熟悉（ ）很不熟悉（ ）							
一级要素	二级要素	专家意见					
		非常重要（5分）	重要（4分）	一般（3分）	不重要（2分）	很不重要（1分）	修改意见
C. 个体特质	C5 系统思维						
	C6 概念思维						
	C7 分析思维						
	C8 敬业精神						
	C9 独立性						
	C10 主动性						
	C11 自我挑战						
	C12 敢于质疑						
	C13 心理素质						
	C14 经验总结						
D. 团队精神	D1 人际沟通						
	D2 团队协作						

附录五　生物农业企业技术创新人才胜任力调查问卷

尊敬的先生/女士：

您好！非常感谢您在百忙之中配合本次问卷调查。本问卷旨在了解生物农业企业技术创新人员的胜任力，进而为技术创新人员招聘、晋升、考核等战略人力资源管理工作提供借鉴和参考。我们郑重承诺：本问卷采用匿名方式，选项无对错之分，调查结果将仅作研究之用，分析结果不会反映您个人的任何信息。真诚地感谢您帮助完成此次问卷！回邮请发：ymc146@ 126. com信箱。

北京师范大学政府管理学院博士生　敬上

一、您的个人信息

1. 性别：①男□；②女□

2. 年龄：①20～29 岁□　②30～39 岁□　③40～49 岁□　④50 岁及以上□

3. 学历：①大专□　②本科□　③硕士□　④博士□

4. 职称：①初级□　②中级□　③高级□

5. 工作层级：①技术总监□　②项目经理□　③技术研发人员□　④技术研发管理人员□　⑤技术研发服务等其他人员□

二、生物农业企业技术创新人员胜任力要素评价

请根据您的技术创新实践经验或了解情况，对每一句话所表述的内容做

出评价。在最符合您想法的数字上画"√"。数字越大，表示赞同的程度越高：1=非常不符合；2=不同意；3=有点同意；4=同意；5=非常同意。

请在最符合您情况的数字上画"√"。 1=非常不同意；2=不同意；3=有点同意；4=同意；5=非常同意	非常不同意	不同意	有点同意	同意	非常同意
A1-1 掌握生物育种遗传、动物基因工程、生物饲料等专业知识					
A1-2 技术或专业能力水平在组织内得到广泛认同					
A1-3 负责管理领导一个小型技术研发项目团队（大于3人）					
A1-4 成为组织内技术创新骨干力量					
A1-5 积极主动在组织内传播知识经验技巧，对他人有较强影响力					
请在最符合您情况的数字上画"√"。 1=非常不同意；2=不同意；3=有点同意；4=同意；5=非常同意	非常不同意	不同意	有点同意	同意	非常同意
A2-1 经常通过深入田间试验现场观察掌握第一手信息					
A2-2 积极搜寻总结生物农业产业内技术创新和消费者需求相关信息					
A2-3 紧密跟踪生物农业产业技术研发创新的前沿动向					
A2-4 善于研究各类信息并挖掘问题的本质					
请在最符合您情况的数字上画"√"。 1=非常不同意；2=不同意；3=有点同意；4=同意；5=非常同意	非常不同意	不同意	有点同意	同意	非常同意
A3-1 敢于尝试新方法和采取新措施					
A3-2 整合农业生物行业内的技术创新成果并创造出新的产品					
A3-3 善于思考新的解决方案以提升技术创新效率效益					
A3-4 勇于承担风险，具备良好的心理素质和抗压能力					
A3-5 认为技术创新就是所有技术研发任务都要由自己去完成					

续表

请在最符合您情况的数字上画“√”。 1=非常不同意；2=不同意；3=有点同意；4=同意；5=非常同意	非常不同意	不同意	有点同意	同意	非常同意
A4-1 能准确定义出问题所在和核心要义					
A4-2 能及时分析评估和诊断问题，确定问题的关键环节和信息					
A4-3 建立解决技术创新问题的一套系统性的方法程序					
A4-4 对项目持续追踪，诊断潜在的问题，评估解决问题的效果					
A4-5 不太重视解决问题过程中的成本预算					
请在最符合您情况的数字上画“√”。 1=非常不同意；2=不同意；3=有点同意；4=同意；5=非常同意	非常不同意	不同意	有点同意	同意	非常同意
B1-1 善于将消费者需求解码为研发项目的技术要求					
B1-2 掌握技术发展对消费者需求的影响					
B1-3 付出很长时间和精力帮助消费者解决问题					
B1-4 能发现消费者潜在需求及对未来产品或服务需求的发展趋势					
B1-5 对消费者的需求不能做出前瞻性准备和及时反馈					
请在最符合您情况的数字上画“√”。 1=非常不同意；2=不同意；3=有点同意；4=同意；5=非常同意	非常不同意	不同意	有点同意	同意	非常同意
B2-1 能设定更具挑战性研发目标、绩效水准，努力取得研发成果					
B2-2 在系统上或工作方法上做出改变，持续改善绩效					
B2-3 追求与企业发展方向不一致的技术创新目标					
B2-4 研发过程中重视成本预算和风险监控					
B2-5 个人创新成就能影响部门内的集体行动					
请在最符合您情况的数字上画“√”。 1=非常不同意；2=不同意；3=有点同意；4=同意；5=非常同意	非常不同意	不同意	有点同意	同意	非常同意
C1-1 准确把握并积极响应国家农业安全和发展的战略需求					
C1-2 善于把握消费者消费倾向改变和产业发展趋势					

续表

请在最符合您情况的数字上画“√”。 1=非常不同意；2=不同意；3=有点同意；4=同意； 5=非常同意	非常 不同意	不同意	有点 同意	同意	非常 同意
C1-3 坚持把质疑作为发现、提出、解决问题的前奏和起点					
C1-4 分析自身技术创新的优势和不足，形成自己的研发策略和方法					
C1-5 充分相信行业内专家的理论观点和企业领导的研发决策					
请在最符合您情况的数字上画“√”。 1=非常不同意；2=不同意；3=有点同意；4=同意； 5=非常同意	非常 不同意	不同意	有点 同意	同意	非常 同意
C2-1 深入了解行业内最新的知识技术，能预知在行业内的运用趋势					
C2-2 设立系统性的学习计划和方向，在持续学习中不断发展自己					
C2-3 善于总结研究行业内的经验教训，形成自己的研发经验方法					
C2-4 善于整合行业内的技术创新成果，进行协同创新、合成创新					
C2-5 不太关注农业生物技术创新应用的伦理问题和价值取向					
请在最符合您情况的数字上画“√”。 1=非常不同意；2=不同意；3=有点同意；4=同意； 5=非常同意	非常 不同意	不同意	有点 同意	同意	非常 同意
C3-1 自愿接受技术创新具有挑战性的任务					
C3-2 对自己的技术创新能力和判断力有信心					
C3-3 善于从分析错误中总结经验教训					
C3-4 勇于承担失败责任，采取行动改正					
C3-5 从错误中学习，以改善未来绩效					
请在最符合您情况的数字上画“√”。 1=非常不同意；2=不同意；3=有点同意；4=同意； 5=非常同意	非常 不同意	不同意	有点 同意	同意	非常 同意
C4-1 面对技术创新工作的挫折与不顺，能快速调适心情和情绪					
C4-2 能以学习的态度勇于接受批评					

续表

请在最符合您情况的数字上画“√”。 1=非常不同意；2=不同意；3=有点同意；4=同意；5=非常同意	非常 不同意	不同意	有点 同意	同意	非常 同意
C4-3 即使遇到不顺与挫折，仍能经常克服困难、达到预期的目标					
C4-4 不怕挫折，克服困难，表现出不断超越之前的勇气的状态					
C4-5 面对挫折和不顺时，无法继续工作					
请在最符合您情况的数字上画“√”。 1=非常不同意；2=不同意；3=有点同意；4=同意；5=非常同意	非常 不同意	不同意	有点 同意	同意	非常 同意
D1-1 能了解其他同事持续的感受、行动和情绪					
D1-2 向他人准确地表达意见和观点					
D1-3 建立相互信任、尊重、互惠关系的能力					
D1-4 善于倾听他人的意见和观点，并进行良好的互动交流					
D1-5 对他人提出的或自己观察发现的问题主动提供帮助					
请在最符合您情况的数字上画“√”。 1=非常不同意；2=不同意；3=有点同意；4=同意；5=非常同意	非常 不同意	不同意	有点 同意	同意	非常 同意
D2-1 在团队中主动建立和维持与其他同事的良好关系					
D2-2 与其他人员定期交流，清楚彼此的工作进展和资源需求					
D2-3 能在整个部门（大于 10 人）与他人有效配合					
D2-4 积极促成团队其他成员合作					
D2-5 行事风格与态度排斥其他同事					
请在最符合您情况的数字上画“√”。 1=非常不同意；2=不同意；3=有点同意；4=同意；5=非常同意	非常 不同意	不同意	有点 同意	同意	非常 同意
E1-1 我总有新的想法来解决难题					
E1-2 我总是能够找到新的工作方法、技巧和工具					
E1-3 对于各种问题，我总是能够想到原创性解决办法					

续表

请在最符合您情况的数字上画“√”。 1=非常不同意；2=不同意；3=有点同意；4=同意； 5=非常同意	非常 不同意	不同意	有点 同意	同意	非常 同意
E2-1 我能够鼓动别人支持我的创意					
E2-2 我的创意能够得到别人的同意					
E2-3 组织中的核心成员对我的创意感兴趣					
请在最符合您情况的数字上画“√”。 1=非常不同意；2=不同意；3=有点同意；4=同意； 5=非常同意	非常 不同意	不同意	有点 同意	同意	非常 同意
E3-1 我能够将创新转化为有益的实际应用					
E3-2 我能够将创意系统引入工作环境					
E3-3 别人对我的创意的功效给予很高的评价					

附录六　A公司科研岗位结构化面试指导书

面试开场白：

您好！我是A公司××部门的×××，我叫××，坐在我身边的是××部门的×××。

您应聘的职位是×××，我阅读了您的简历，您在×××、×××方面很优秀，我们今天会进一步了解您，我们会问您一些很具体的问题，希望您能够全面、具体地回答我们，以便我们对您的能力和是否适合我们的公司做出判断。

我们的面试大致分为以下几个阶段：

简要了解您个人过去的学习、工作和经验。

详细了解您在过去的学习/工作中做过的具体事情实例。

我们会向您提供有关职位和公司的相关信息。

下面，我们开始面试——

背景性问题：

请您做一个自我介绍，包括家庭成员及背景、教育背景、工作经历、自我评价等。

您如何描述自己的个性？请列举您的三大优点和三大缺点。

您原来的同事（同学）通常都是如何评价您的？

您认为做人的基本原则是什么？

请谈谈您对您所从事专业的理解，在专业方面有哪些重要的成果？

此前您在（种业）科研方面做过哪些工作？有哪些业绩？

您主要参加的社会实践工作是什么？您的主要工作职责/责任是什么？在实践中您的收获是什么？（应届生）

对您的工作您最喜欢的方面是什么？最不喜欢的方面是什么？为什么？

您认为自己应聘的职位在公司里应当承担的主要职责是什么？您个人有哪些方面的优势能够胜任这一职位？还存在哪些缺陷和不足，准备如何来弥补？

动机式问题：

您为什么选择要离开之前的单位？

什么样的单位是您求职的第一选择？

您的3~5年职业生涯规划是怎样的？

您为什么会应聘我公司？对我公司有哪些认识？

续表

知识性问题：

如何评价一个玉米（或水稻）品种的好坏？

分子标记辅助育种目前在国内外的进展如何？

单倍体育种的原理是什么？

品种选育的流程是怎样的？

有哪些比较流行的统计分析软件？您对哪个比较感兴趣？

智力（思维）式问题：

您如何看待中国农业的发展？

您如何看待百姓热议的就地高考政策？

行为式与虚拟情境式问题：

情境、任务（S）/目标（T）	行为（A）	结果（R）

胜任特征：

专业技能与创新：

您对农学、遗传育种、统计知识、作物栽培知识与技能、试验设计、统计分析软件应用等方面的专业技能掌握得如何？有哪些体会？

在现在或最近的工作中，您是否看到过一些机会，这些机会可以提高生物农业企业技术创新成效？您是怎么做的？

您认为育种中有哪些环节是可以通过进一步创新来提高效率的？

市场敏感度：

您如何确定研发方向？是如何搜集信息的？

请举一个案例说明您曾经根据市场变化及时做出技术创新方案调整的案例。

请问您如何发现消费者潜在需求及对未来产品或服务需求的发展趋势？

问题解决：

请问您能否独自建立解决技术创新问题的一套系统性的方法程序？

请问您能否做到对项目持续追踪，诊断潜在的问题，并评估解决问题的效果？

请问您对于职责范围内问题的出现是否经常需要他人的指导、支持和帮助？

追求卓越：

请评价一下目前自己在职业道路上的表现和成就。

您能否设定更具挑战性研发目标、绩效水准，努力取得研发成果？

您是否渴望成功，不满足于现状，喜欢迎接挑战，不断追求卓越？

战略思维与学习：

您怎样做到准确把握并积极响应国家农业安全和发展的战略需求，并在研发中坚持做到这一点？

续表

在过去 12 个月里，您投入多少钱和时间用于自我发展，您为什么要这样做？
您是通过哪些方式来拓展您的专业知识的？学到了哪些课堂外的知识？

自我意识与持久：
您对自己的技术创新能力和判断力有信心，遇到挫折时如何坚持朝着正确方向发展？
您在技术创新过程中是否能做到勇于承担失败责任，并采取行动改正？

团队精神：
请您讲出您在团队工作背景下遇到的最具有创造性和挑战性的事情。您用什么方法来鼓励他人和您自己来完成这件事？

面试结束书：
请您仔细考虑一下，您还有什么优点我们没有谈到？
给您点时间，关于公司的情况您是否有什么想了解的？
是否方便告诉我您目前的待遇是多少？您期望的待遇是多少？您要求公司必需的福利有哪些？另外，希望公司提供什么样的福利？
您可以到岗的时间？
您是否介意我们通过您原来的单位进行一些调查？您能不能把您之前上级的联系方式告诉我？
感谢您参加我们的面试，我们会在 3 个工作日内通知您结果，请关注您的邮箱。

附录七　A 公司结构化面试评估表

<table>
<tr><td>应聘者姓名</td><td></td><td>应聘岗位</td><td></td></tr>
<tr><td colspan="4">初试记录</td></tr>
<tr><td>评核项目</td><td>胜任特征</td><td>评分标准</td><td>得分</td></tr>
<tr><td rowspan="3">专业能力</td><td>专业技能与创新</td><td rowspan="8">优秀（9~7 分）
尚可（6~4 分）
欠佳（3~1 分）</td><td></td></tr>
<tr><td>市场敏感度</td><td></td></tr>
<tr><td>问题解决</td><td></td></tr>
<tr><td>追求卓越</td><td>追求卓越</td><td></td></tr>
<tr><td rowspan="2">个人特质</td><td>战略思维与学习</td><td></td></tr>
<tr><td>自我意识与持久</td><td></td></tr>
<tr><td>团队精神</td><td>团队精神</td><td></td></tr>
<tr><td colspan="4">笔试测验结果：优□　中□　劣□　说明：
电脑测验结果：优□　中□　劣□　说明：
性向测验结果：性向为__________说明：
其他测验说明：__________________加减分：____________评核总分：__________________</td></tr>
</table>

<table>
<tr><td>岗位能力评价</td><td colspan="4"></td></tr>
<tr><td>期望薪资及要求</td><td>__________元/月
其他要求</td><td>是否复试</td><td>复　试□
备　选□
不录用□</td><td>面试人：

年　月　日</td></tr>
<tr><td colspan="5">复试记录</td></tr>
</table>

续表

<table>
<tr><td>应聘者姓名</td><td colspan="2"></td><td>应聘岗位</td><td></td></tr>
<tr><td>岗位能力评价</td><td colspan="4"></td></tr>
<tr><td>综合评价</td><td colspan="4"></td></tr>
<tr><td>是否录用</td><td>录用□
备用□
不录用□</td><td>薪资
级别</td><td>试用期时间：
试用期工资：
转正后工资：
级别：</td><td>复试人：

年　　月　日</td></tr>
<tr><td>用人部门
经理意见</td><td colspan="2"></td><td>人力资源部
意见</td><td></td></tr>
</table>

重要术语索引表